今日から
モノ知り
シリーズ

トコトンやさしい

エネルギーの本 第3版

山﨑耕造

温暖化対策、カーボンニュートラル宣言など、エネルギーにも持続可能な開発が望まれている。本書は「エネルギーとは何か、課題はどこにあるのか」を伝えるため、基礎から最新の技術まで、やさしく解説する本。化石エネルギー、自然エネルギー、核エネルギー、それぞれの動向と課題を、エネルギー有効利用などの新しい話題も含めて紹介する。

B&Tブックス
日刊工業新聞社

はじめに

エネルギーとは何か、課題はどこにあるのかを伝えたいとの思いで書いた「トコトンやさしいエネルギーの本」は2005年2月に初版が発刊され、10年後に第2版に改訂され、初版から既に20年が経過しました。その間、エネルギー・環境問題の変動は激しく、様々な新しい進展がありました。

環境に関しては、地球温暖化のIPCC評価報告書をベースに国際的な温暖化対策としてのパリ協定が2015年末に締結され、2050年までのカーボンニュートラルが宣言され、SDGsとしての持続可能な開発が推進されています。

化石エネルギーとしては、米国でのシェールオイル、シェールガス革命があり、石油の資源量や価格の動向を左右してきています。二酸化炭素排出の課題克服のための環境税の導入や、CCUSの技術開発が推進されてきています。

自然エネルギーとして、太陽光発電や風力発電などの進展と課題の変化もありました。特に、近年、設置場所の制約から、大型洋上風力の利用が推進されてきています。

核エネルギーとしては、東日本大震災による福島第一原発の事故が起こり、日本のエネルギーの未来をどのように描くかが根本的に問い直されてきました。原子炉の安全審査の強化と廃炉や運転再開の動向も重要です。最近は安全性を向上させた小型モジュール炉の開発・製造が行われています。近年はGX（グリーントランスフォーメーション）推進法やGX脱炭素電源法により、再生可能エネルギーと原子力エネルギーの利用推進が試みられています。

エネルギー有効利用としては、クリーンエネルギー、エコエネルギーへの動きとしての燃料電池車の登場や自動車自動運転化が話題になっています。それに関連して、全固体電池の開発も進められています。

また、自然災害エネルギーとしては、東南海トラフ地震がここ数十年で確実に発生すると想定されており、緻密な対策が求められています。

本書では、第3版として、これらの新しいデータや知見を反映した記述に刷新しました。第1章でエネルギーの基礎を、第2章では環境の基礎をまとめています。第3章から第5章までは、化石エネルギー、自然エネルギー、そして、核エネルギーの現状と課題をそれぞれ記述しています。第6章にはエネルギーを有効に利用するための各種試みをまとめ、第7章には自然災害の膨大なエネルギーを記載し、第8章には、新しい科学技術が人類の未来を切り開くであろうことを期待して、未来エネルギー・未来環境をまとめました。

本書が読者にとって、エネルギーに関連した幅広い興味を持つ契機となれば幸いです。

2023年7月

山﨑耕造

トコトンやさしい

エネルギーの本

第3版

目次

第1章 見なおそう！エネルギーの基礎

第2章 考えよう！地球環境

第3章
どうなる！化石エネルギー

第4章
やさしく！自然エネルギー

第5章 安全に！核エネルギー

第6章 がんばろう！エネルギー有効利用

第7章 驚くな！自然災害エネルギー

第8章 輝け！未来エネルギー

【コラム】

第1章

見なおそう！
エネルギーの基礎

1 エネルギーと現代社会

S+3EとGX戦略

私たちが活動するためには、食物や動力・電力など、必ずエネルギーが必要となります。豊富なエネルギーを活用することで、人類の文明が形作られてきました。現代社会では、人口が爆発的に増え続け、世界のエネルギー消費も増大しています。それに伴って環境問題などのさまざまな課題と必要な対策が浮き彫りとなってきています。

経済発展・人口増加のためにはエネルギーが必要ですが、エネルギーの大量消費は環境破壊につながるので、国連主導の下にSDGs（持続的な開発目標）としてエネルギー・環境問題が組み入れられており、COP（気候変動枠組条約締約国会議）では二酸化炭素排出と地球温暖化の対策としてのカーボンニュートラル（炭素中立）の政策も議論されてきています。さらに、現在、ロシアのウクライナ侵攻によりエネルギー問題も急展開が強いられています。国家の安全保障とエネルギー問題とは切っても切れない関係となってきています（上図）。

資源には、エネルギー自然資源、非エネルギー自然資源、文化資源の3つに分けることができますが、各々、エネルギー（Energy）・環境（Environment）・経済（Economics）に対応します。この3つのEが絡み合う3Eトリレンマ（3つの矛盾）問題があります。経済発展・人口増加のためにはエネルギーが必要であり、エネルギーの大量消費は環境破壊につながります。これが、経済抑制・食料危機を誘発します。特に、日本での電源選択に関連して、安全性確保（Safety）を前提とした「S+3E」と産業政策としての「持続可能な成長戦略」が提唱されてきています。この3Eトリレンマを打ち砕くために、「2050年カーボンニュートラル達成」をめざして、2023年成立の「GX（グリーントランスポーテーション）推進法」により、再生可能エネルギーや原子力エネルギーの活用などが推進されてきています（下図）。

要点BOX

- ●S+3E:安全性を前提とした持続可能なエネルギー開発・環境保全・経済発展
- ●国連主導のSDGs（持続的な開発目標）

エネルギー問題と現代社会の課題

エネルギー問題

- S+3E（安全性を前提としたトリレンマ）
  ⇒日本のGX推進と電源選択
- SDGs（持続可能な開発目標）
  ⇒国連のエネルギー・環境対策
- COP（気候変動枠組条約締約国会議）
  ⇒カーボンニュートラルの目標
- 軍事情勢（ロシアのウクライナ侵攻）
  ⇒エネルギー危機

安全性を前提としてのエネルギー・環境・経済（S+３E）と持続可能なＧＸ戦略

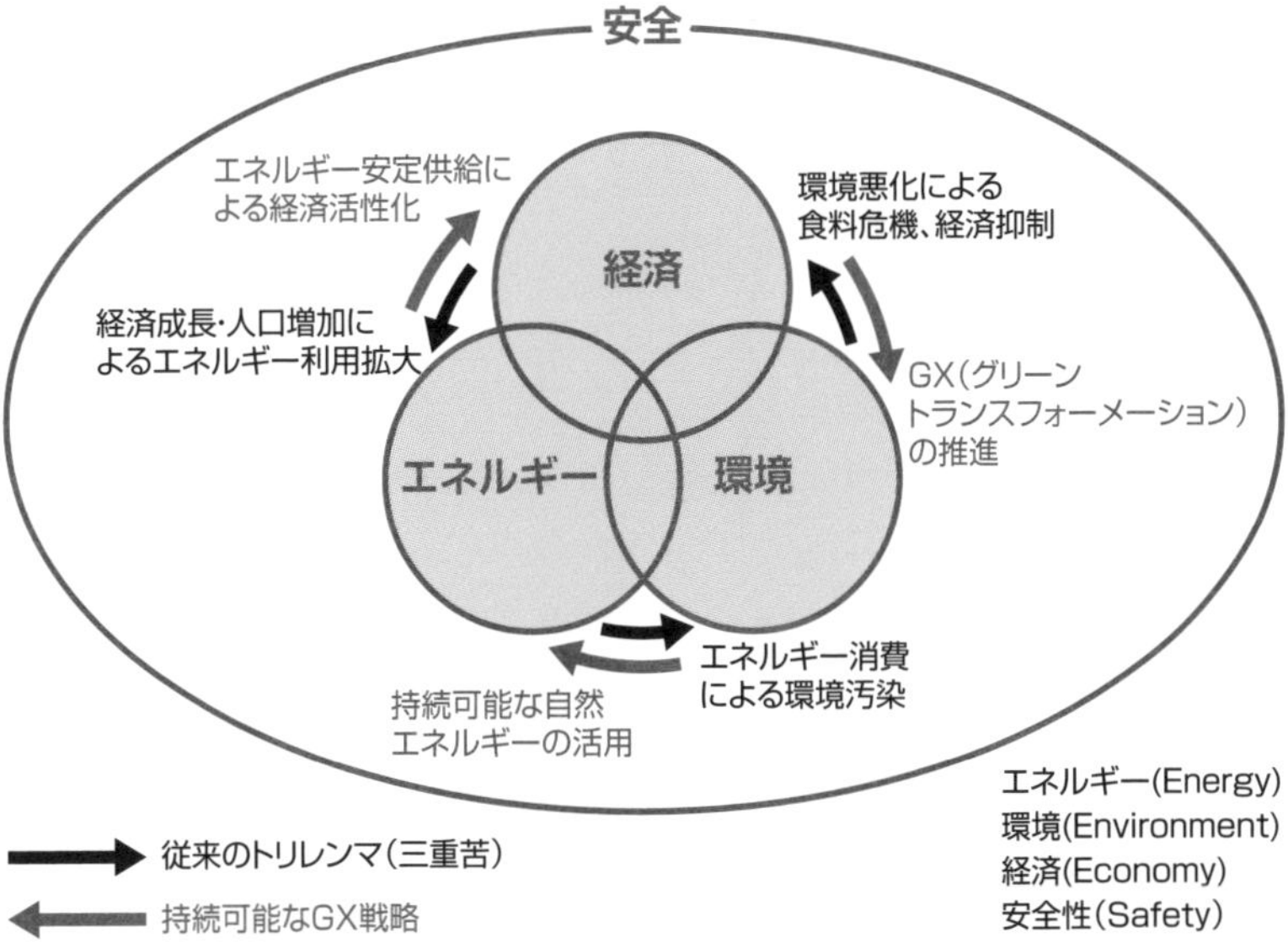
安全
経済
エネルギー
環境
エネルギー安定供給による経済活性化
経済成長・人口増加によるエネルギー利用拡大
環境悪化による食料危機、経済抑制
GX（グリーントランスフォーメーション）の推進
エネルギー消費による環境汚染
持続可能な自然エネルギーの活用
従来のトリレンマ（三重苦）
持続可能なGX戦略
エネルギー（Energy）
環境（Environment）
経済（Economy）
安全性（Safety）

2 エネルギーとは何だろう?

アリストテレスの「エネルゲイア」

人類は「火」のエネルギーを使い、農耕文明を築き上げてきました。そして、第二・第三の火としての「電気」・「原子力」のエネルギーを手に入れ、近代から現代への工業文明を発展させてきました。新しいエネルギーが新しい文明を築き上げてきたのです。

近年、エネルギー問題は経済・人口問題のみならず、地球環境問題とも関連して幅広い議論がなされてきており、「エネルギーの枯渇・節約」が話題となっています。一方で、理科の授業では、「エネルギーは不変である」と教わりましたが、一般に使われている「エネルギー」と物理の「エネルギー」とは異なるのでしょうか?

エネルギーの言葉の語源は、古代ギリシャ哲学に遡ります。万学の祖としてのアリストテレスはプラトンの超自然的なイディア説（個物は絶対的なイディアが場（コーラ）の部分として映し出される）を批判し、万物は形相（エイドス）と質料（ヒュレ）を有しており、運動の変化は可能態（デュナミス：形相の内在した質料）と現実態（エネルゲイア：形相の発現した状態）で説明できるとしました。この「エネルゲイア」は、仕事を意味する〝ergon〟に接頭語の〝en〟が付いて「仕事をしている状態」を示しています。

物理学では、「仕事」は「物質にたくわえられた仕事をする能力」と定義されます。「力の大きさ」と「力の向きに動いた距離」の掛け算（「仕事」）として表されます。この仕事量は蒸気機関を発明したワットにより定義され、英国の医師で物理学者のヤングが仕事をする能力の概念としてはじめて「エネルギー」という言葉を使いました。

エネルギー保存則は物理学の最も重要な大法則の1つですが、今日一般に使われている「エネルギー」を消耗した」などの意味は、精神的な意味での「物事を行う気力」、また、物理的な意味での「エネルギーを生み出すことのできる燃料資源」のことを指しています。

要点BOX

- ●エネルギーは「物質にたくわえられた仕事をする能力」で、力とその向きに動いた距離の積
- ●語源はアリストテレスの現実態（エネルゲイア）

エネルギーの語源　アリストテレスの「エネルギイア」

ラファエロの絵「アテネの学堂」(1509−1511年)

プラトンとアリストテレス

天上のイディアを指すプラトンと
地上の万物を示すアリストテレス
(絵の中央部分から)

「エネルギー」の命名者　ヤング

トマス・ヤング(1773年−1829年)
英国の物理学者

力による作用(仕事)の概念として
「エネルギー」という語を初めて用いた。
光の干渉実験,弾性体研究,知覚の3色説などで有名。

エネルギー(仕事)の定義

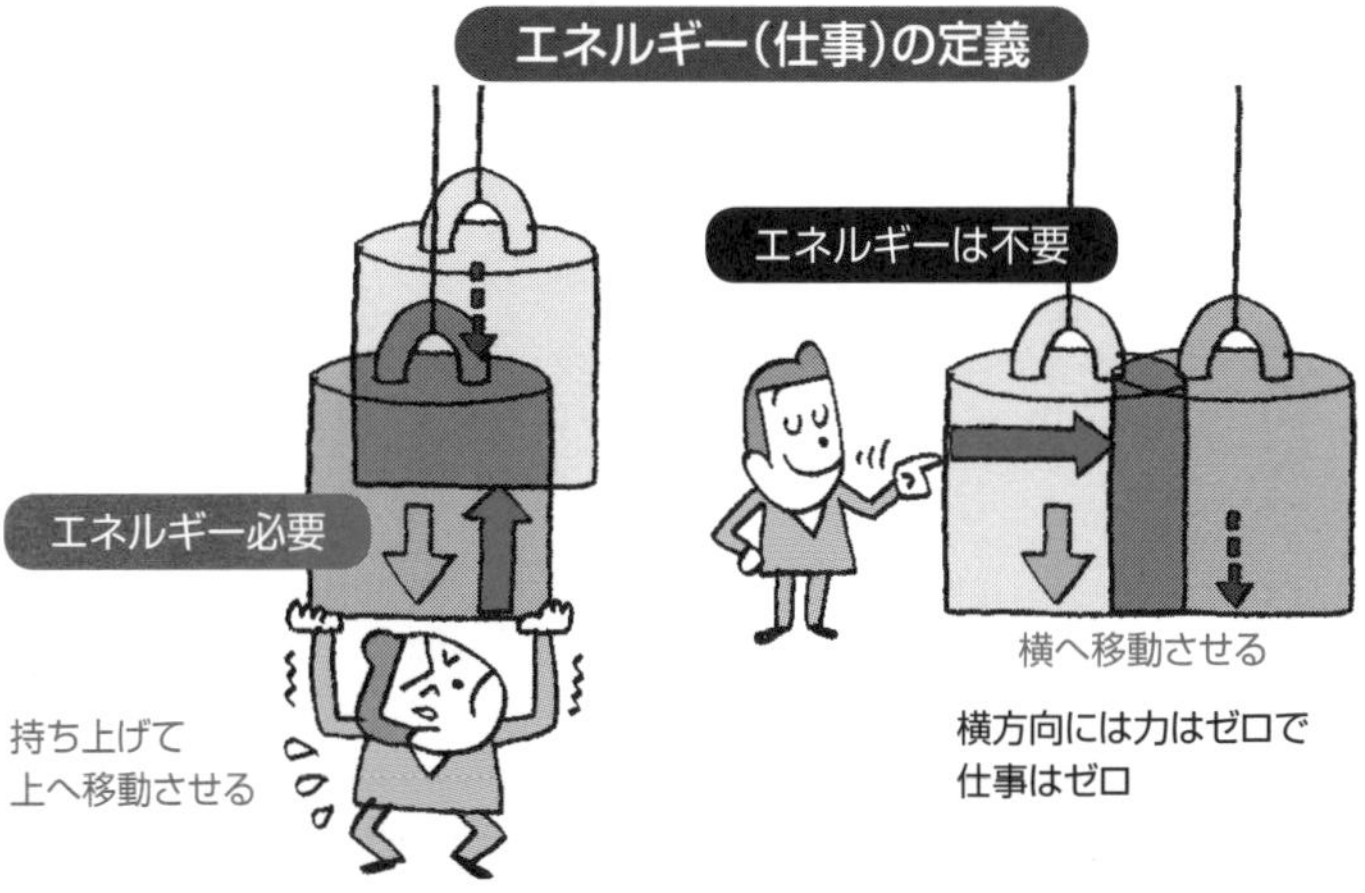
エネルギーは不要
エネルギー必要
横へ移動させる
持ち上げて
上へ移動させる
横方向には力はゼロで
仕事はゼロ

力と力の方向に動いた距離との掛け算がエネルギー(仕事)

3 エネルギーは変化する

宇宙の4つの力が源

私たちの身の回りには、さまざまなエネルギーが満ちています。力学エネルギー（位置エネルギーと運動エネルギー）、電気エネルギー（磁気エネルギーを含む）、光エネルギー、熱エネルギー、化学エネルギー（生体エネルギーを含む）、核エネルギーなどがあります。これらのエネルギーは相互に変換が可能です。

たとえば、力学エネルギーと電気エネルギーとの相互変換は、発電機と電動機で可能ですし、化学エネルギーと電気エネルギーとの変換は、燃料電池と電気分解作用で可能です。また、熱エネルギーと力学エネルギーとの変換は、熱機関とヒートポンプで行われます。

ただし、熱エネルギーの場合、他のエネルギーへの変換効率は高くはありません。全体としてのエネルギーの保存は成り立ちますが、熱エネルギーに関しては不可逆的です。冷たい水と温かい水を混ぜ合わせた場合に平均の温度の水が作られますが、その逆に、冷たい水と温かい水に分離するのは不可能です。これをエントロピー（乱雑さ）増大の法則と呼びます。

これらのエネルギーは、化石エネルギー資源、自然エネルギー資源、核エネルギー資源から生成されます。現代物理学によれば、これらのエネルギーの源は、宇宙の4つの力：万有引力、電磁力、強い力、弱い力、に起因する作用により生まれたものなのです。

化石エネルギーは植物の光合成や動物の代謝に関連して生成された燃料であり、「電磁力」により生成されたものです。地熱と潮力を除くほとんどの自然エネルギーは太陽の光エネルギーや熱エネルギーの利用によるものです。これは究極的には太陽内部で起こっている核融合反応としての「強い力」によるものです。地熱は地球内部での放射性元素の崩壊の「弱い力」を、潮汐発電は「万有引力」を利用しています。原子力発電・核融合発電には核力としての「強い力」が利用されています。宇宙の始まりでは、これらの4つの力は分化されず1つだったと考えられています。

要点BOX

- ●エネルギーの形態は、力学、電気・磁気、光、熱、化学・生物、核
- ●源は、重力、電磁力、強い力、弱い力の4つ

エネルギーの移り変わり

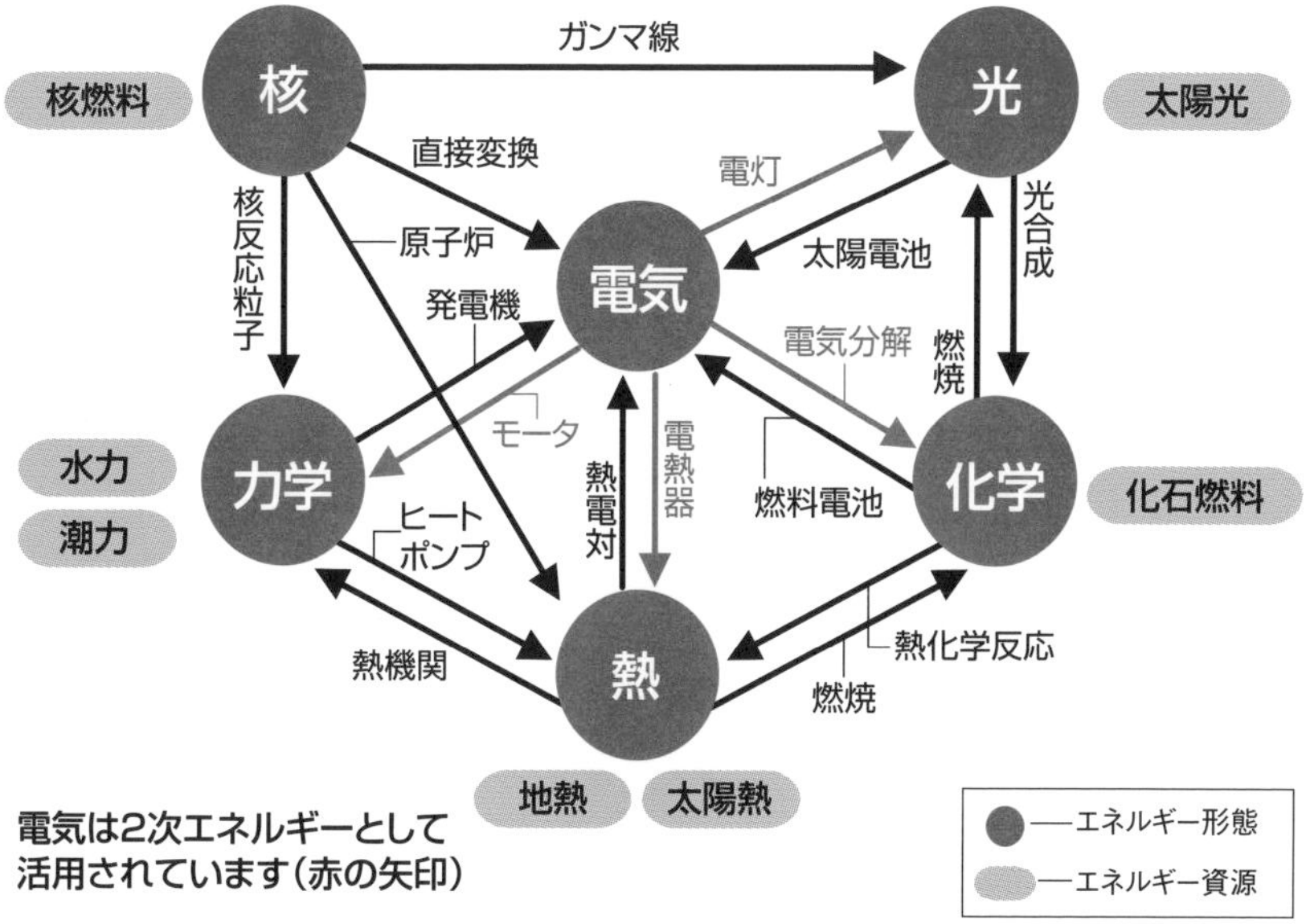
核
光
電気
力学
熱
化学
核燃料
太陽光
水力
潮力
化石燃料
地熱
太陽熱
ガンマ線
直接変換
原子炉
核反応粒子
電灯
太陽電池
光合成
発電機
電気分解
燃焼
モータ
熱電対
電熱器
燃料電池
ヒートポンプ
熱機関
熱化学反応
燃焼
電気は2次エネルギーとして活用されています（赤の矢印）
エネルギー形態
エネルギー資源

宇宙の4つの力とエネルギー源

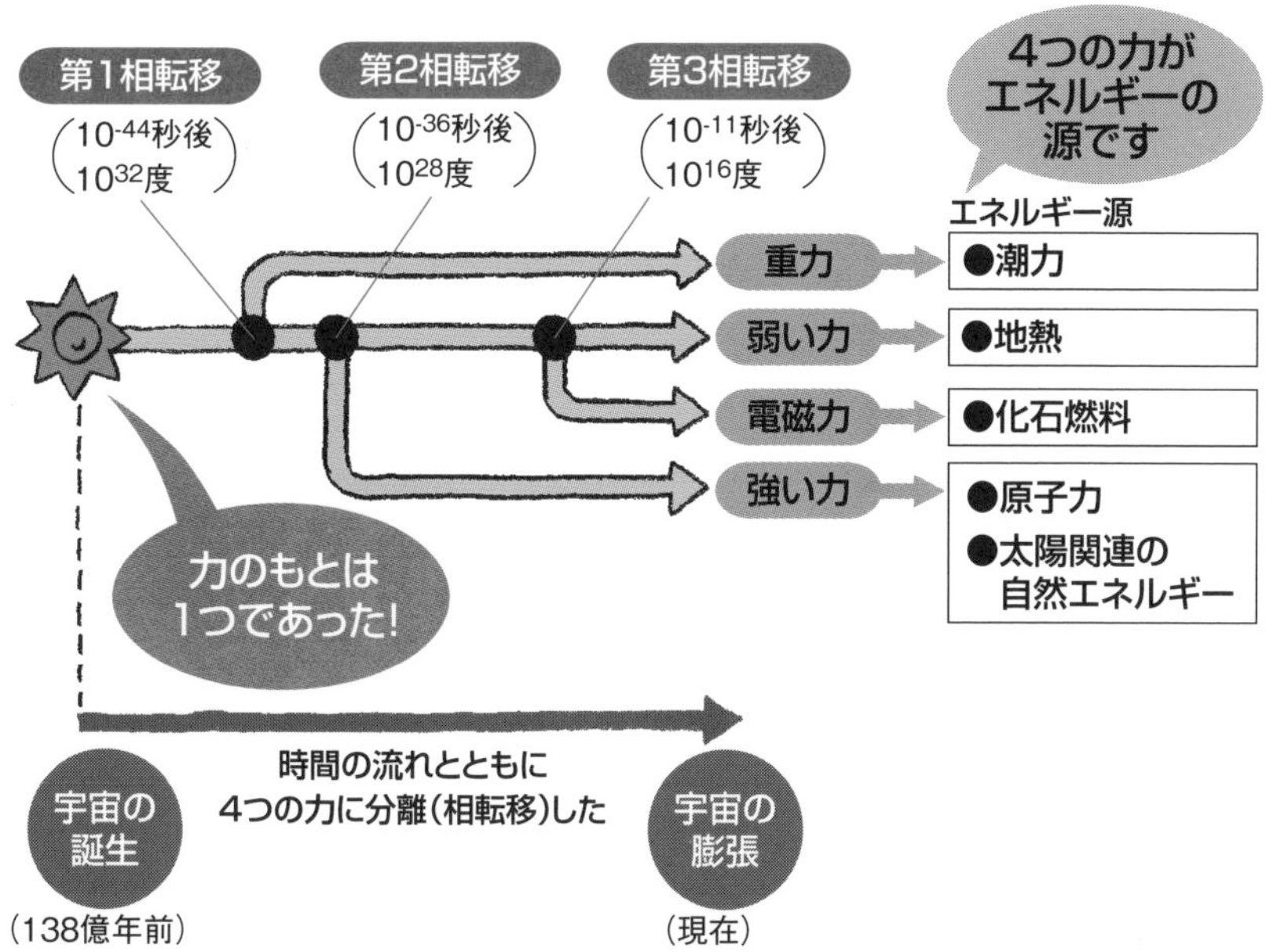
第1相転移
（10^{-44}秒後 10^{32}度）
第2相転移
（10^{-36}秒後 10^{28}度）
第3相転移
（10^{-11}秒後 10^{16}度）
4つの力がエネルギーの源です
エネルギー源
重力
弱い力
電磁力
強い力
●潮力
●地熱
●化石燃料
●原子力
●太陽関連の自然エネルギー
力のもとは1つであった!
時間の流れとともに4つの力に分離（相転移）した
宇宙の誕生
（138億年前）
宇宙の膨張
（現在）

4 宇宙のエネルギーは大規模

ニュートンの重力

旧約聖書によれば、イブが禁断のりんごの実を食べたために人間はエデンの楽園を追われますが、今からおよそ3百60年前にそのりんごがきっかけとなってアイザック・ニュートンは万有引力を発見したと言い伝えられています。生家にあったりんごの木（品種はケントの花）は接ぎ木によって増やされ、日本をはじめ世界の各地で見ることができます。

自然科学の芽生えのこの逸話の信憑性はともかくとして、力が2つの物体の質量の各々の積に比例し、距離の2乗に反比例するとの「万有引力の法則」の発見により、天体の運動をはじめ、さまざまな物体の運動を記述することができるようになりました。しかし、当時は、どのようにして力が作用するのか、定かではありませんでした。遠隔的に瞬時に力が伝わるのか、空間に渦が伝わり近接的作用（デカルト説）によって力が及ぼされるかの論争がなされてきました。

現代物理学では、力は瞬時に伝わるのではなく、場（重力の場合には4次元空間の重力場）のひずみや、ゲージ粒子（交換粒子）の交換により、力が及ぼされると考えられています。万有引力は電磁力と同様に無限大まで影響が及びます。これは重力の交換粒子（重力子）が電磁力の光子と同じく、質量が零だからです。

重力のエネルギー利用としては、地球と月の引力を利用した潮汐発電があります。水力発電も重力の位置エネルギーを運動エネルギーに変えてタービンを回す意味からは重力のエネルギー利用と言えますが、海水の蒸発と降雨としての水の循環の観点からは、太陽熱エネルギーの利用と考えることができ、これは究極的には太陽の核融合反応としての「強い力」のエネルギー利用と言えます。

地球を含めた太陽系の惑星は、万有引力の法則に従って微妙な力のバランスにより回転していますが、万有引力定数が現在の値よりも少しずれていたならば、現在の地球や人類が存在しなかったかも知れません。

要点BOX

●ニュートンが発見した万有引力は、重力場のひずみや重力子（グラビトン）の交換により伝わる
●重力のエネルギーは潮汐発電として利用

ニュートンの万有引力とりんごの木

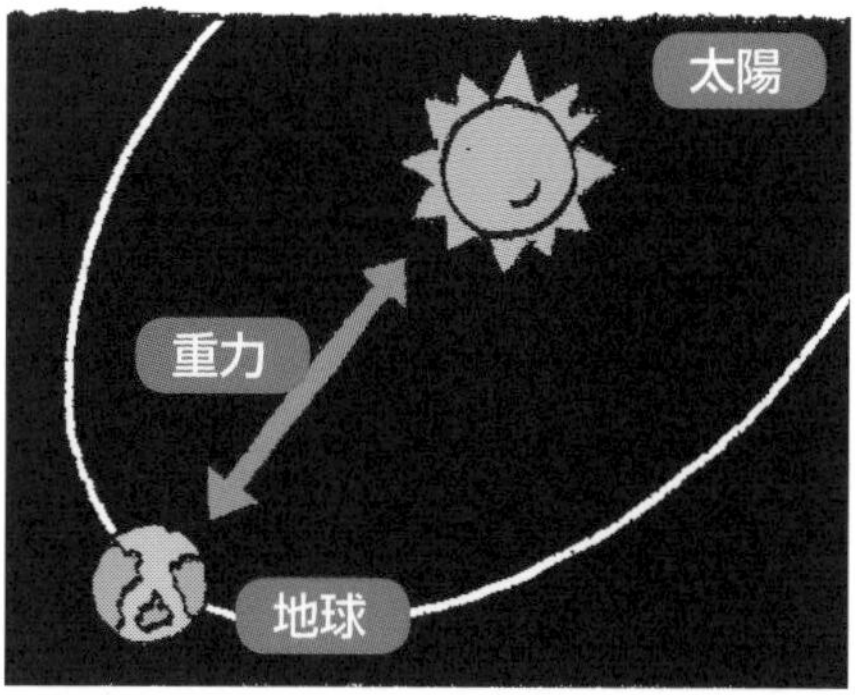

万有引力として知られる力。作用をおよぼす距離は無限大。主に宇宙空間。交換粒子は重力子（グラビトン）

どちらが正しい？

力は瞬時に作用する
ニュートン説（遠隔作用）

力は渦により空間を伝わる
デカルト説（近接作用）

重力の起源とポテンシャル

重力場の考え

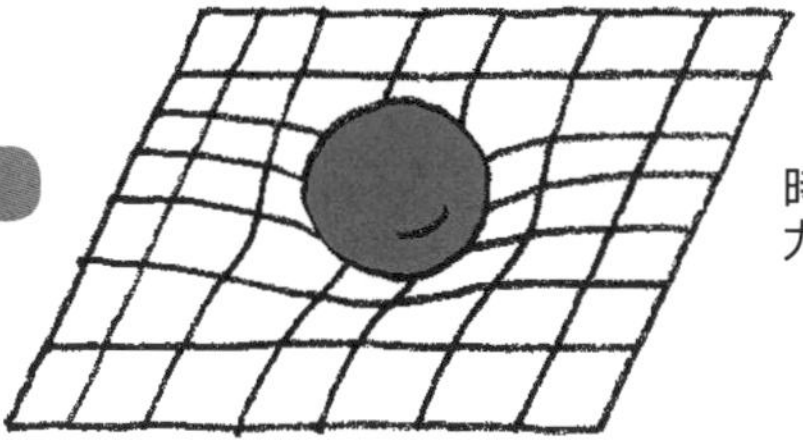

時空の場がひずむことで、
力が伝わります

重力子の考え

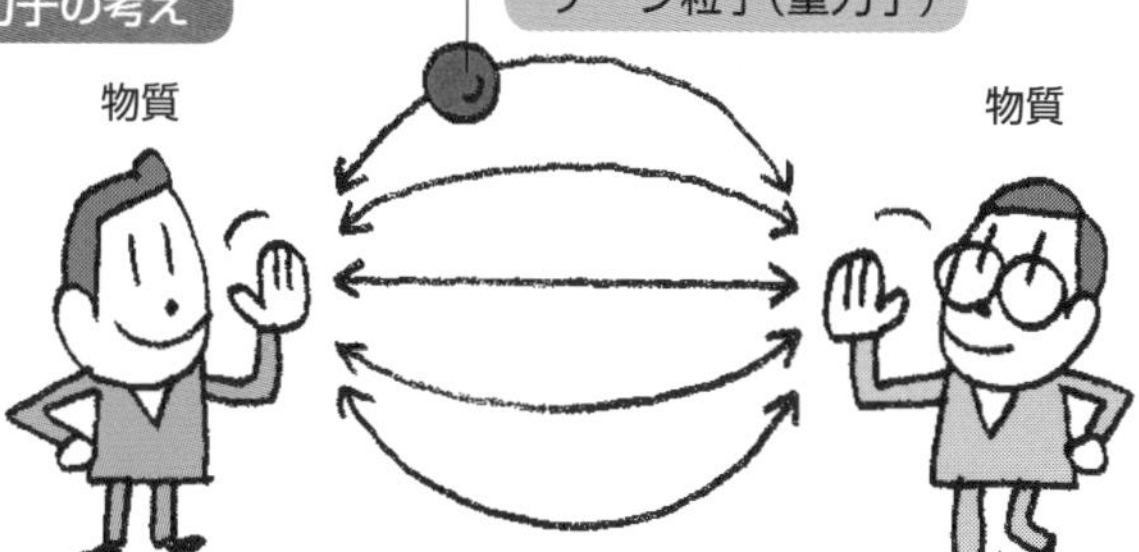

ゲージ粒子を
交換することで
力が伝わります

5 分子と化学・生体のエネルギー

マクスウェルの電磁力

紀元前600年頃、古代ギリシャの自然哲学者タレスは、琥珀（こはく）を動物の皮でこすると物を引きつけることを知っていた、とされています。琥珀は当時エレクトロンと呼ばれており、電気の語源となりました。また、紀元前千年頃にはすでに中国で南北を指す磁石利用の指南車が使われていました。古代ギリシャではマグネシア地方から天然の磁鉄が発見されており、マグネットの語源となりました。電磁現象の物理としては、電気と磁気のクーロンの2法則、アンペールの電流の磁気発生、ファラデーの電磁誘導の法則の4つの法則が、1864年にマクスウェルにより電磁方程式として体系化されました（**上図**）。

分子は、原子核の周りを回る負電荷の電子と正電荷の原子核とでできた原子の組み合わせでできていますが、原子間の結合にはイオン結合、共有結合、配位結合、金属結合があり、分子間に働く力には分子間力と水素結合があります。これらの電磁力は電荷を持った粒子同士に働き、質量ゼロの光子（フォトン）を交換して力が伝わります（**中図**）。分子の力や化学反応、生命体でのエネルギー発生も、実はこのマクスウェルの電磁力に起因しています。

すべての生体細胞内では、化学エネルギーは高エネルギーリン酸結合を持つATP（アデノシン3リン酸）を通して交換されます。アデニンにリボーズ（糖）が結びついたアデシンに無機リン酸が3分子ついたものがATPであり、リン酸同士の結合が切れてアデノシン2リン酸（ADP）に分解するときに大きなエネルギーを発生します。私たち生物はこのエネルギーを使って生命の維持と活動を行っています。ADPは、植物の場合には光合成によって、動物では化学エネルギーによってATPに再変換されます（**下図**）。ATPは生体内のエネルギー代謝では仲介役を果たす生物に共通な合成物質であり、「エネルギーの通貨」に相当すると言えます。

要点BOX

- ●日常のエネルギーの多くが電磁力に起因
- ●電磁力は光子（フォトン）を交換して伝搬
- ●代謝は、ATPのリン酸結合エネルギーを利用

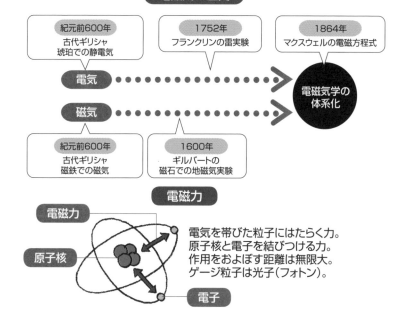

電磁気の歴史

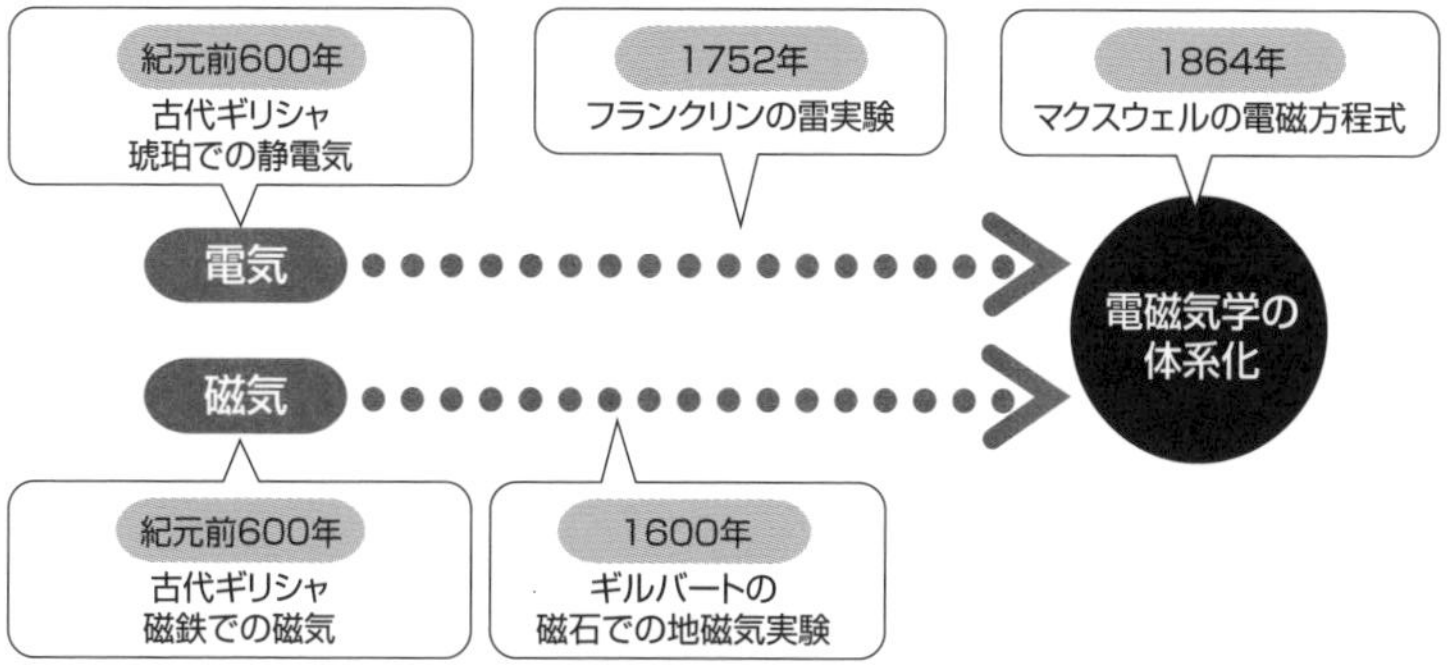
紀元前600年
古代ギリシャ
琥珀での静電気
1752年
フランクリンの雷実験
1864年
マクスウェルの電磁方程式
電気
磁気
電磁気学の
体系化
紀元前600年
古代ギリシャ
磁鉄での磁気
1600年
ギルバートの
磁石での地磁気実験

電磁力

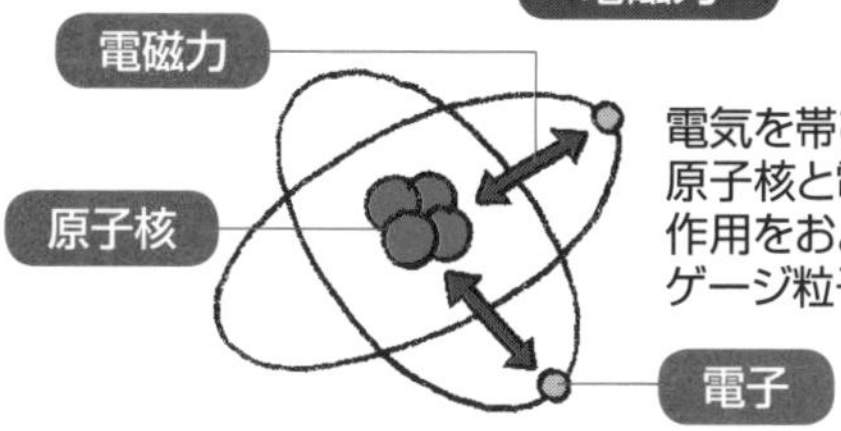
電磁力
原子核
電子

電気を帯びた粒子にはたらく力。
原子核と電子を結びつける力。
作用をおよぼす距離は無限大。
ゲージ粒子は光子(フォトン)。

エネルギーはATPに蓄えられる

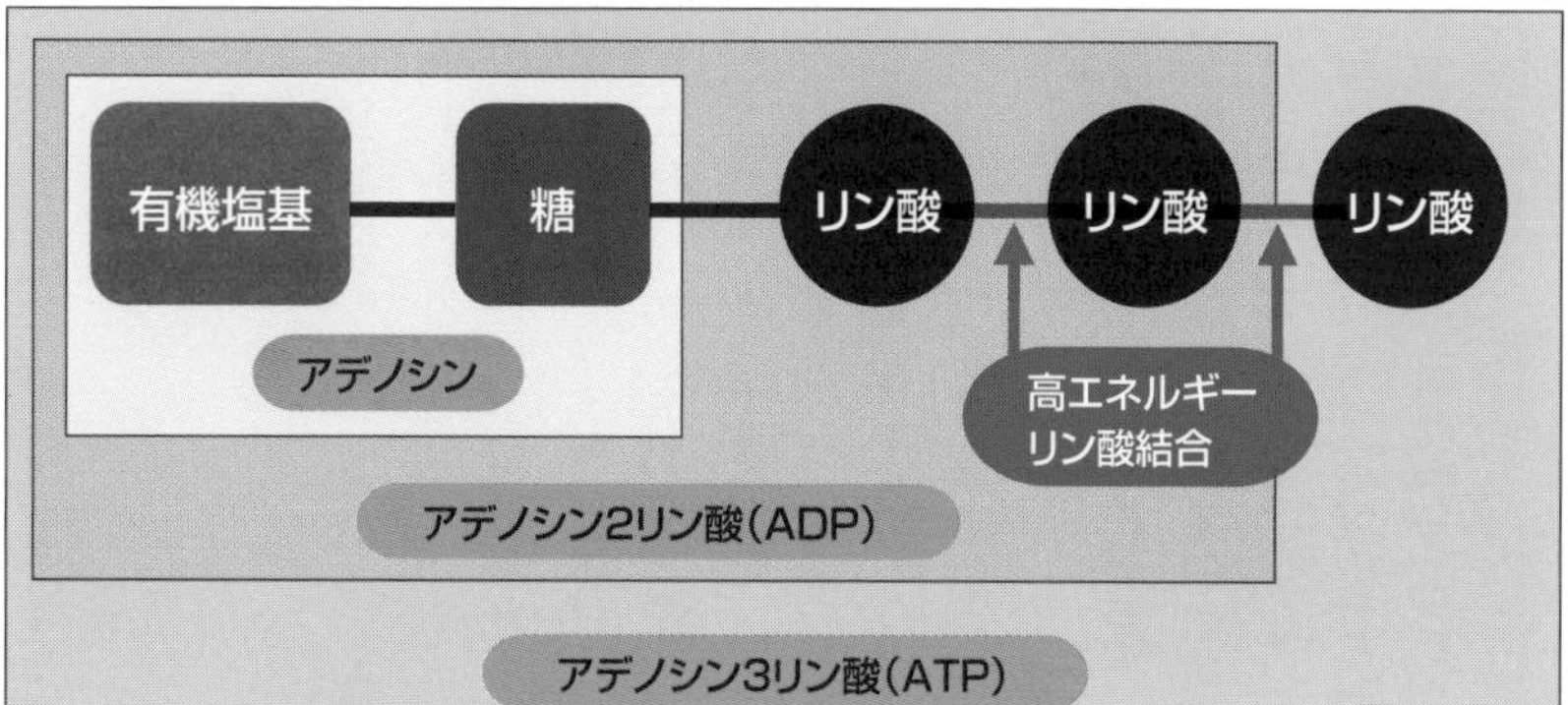
有機塩基
糖
リン酸
リン酸
リン酸
アデノシン
高エネルギー
リン酸結合
アデノシン2リン酸(ADP)
アデノシン3リン酸(ATP)

ADP＋無機リン酸＋エネルギー(光) ⟶ ATP

ATP ⟶ ADP＋無機リン酸＋エネルギー(7.3kcal)

リンは生命活動に重要な物質です。
リンは体内にリン酸カルシウムとして多く含まれています。

6 地球内部のエネルギー

フェルミの弱い力

私たちは百億光年程の宇宙の果てまでの光を捉えて宇宙の仕組みを解明してきています。しかし、地球内部の直接的な探索は未だ13㎞の深さまでであり、地球半径の5百分の1しか到達していません。さらなる内部は地震波の伝わり方で調べられています。

地球の内部構造はゆで卵にたとえることができます。黄身が「核」、白身が「マントル」、そして殻は「地殻」に相当します。黄身の部分が「内核」と「外核」に分けられ、溶けた鉄の中に「内核」のボールが閉じ込められていると考えることができます。巨大な鉄の塊である内核の表面温度は太陽表面と同じ約6千度です。原始の地球には固体の内核はありませんでした。地球の冷却と成長の段階で重い元素が中心に集まり、その時に開放される重力エネルギーにより地球自身が暖められました。現在は地球内部では主に放射性同位元素の崩壊熱により維持されていると考えられています。

放射性元素の崩壊は「弱い力」により起こります。これはウィーク・ボソン（Wボソン、Zボソン）を交換して伝わります。作用を及ぼす距離は1メートルの百万兆分の1（10^{-18} m）です。イタリアの物理学者エンリコ・フェルミにより予言された力であり、中性子が高エネルギーの電子（ベータ線）を自然放出して陽子に変わるベータ崩壊の理論を打ち立てました。

中性子は1つのアップ・クォーク（u）と2つのダウン・クォーク（d）から構成されていますが、1つのダウン・クォークがアップ・クォークに変わって陽子に変わるときに電子が放出されます。

弱い力のエネルギー利用としては、地熱発電、マグマ発電があり、放射性同位元素を用いた原子力電池や、医療などでの各種放射線利用が挙げられます。

地震の発生や火山の爆発は地球内部の熱や対流エネルギーと関連し、さらには、外核プラズマのダイナモ効果による地磁気の発生・維持も、地球内部の熱により作り出される対流に起因するものです。

要点BOX

- ●弱い力はウィーク・ボソンを交換して伝わる
- ●地熱発電は弱い力による放射性崩壊熱の利用、地磁気の維持も地球の熱対流に起因

弱い力

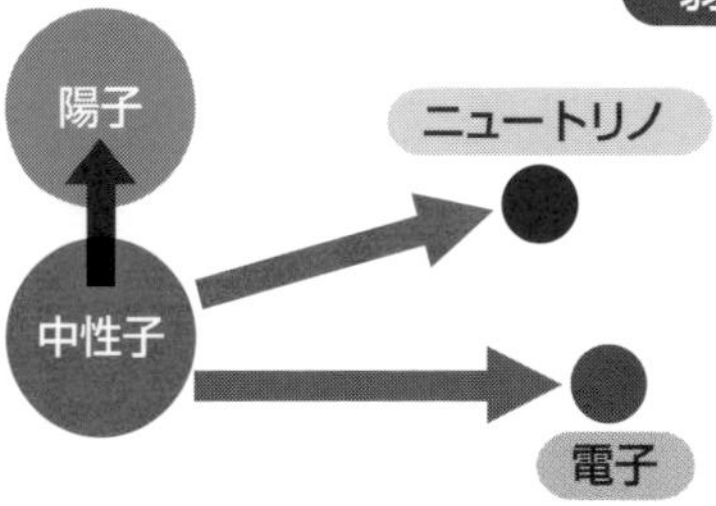
陽子
ニュートリノ
中性子
電子

中性子の自然崩壊（ベータ崩壊）を引き起こす力。
この弱い力の作用で、中性子は短時間で陽子に変わる。
作用をおよぼす距離は1メートルの百万兆分の1。ゲージ粒子はウィーク・ボソン 。

地球内部の構造と地熱

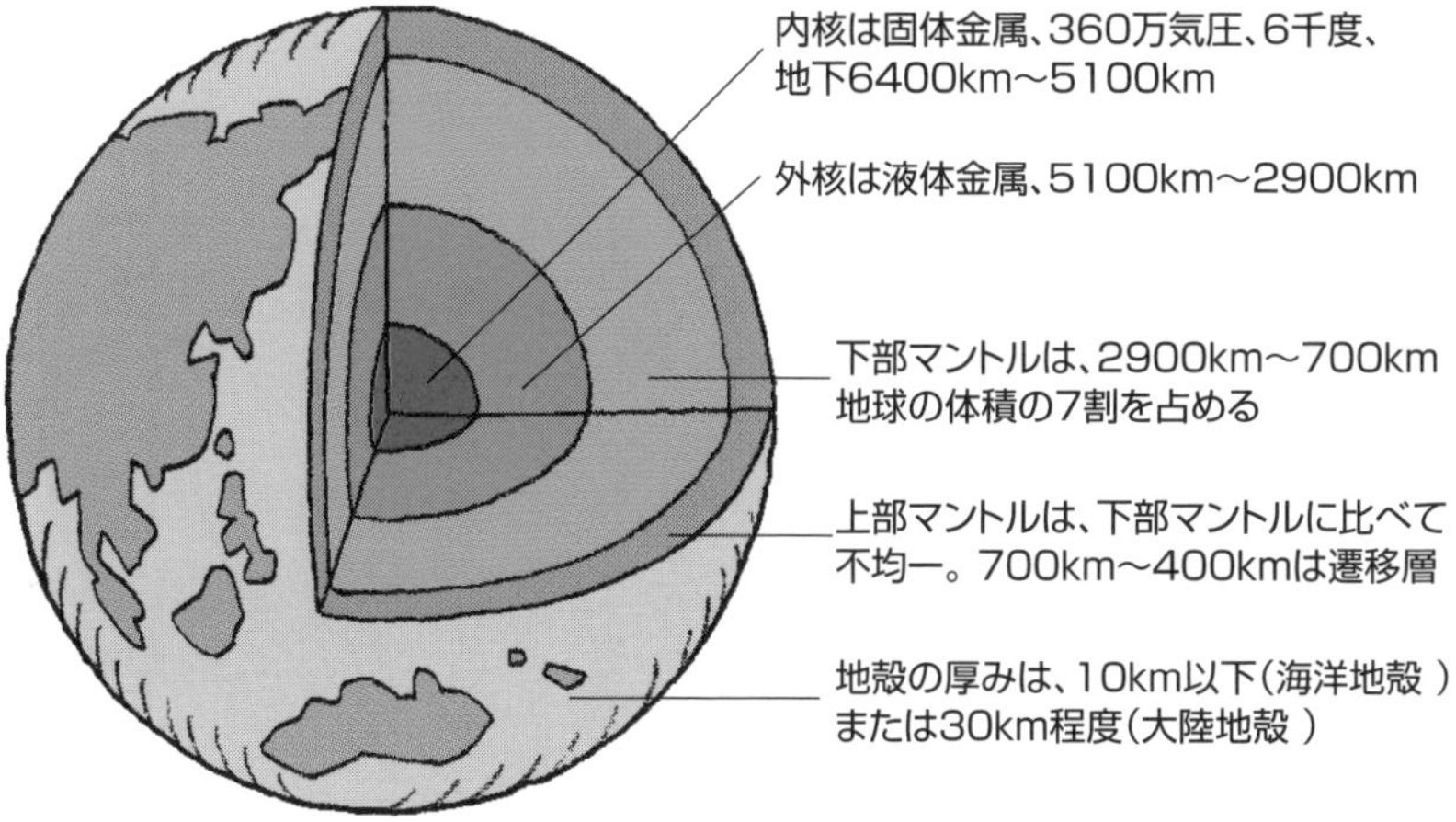
内核は固体金属、360万気圧、6千度、
地下6400km～5100km
外核は液体金属、5100km～2900km
下部マントルは、2900km～700km
地球の体積の7割を占める
上部マントルは、下部マントルに比べて
不均一。700km～400kmは遷移層
地殻の厚みは、10km以下（海洋地殻 ）
または30km程度（大陸地殻 ）

ベータ崩壊と弱い力

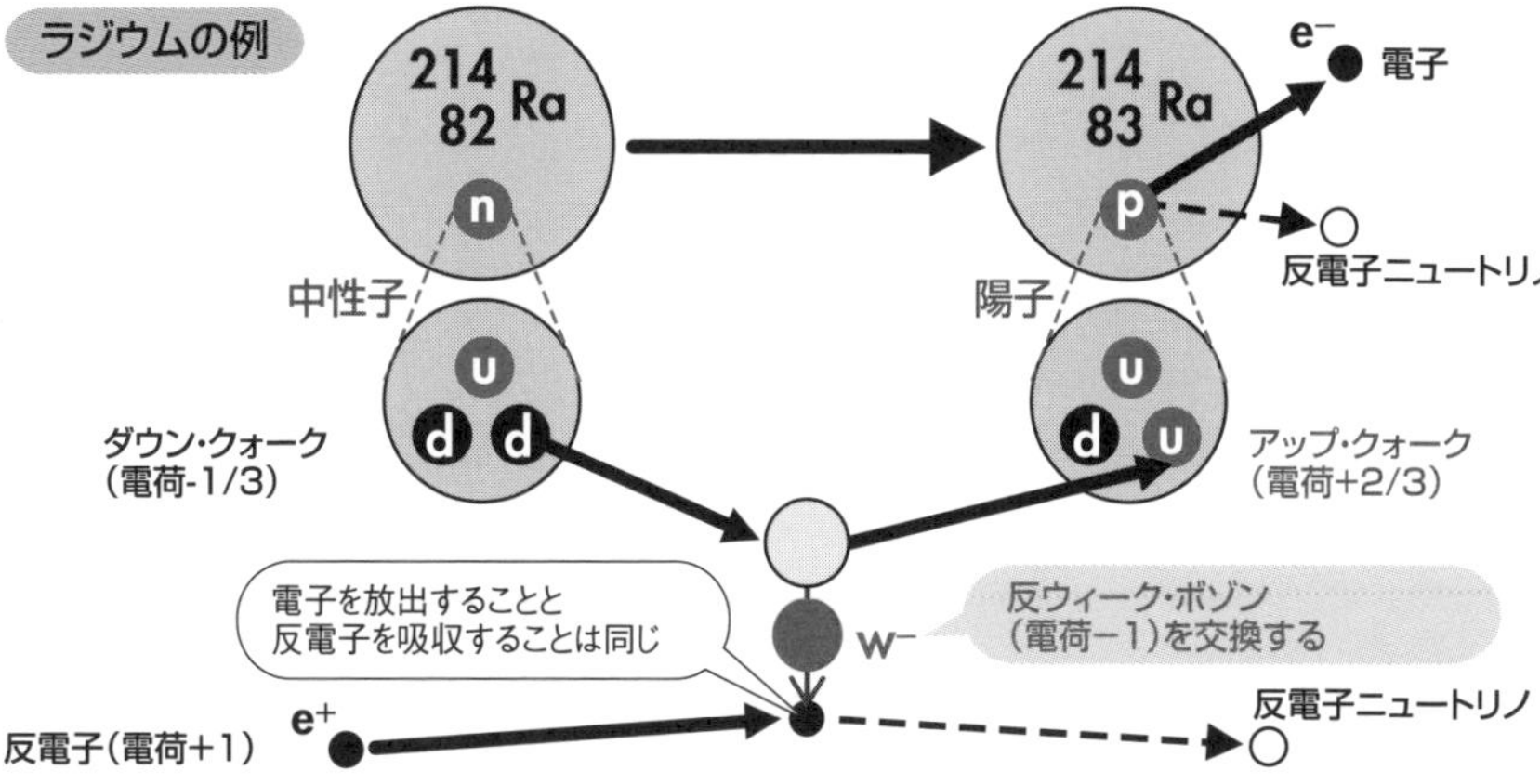
ラジウムの例
214
82 Ra
n
中性子
u
d d
ダウン・クォーク
（電荷-1/3）
214
83 Ra
p
陽子
u
d u
アップ・クォーク
（電荷+2/3）
e⁻
電子
反電子ニュートリノ
電子を放出することと
反電子を吸収することは同じ
w⁻
反ウィーク・ボゾン
（電荷－1）を交換する
e⁺
反電子（電荷+1）
反電子ニュートリノ

7 原子の内部に潜む莫大なエネルギー

湯川秀樹の強い力（核力）

ギリシャ神話によれば、プロメテウスは神々の王ゼウスの許可を得ずに人間に「火」を与えたとされています。ゼウスは激怒し、人間たちに箱を携えたパンドラを送り、プロメテウスはコウカサスの岩山に鎖で繋がれ、肝臓を大鷲についばまれる羽目になりました。このプロメテウスを救ったのは英雄ヘラクレイトスです。

人類にとって火は宝です。火で焼かれた土器から、青銅器、鉄器の加工へと文明は移り変わってきました。私たちは、第2の火「電気」、第3の火「原子力」を手に入れ、新しい文明を築き上げてきました。核のエネルギーは、不幸にして原子爆弾という兵器で幕が開けられました。原子の火は原子核内部の力「核力＝強い力」に起因していることが判明し、湯川秀樹博士により、陽子と中性子を結びつけている力は中間子によって伝達されていると予言されました。現在はクォーク間の力は、交換粒子グルーオンに起因するとされています。

核のエネルギーは原子炉（核分裂炉）と核融合炉発電とに利用されます。分裂や融合するときに質量が欠損し、それがエネルギーとして放出されます。物質とエネルギーとは同じものであることがアインシュタイン博士の発見によりわかりましたが、最も安定な元素は鉄です。人間社会と同じく、1人では孤独で寂しく、大勢では喧嘩になります。ちょうど安定な原子核の質量があります。それが鉄なのです。

水素のように軽い原子核が融合すると質量欠損が起こり、エネルギーを出して、より安定な状態になります。これが核融合反応です。一方、原子炉では、ウランのような重い原子核に中性子が当たると、より軽い原子核に分裂し、その時にエネルギーが発生します。これが核分裂反応です。

宇宙の創世期は超高エネルギーの世界であり、エネルギー自体から物質が作られました。現代でも質量を含めたエネルギー保存が成り立っています。

要点BOX

- ●核力は原子核内の近距離の力であり、クォーク間の力は交換粒子グルーオンに起因
- ●核エネルギーは原子炉、核融合炉で利用

核力(強い力)

原子核
(陽子・中性子)

クォークを結びつける力。作用をおよぼす距離は1メートルの1 千兆分の1(10^{-15}m)。原子核内、あるいは核子内ではたらく。交換粒子はグルーオン。

核融合と核分裂

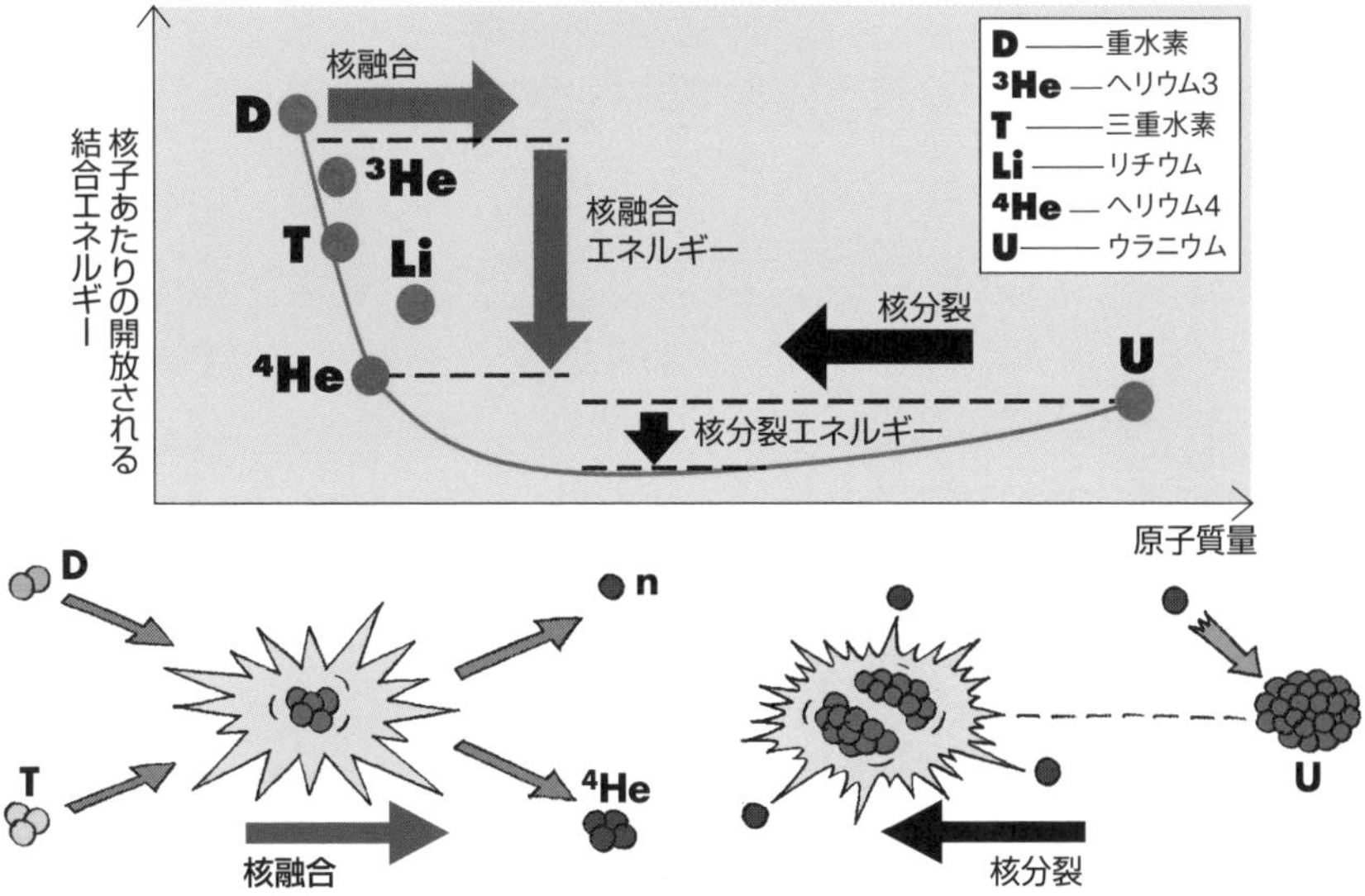
核子あたりの開放される結合エネルギー
原子質量
核融合
核融合エネルギー
核分裂
核分裂エネルギー
D
^{3}He
T
Li
^{4}He
U
D ―― 重水素
^{3}He ― ヘリウム3
T ―― 三重水素
Li ―― リチウム
^{4}He ― ヘリウム4
U ―― ウラニウム
D
T
n
^{4}He
核融合
U
核分裂

質量欠損とアインシュタインの相対性理論

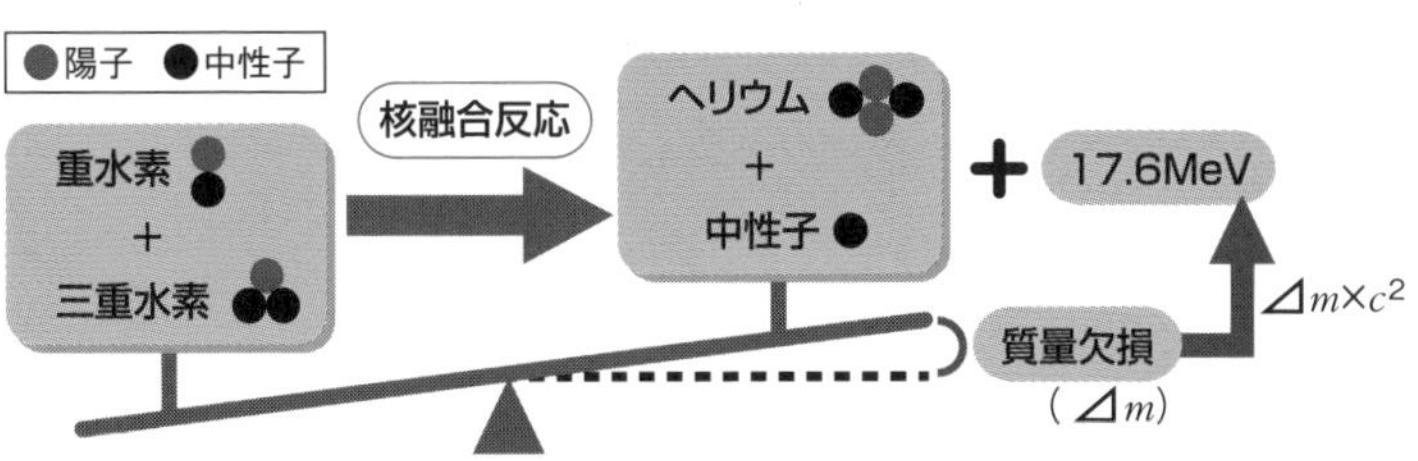
陽子 中性子
核融合反応
重水素
+
三重水素
ヘリウム
+
中性子
+ 17.6MeV
$\Delta m \times c^2$
質量欠損
(Δm)

アインシュタインの相対性理論によるエネルギー保存則(1905年)
この理論から100年目にあたる2005年は「世界物理年」と呼ばれた。

8 日本のエネルギー資源と国際比較は?

低いエネルギー自給率

第二次世界大戦の後、日本は急速な経済復興を進め、1950~1970年代の約20年間に石油エネルギーによる高度経済成長を果たしました。しかし、1973年と1979年に「石油危機」が起こり、原油価格が2~3倍の急騰を記録し、日本経済は大きな打撃を受けました。当時の日本のエネルギー供給の8割以上が石油でしたが、その後天然ガスや原子力の導入により石油の割合を5割以下に下げることができています（**上図**）。それでも日本の石油は80%以上が中東諸国からの輸入に頼っています。

世界全体のエネルギー消費は、日本と異なり、開発途上国での消費拡大などによりほぼ直線的に増加しています。2000年に400EJであった消費量が2021年には600EJ（エクサジュール、1EJ＝10^{18}J）であり、石油換算では140億トンです。中国が26%、アメリカが16%であり、10%以下ではインド、ロシア、そして、5位が日本です。

日本の1次エネルギー消費量はおよそ18EJでその内訳は、石油が37%、天然ガスが21%、石炭が27%、原子力が3%、水力が4%、そして、再生可能エネルギーが7%です。日本での化石燃料の割合は85%であり、世界の平均値82%を上回っています（**中図**）。海外では、石炭の中国・インド、天然ガスのロシア・イギリス、原子力立国のフランス、水力資源豊富なカナダなど、特色あるエネルギー政策がとられています。

エネルギー自給率は日本では非常に低く、原子力を加えても11%です。豪州、インドネシア、米国は化石燃料利用により100%を超えています。フランスやドイツは化石エネルギーの自国生産が低い国ですが、フランスでは原子力を加えると50%以上で、ドイツは再生可能エネルギーで35%です。カロリーベースの食糧自給率も日本では38%と諸国に比べて低く、安全保障上の観点から、日本のエネルギーと食料の自給率向上が必須の課題となっています。

要点BOX

- 日本のエネルギー消費は世界の3%
- 日本のエネルギー自給率は原子力を含めても11%で、きわめて低い

日本の1次エネルギー供給実績

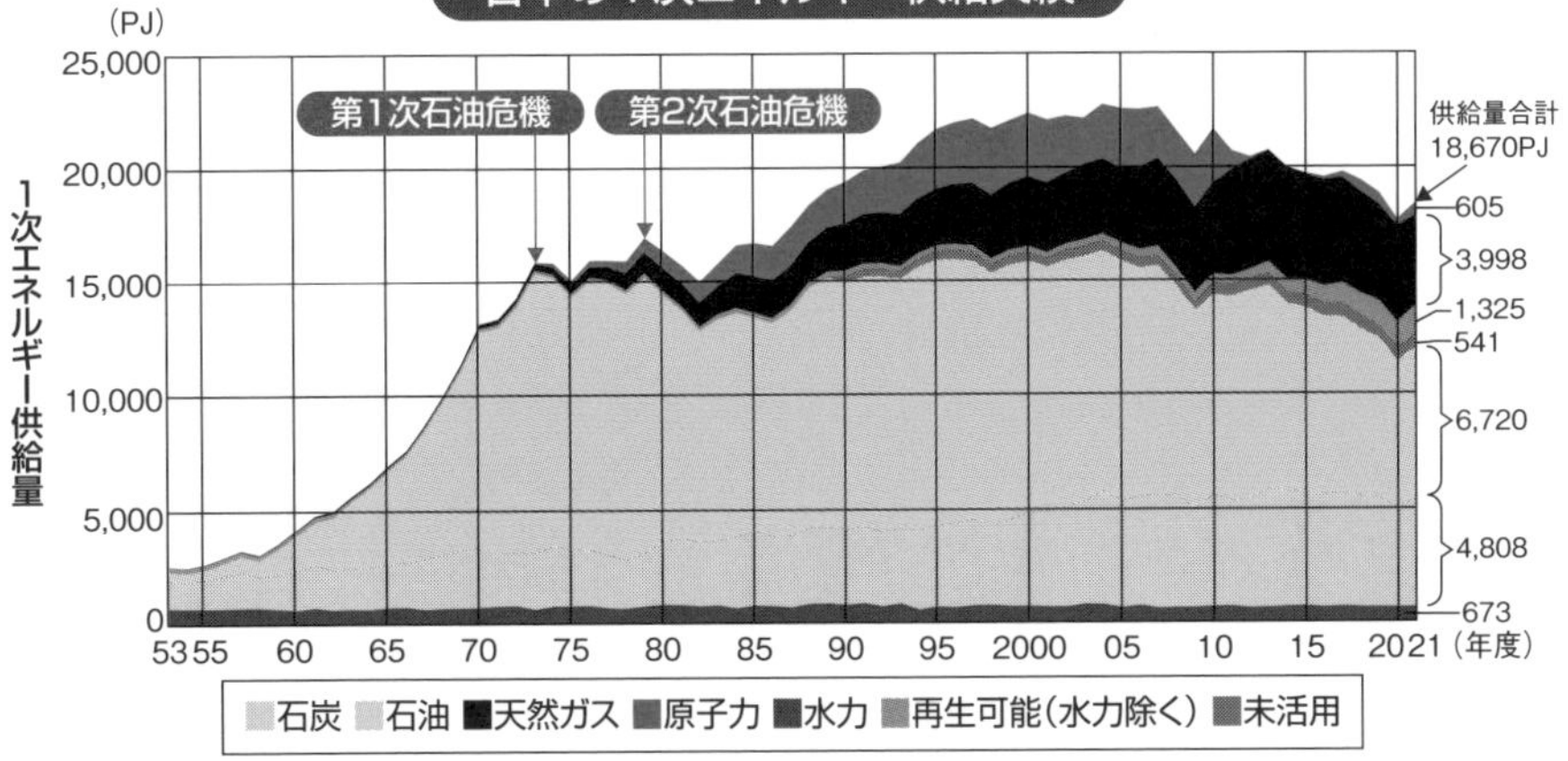
(PJ)
25,000
20,000
15,000
10,000
5,000
0
1次エネルギー供給量
第1次石油危機
第2次石油危機
供給量合計
18,670PJ
605
3,998
1,325
541
6,720
4,808
673
53 55 60 65 70 75 80 85 90 95 2000 05 10 15 2021 (年度)
石炭 石油 天然ガス 原子力 水力 再生可能(水力除く) 未活用

(注)石油1トンは42GJの熱量に相当します(1GJ(ギガジュール)=10^9J)

出典:原子力・エネルギー図面集　https://www.ene100.jp/zumen

主な国の1次エネルギー消費の構成

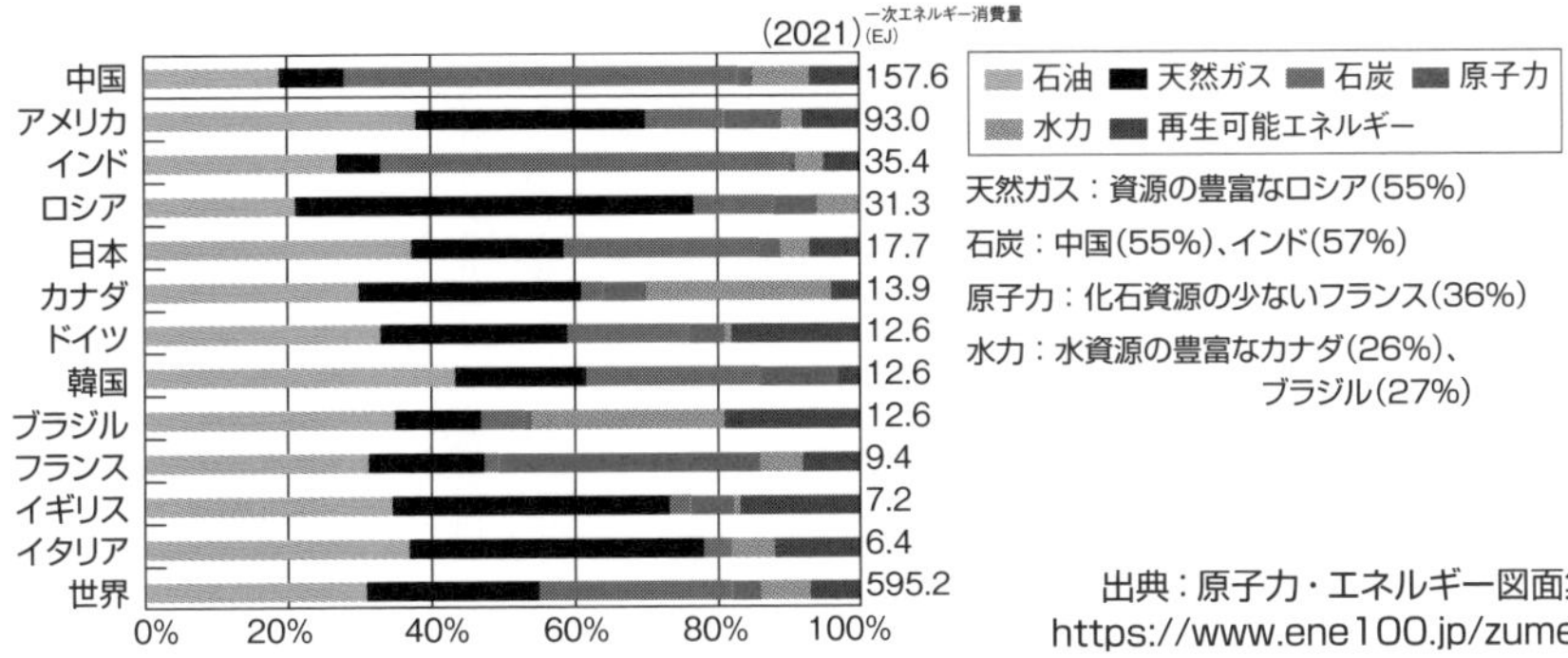
(2021)
一次エネルギー消費量 (EJ)
中国 157.6
アメリカ 93.0
インド 35.4
ロシア 31.3
日本 17.7
カナダ 13.9
ドイツ 12.6
韓国 12.6
ブラジル 12.6
フランス 9.4
イギリス 7.2
イタリア 6.4
世界 595.2
0% 20% 40% 60% 80% 100%
石油 天然ガス 石炭 原子力
水力 再生可能エネルギー
天然ガス:資源の豊富なロシア(55%)
石炭:中国(55%)、インド(57%)
原子力:化石資源の少ないフランス(36%)
水力:水資源の豊富なカナダ(26%)、
ブラジル(27%)

出典:原子力・エネルギー図面集
https://www.ene100.jp/zumen

主な国のエネルギーの自給率の比較

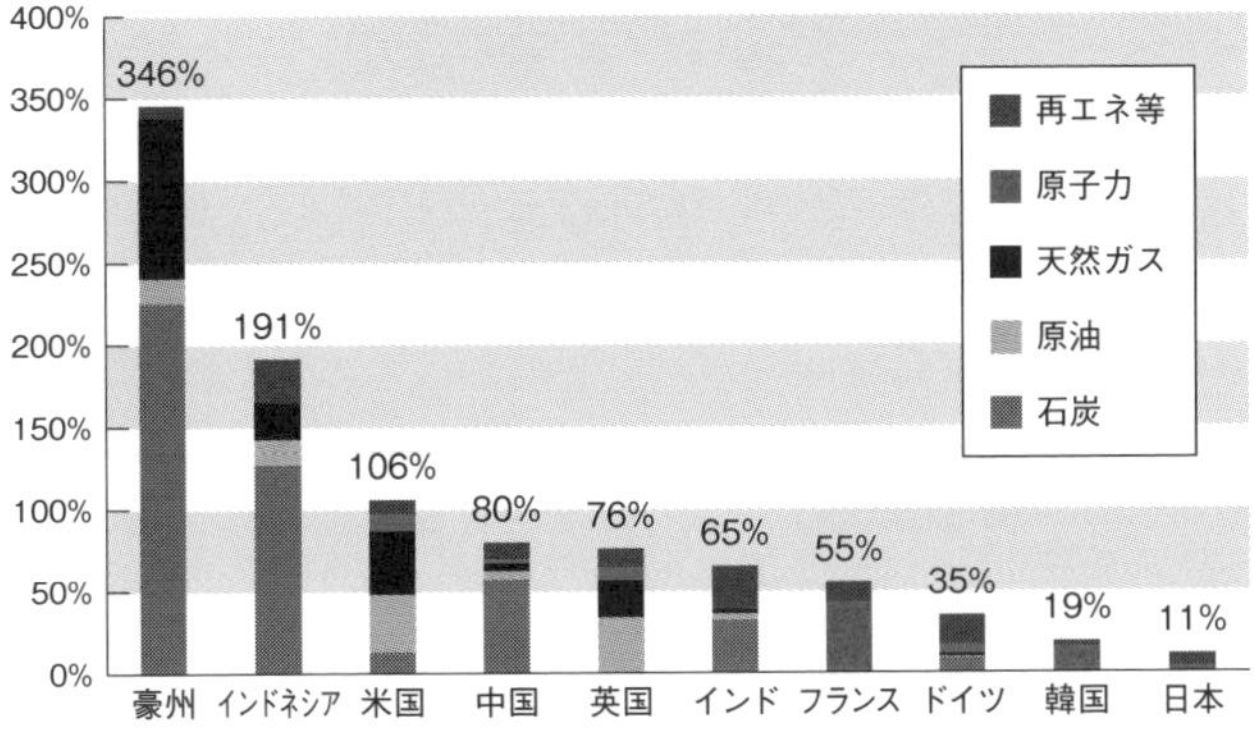
400%
350%
300%
250%
200%
150%
100%
50%
0%
346%
191%
106%
80%
76%
65%
55%
35%
19%
11%
豪州 インドネシア 米国 中国 英国 インド フランス ドイツ 韓国 日本
再エネ等
原子力
天然ガス
原油
石炭

出典:エネルギー白書
2023 (p.31)

9 超長期エネルギー予測は?

21世紀は「環境の世紀」

不老長寿は古くから夢見られてきましたが、各国のエネルギー消費量と平均寿命とは何らかの相関が見られるので、エネルギーの長期確保は重要です。超長期にわたるエネルギーの予測のために、経済発展段階を1人当たりの所得で表現したモデルを考え、人口の伸び、経済成長率、エネルギー弾力性が経済発展段階(1人当たりの所得)によって決まるとします。ここで、マクロ経済(一国の経済全体の理論)における「エネルギー弾力性値」とは、GDP(国内総生産)の伸び率に対してのエネルギー消費の伸び率の比です。この値は発展途上では大きく(~2以上)、情報化社会や高効率エネルギー利用社会では1以下の小さな値になります。

世界の人口は1990年の約50億人から2100年にほぼ倍増します。GDPは1990年の20兆ドルから225兆ドルと年率2%程度の成長を続け、1人あたりのGDPは約4千ドルから5倍近く増加し、多くの途上国も先進国の仲間入りを果たします。1次エネルギー消費量は2013年の127億トンから2100年には2倍以上の大幅な増加を示し、在来型の石油は2030年を過ぎる頃に生産のピークを迎え、非在来型石油の生産が開始され、天然ガスは石油よりやや遅れて在来型がピークとなり、非在来型天然ガスの生産が始まります。一方、資源量が豊富な石炭の消費量は、中国、インド等の産炭国での消費と、石炭の液化・ガス化の進展により遅れて増加に転じます。

石油の割合は現在約30~40%以上ですが2100年には20%程度に低下し、天然ガスの割合は少し増加します。これに対しバイオマスと太陽エネルギーの利用を中心とした再生可能エネルギーは2030年頃には導入が加速し、2100年には20%以上へと大きく増加します。21世紀は「環境の世紀」です。多様な経済活動を促進できる、環境にやさしいエネルギー源の確保が望まれています。

要点BOX

- ●在来型の石油は2030年にピークを迎え、非在来型の石油や天然ガスが増産される
- ●再生可能エネルギーは2100年に20%以上に

エネルギー需給モデルの基本メカニズム

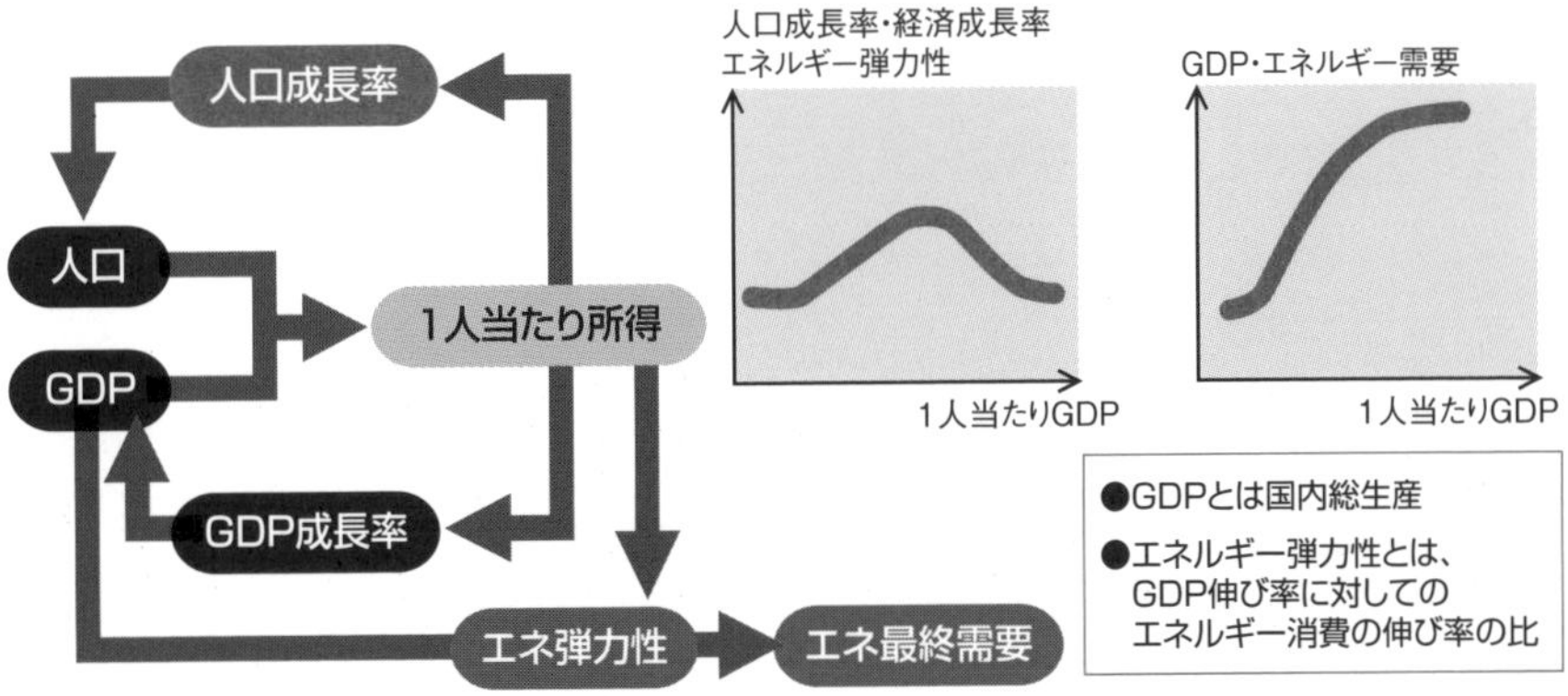
人口成長率
人口
GDP
1人当たり所得
GDP成長率
エネ弾力性
エネ最終需要
人口成長率・経済成長率
エネルギー弾力性
1人当たりGDP
GDP・エネルギー需要
1人当たりGDP
●GDPとは国内総生産
●エネルギー弾力性とは、
GDP伸び率に対しての
エネルギー消費の伸び率の比

世界の一次エネルギーの超長期の推移予測

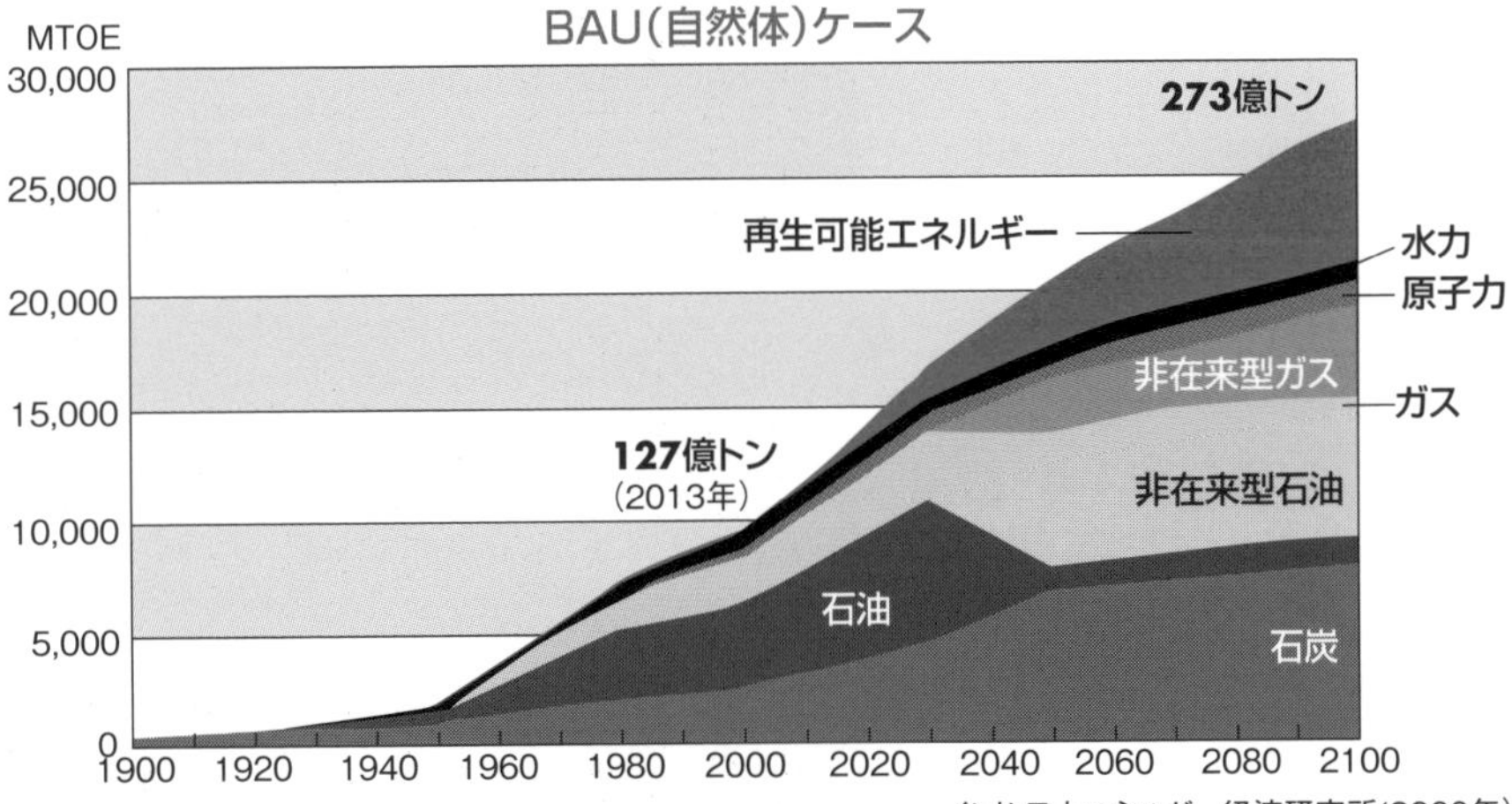
BAU(自然体)ケース
MTOE
30,000
25,000
20,000
15,000
10,000
5,000
0
1900
1920
1940
1960
1980
2000
2020
2040
2060
2080
2100
273億トン
再生可能エネルギー
水力
原子力
非在来型ガス
ガス
127億トン
(2013年)
非在来型石油
石油
石炭

参考:日本エネルギー経済研究所(2000年)

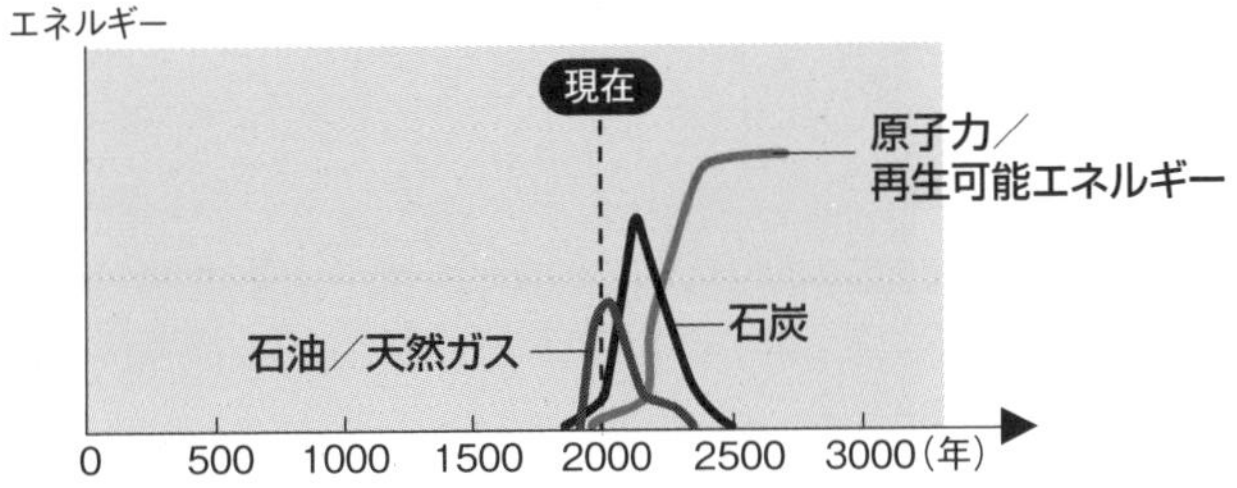
エネルギー
現在
原子力／
再生可能エネルギー
石炭
石油／天然ガス
0
500
1000
1500
2000
2500
3000(年)

Column

エネルギーの単位はいろいろ？（基本単位と誘導単位）

物理学では時間と空間（時空）、それに質量が基本要素です。私たちの4次元空間は3次元の「長さ（メートル［m］）」と「時間（秒［s］）」で表され、「質量」はキログラム［kg］で表されます。

また、電荷の流れである「電流」をアンペア［A］で表します。これが基本単位で英語の頭文字をとって「MKSA単位系」と呼ばれています。

国際単位系（SI）ではさらに、温度のケルビン［K］、分子量のモル［mol］、光度のカンデラ［cd］を加えた7つを「基本単位」としています。

これらの4つ（7つ）の量の組み合わせで新しい量や単位が定義できます。これを「誘導単位」と呼びます。エネルギーの単位も誘導単位の1つです。

エネルギーとは力の大きさと移動距離の積としての「仕事量」です。力とは質量と加速度の積であり、加速度は速度の時間変化なので、キログラム・メートル／平方秒で表されます。これをニュートン［N］と呼びます。1Nの力を1m加えた仕事、すなわちエネルギーとして、1ジュール［J］をエネルギーの単位と呼びます。

電磁場に関連したミクロな世界では、1ボルトの電圧をかけたところを電子が通過する場合に得られるエネルギーを単位として1電子ボルト［eV］と呼びます。

日常生活では、特に食品のエネルギーなどにカロリー［cal］が用いられてきました。また、膨大なエネルギー資源の量を表すのに、石油換算トン［toe］や英国熱単位［BTU］が用いられます。さらに、1秒間のエネルギーの変化（仕事率）はワット（W＝J／s）と定義されますが、消費電力などにはエネルギー量としてワット時［Wh］が用いられます。大きな量や小さな量を表すのには、これらの頭に単位接頭語を用います。

1 eV = 1.60×10^{-19}J
1 cal = 4.18J
1 toe = 4.18×10^{4}MJ
1 BTU = 1.06×10^{-3}MJ
1 kWh = 3.6MJ

表　単位の接頭語
（着色箇所はSIで定められた接頭語）

記号	読み方	大きさ
Y	ヨタ	10^{24}
Z	ゼタ	10^{21}
E	エクサ	10^{18}
P	ペタ	10^{15}
T	テラ	10^{12}
G	ギガ	10^{9}
M	メガ	10^{6}
k	キロ	10^{3}
h	ヘクト	10^{2}
da	デカ	10^{1}
d	デシ	10^{-1}
c	センチ	10^{-2}
m	ミリ	10^{-3}
μ	マイクロ	10^{-6}
n	ナノ	10^{-9}
p	ピコ	10^{-12}
f	フェムト	10^{-15}
a	アト	10^{-18}
z	ゼプト	10^{-21}
y	ヨクト	10^{-24}

第2章

考えよう!地球環境

10 地球環境問題とは?

エコロジカル・フットプリント

経済、エネルギー、環境の3Eトリレンマは解決すべき現代の課題です。環境問題は国内(局所)環境問題と地球環境問題とがあり、エネルギー関連と非エネルギー関連があります。地球環境問題とは、1つの国にとどまらない広域の環境問題であり、国際的な援助が必要な開発途上国の問題でもあります。具体的には地球全体の地球温暖化や海面上昇、気圏での大気汚染やオゾン層破壊、地圏の森林破壊や砂漠化、水圏の海洋汚染、そして、生物圏の野生生物種の減少、などが挙げられます(**上図**)。

地球環境の有限性(環境容量)を表す1つの量として、「エコロジカル・フットプリント」があります。人々の資源消費量と自然の生産能力とを比較した指標であり、食料や木材の供給、森林による二酸化炭素の吸収など、1人の人間が持続的な生活を営むために必要な地球上の面積を耕地、牧草地、森林、海洋、二酸化炭素吸収源の土地に換算して計算した量です。平均的な生物生産力をもつ土地の1ヘクタールを1グローバルヘクタールとしての単位を用いて評価されます。これは、カナダのブリティッシュ・コロンビア大学で開発された指標であり、世界自然保護基金(WWF:World Wide Fund for Nature)では地球の環境容量の計算に利用されています。

計算結果によれば、世界全体の社会経済活動は、1970年代にすでに地球の持続可能な環境容量(バイオキャパシティ)を超え、現在は地球の1・75個分に相当する生態系の資源を過剰に消費しています。エコロジカル・フットプリントの6割近くが二酸化炭素吸収に必要な環境容量(カーボン・フットプリント)であり、これだけでバイオキャパシティに達しています。世界的な人口増加により1人当たりのバイオキャパシティは減少して、発展途上国による消費の拡大などにより、エコロジカル・フットプリントとバイオキャパシティの差がますます広がっています(**下図**)。

要点BOX

- ●エコロジカル・フットプリントによれば、人類の活動は地球生物の生産力の1.75倍
- ●二酸化炭素排出のみで環境容量超過

地球環境問題のひろがり

地球全体	地球温暖化 気候変動 海面上昇
気圏	オゾン層破壊 大気汚染・酸性雨
地圏	森林破壊 土壌汚染
水圏	海洋汚染
生物圏	ゴミ問題 生物多様性の危機

生物圏
地圏
水圏
大気圏

世界のエコロジカル・フットプリント(1961年−2022年)

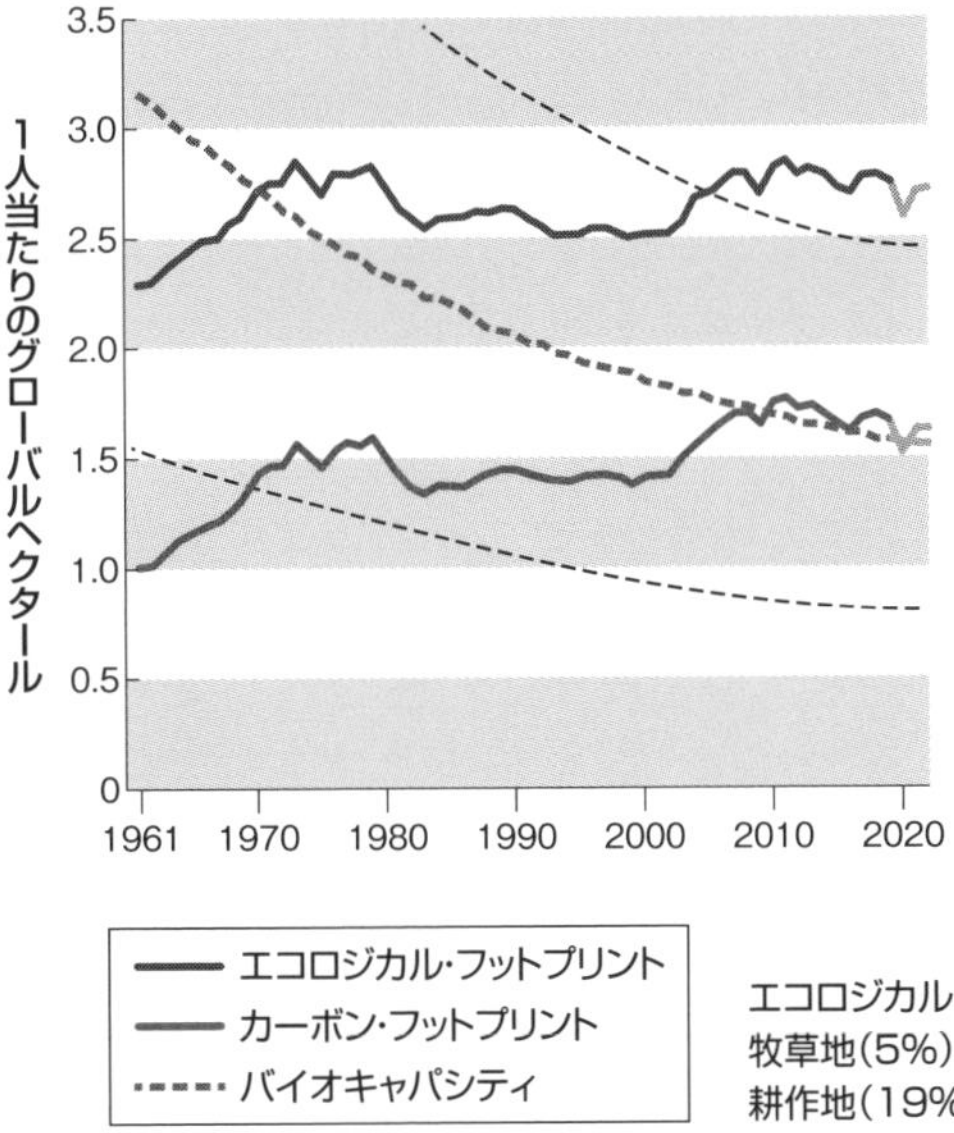
3.5
3.0
2.5
2.0
1.5
1.0
0.5
0
1人当たりのグローバルヘクタール
1961
1970
1980
1990
2000
2010
2020
エコロジカル・フットプリント
カーボン・フットプリント
バイオキャパシティ

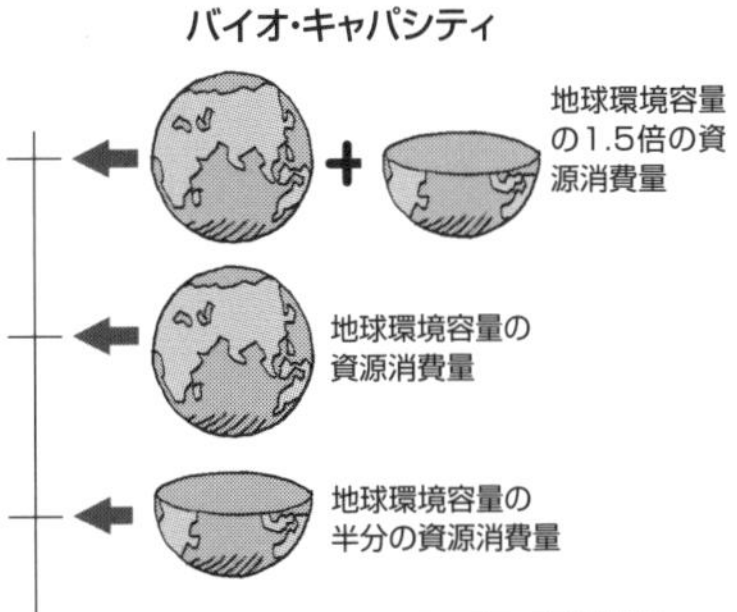
バイオ・キャパシティ
地球環境容量の1.5倍の資源消費量
地球環境容量の資源消費量
地球環境容量の半分の資源消費量

エコロジカル・フットプリントとは、
再生可能な自然資源の消費量と自然の
生物学的な生産能力とを比較したものです。

エコロジカル・フットプリントの内訳
牧草地(5%)、森林製品(10%)、漁場(3%)、
耕作地(19%)、生産力阻害値(2%)、カーボン(60%)

出典：WWF『Living Planet Report 2022』

11 地球温暖化の原因は？

太陽の日照量変化と温室効果ガス

地表の温度変動の原因として、長期または短期の自然現象や人間活動の影響を考える必要があります。

今から数十万年前は、地球は何度かの氷期を迎えました。現在は間氷期です。地球温度のこの長期的な変化は、太陽の周りを回る地球の軌道の変化による「ミランコビッチサイクル」で説明・予測が可能です。春分点での地磁気の軸の傾き、地球の自転軸の歳差運動や、軌道の離心率の変動により、地球への日射量が変化して気温変動が引き起こされます。特に、人類が現れた数百万年前は、今よりもかなり暖かかったとも考えられています（**上図**）。

短期的な自然現象としては、太陽内部の磁場変動や黒点の変化により日射量が変化します。11年ごとに太陽の黒点の極小期と極大期が交互に現れ、これが気温変化や二酸化炭素、メタンの濃度変化と相関があることが判明しています。

一方、短期的な人工的な気候変動の原因は、産業革命以来の人間による温室効果ガス（ＧＨＧ、グリーンハウスガス）の急激な排出によると考えられています。二酸化炭素（CO_2）やメタン（CH_4）などによる地球温暖化が問題となっているのです。大気中のCO_2濃度は、産業革命期以前は２８０ｐｐｍでしたが徐々に増加し、現在は４２０ｐｐｍ近くまで達しています。

温暖化に対する国際協調としてパリ協定（２０１５年12月）が採択され、世界の温度上昇を産業革命以前と比較して「2℃より充分低く抑え、１・５℃に抑える努力をする」としています。現在までの世界の平均気温の観測値の変化は、ＩＰＣＣの第6次報告書（２０２１年）として**下図**に示されています。自然起源の温暖化の要因と、自然と人為の両方の要因とを組み入れたシミュレーションの比較から、観測された気温上昇は、エーロゾルによる冷却効果も含めて、人間活動により引き起こされている、と科学的に結論されています。

要点BOX

- 地球温度の長期変動はミランコビッチサイクル
- 短期の地球温度の変動は、太陽活動変化よりもエネルギー消費によるGHG排出に関連

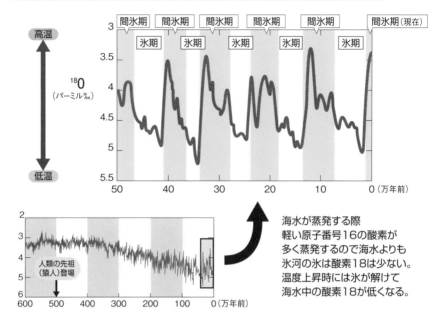

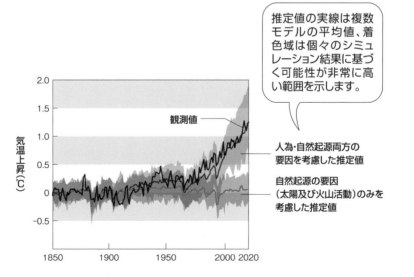

長期的な地球温度の変化（海底堆積物での酸素同位体の千分率（パーミル））

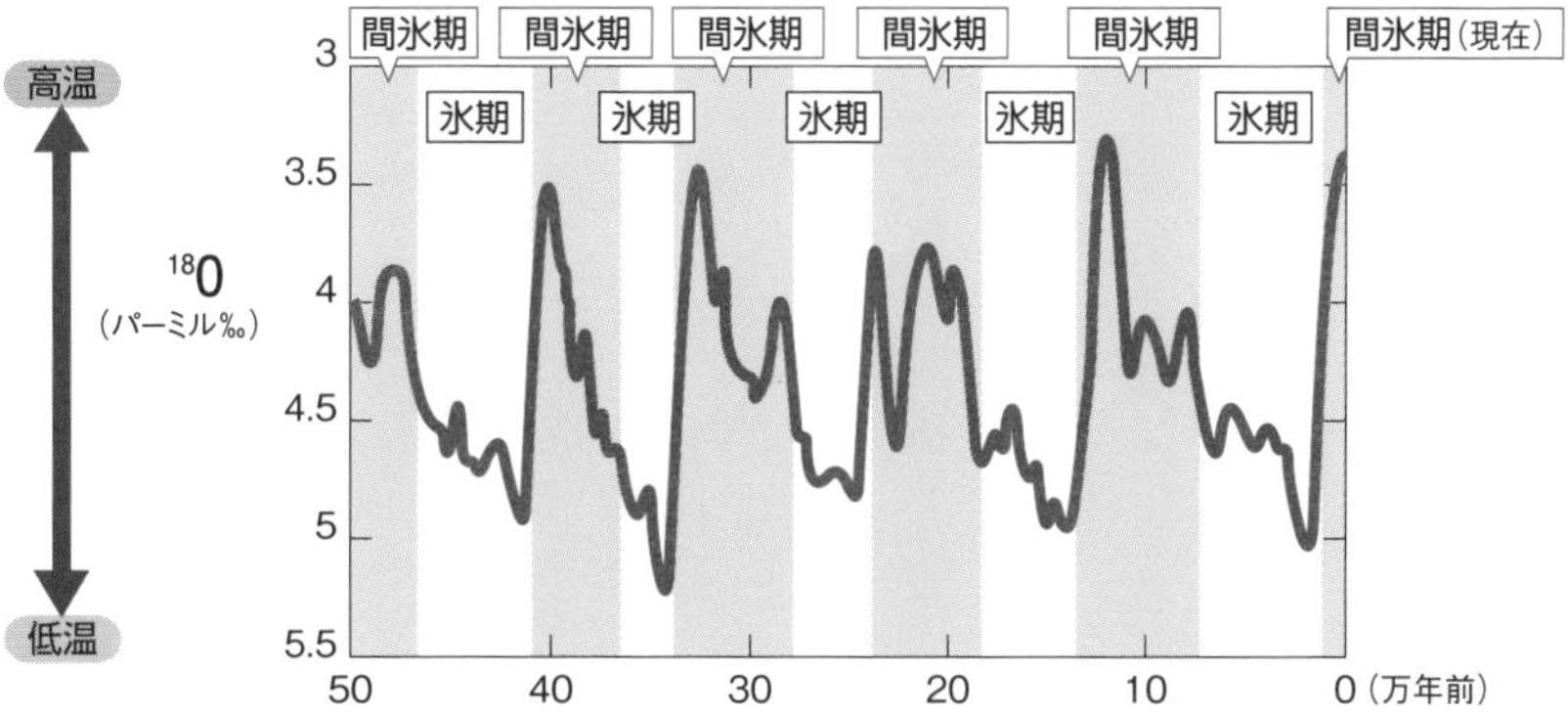
高温
低温
^{18}O
（パーミル‰）
間氷期
間氷期
間氷期
間氷期
間氷期
間氷期（現在）
氷期
氷期
氷期
氷期
氷期
3
3.5
4
4.5
5
5.5
50
40
30
20
10
0（万年前）

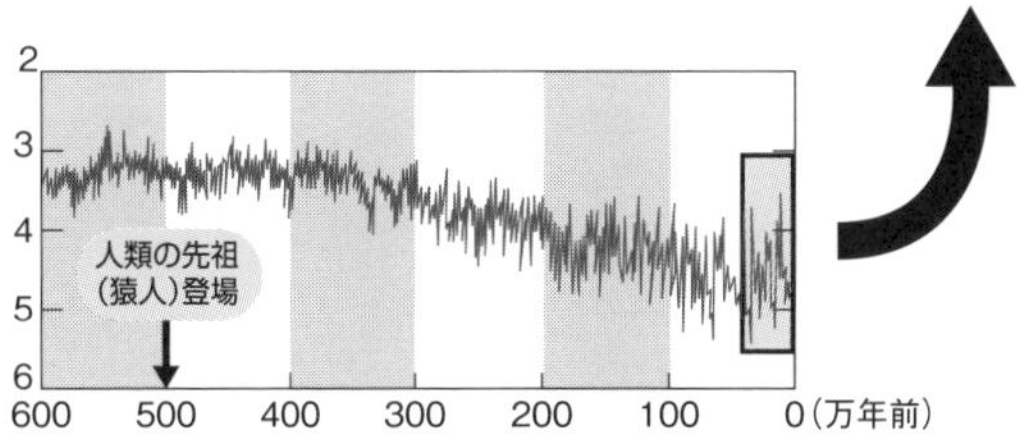
2
3
4
5
6
人類の先祖
（猿人）登場
600
500
400
300
200
100
0（万年前）

海水が蒸発する際
軽い原子番号16の酸素が
多く蒸発するので海水よりも
氷河の氷は酸素18は少ない。
温度上昇時には氷が解けて
海水中の酸素18が低くなる。

世界の平均気温（年平均）の変化

推定値の実線は複数モデルの平均値、着色域は個々のシミュレーション結果に基づく可能性が非常に高い範囲を示します。

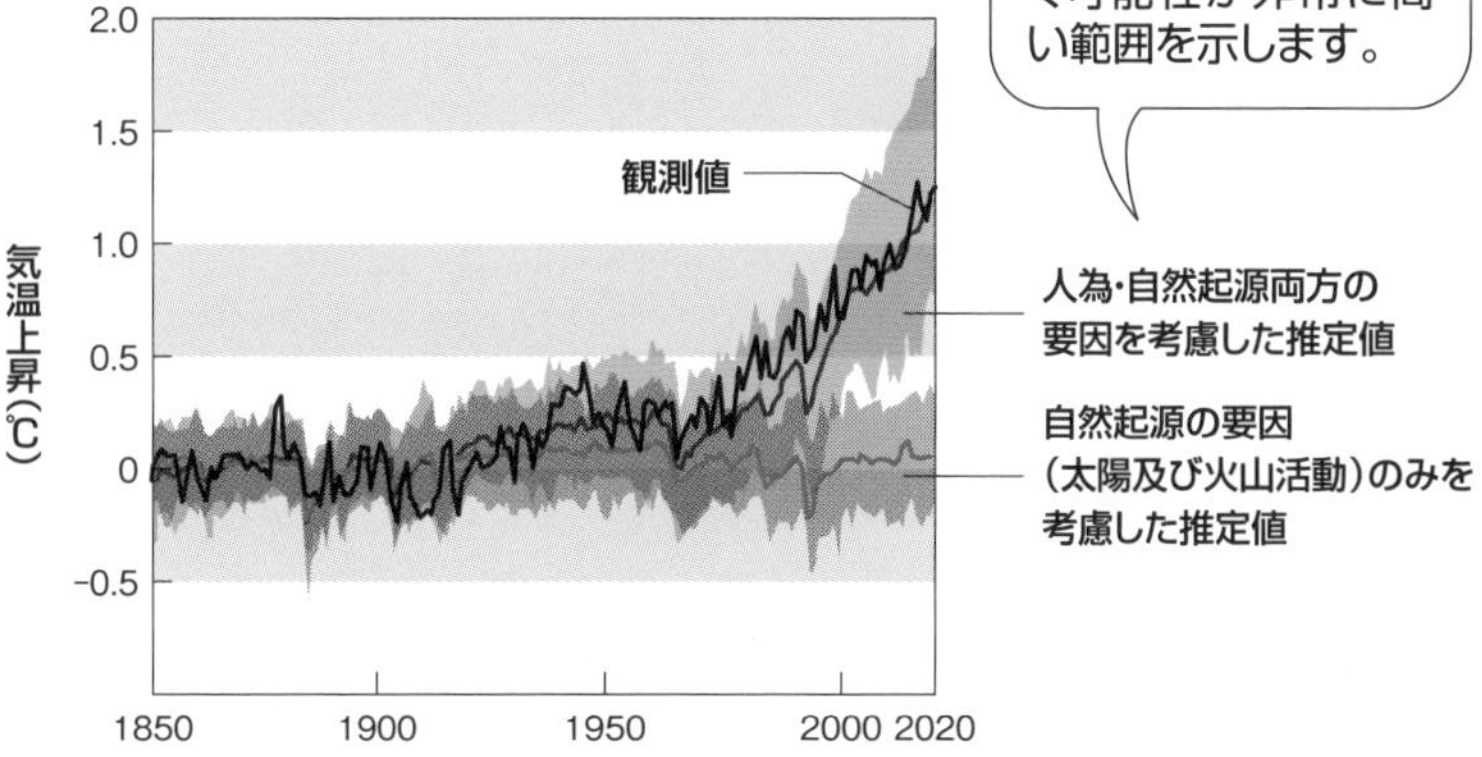
2.0
1.5
1.0
0.5
0
−0.5
気温上昇（℃）
観測値
人為・自然起源両方の
要因を考慮した推定値
自然起源の要因
（太陽及び火山活動）のみを
考慮した推定値
1850
1900
1950
2000
2020

出典：IPCC AR6 SPM（2021）図 SPM.1

12 地球のエネルギー収支は?

太陽エネルギーと二酸化炭素ガス

地球の温度は太陽からのエネルギーで保たれています。質量2×10^{27}トン（地球の30万倍）を持つ太陽が毎秒6億トンの水素を核融合反応で燃やし、50億年の間、毎秒500万トンもの身（質量）を削ってエネルギーを放射しています。地球の大気圏外では1平方メートル当たり1・4キロワットであり、地球上には1平方メートル当たり1キロワットが届きます。これは年間で4万ゼータジュール（4×10^{25} J）に相当し、世界のエネルギー消費量の数千倍以上に相当します。この太陽からのエネルギーの約半分が地表で吸収され、残りが雲などに吸収や反射されます。地表の熱は熱放射や水蒸気の蒸発などで発散されますが、大気中の雲や温室効果ガスで反射されて地上に戻ってきます。太陽から得られた熱は最終的には宇宙空間に放出されて、熱的な平衡状態が保たれています（**上図**）。

地球の大気の成分は体積比にして窒素が78%、酸素21%、その他が1%（アルゴンが0・93%、二酸化炭素が約0・04%、など）です。地球に温室効果ガスがなければ−18℃ですが、幸いに大気が地表から放出される赤外線を吸収して熱を大気圏に蓄積させることで、平均15℃を保つことができています。地球型惑星（表面が固体）である金星や火星でも同じように温室効果により地表の気温が定まっています（**中図**）。

さて、近年の化石燃料の大量消費により二酸化炭素ガスが急激に増えることにより、温室効果が強まって地球温暖化が起きていると考えられています。産業革命以降の人工的な温室効果は二酸化炭素による寄与が5分の3以上であり、二酸化炭素の生物圏での循環が重要です。大気中には現在7500億トンの炭素が含まれていますが、その約2倍が地中に、約50倍が海中にあります。化石燃料消費により、現在年間320億トンほどの二酸化炭素（炭素では90億トン）が放出され、大気中には毎年2ppmずつ増加していて、地球温暖化の要因の1つと考えられています。

要点BOX

- ●太陽は毎秒500万トンの質量を核融合反応によりエネルギーに変換
- ●地球に温室効果ガスがなければ−18℃の世界

地球と大気のエネルギー収支

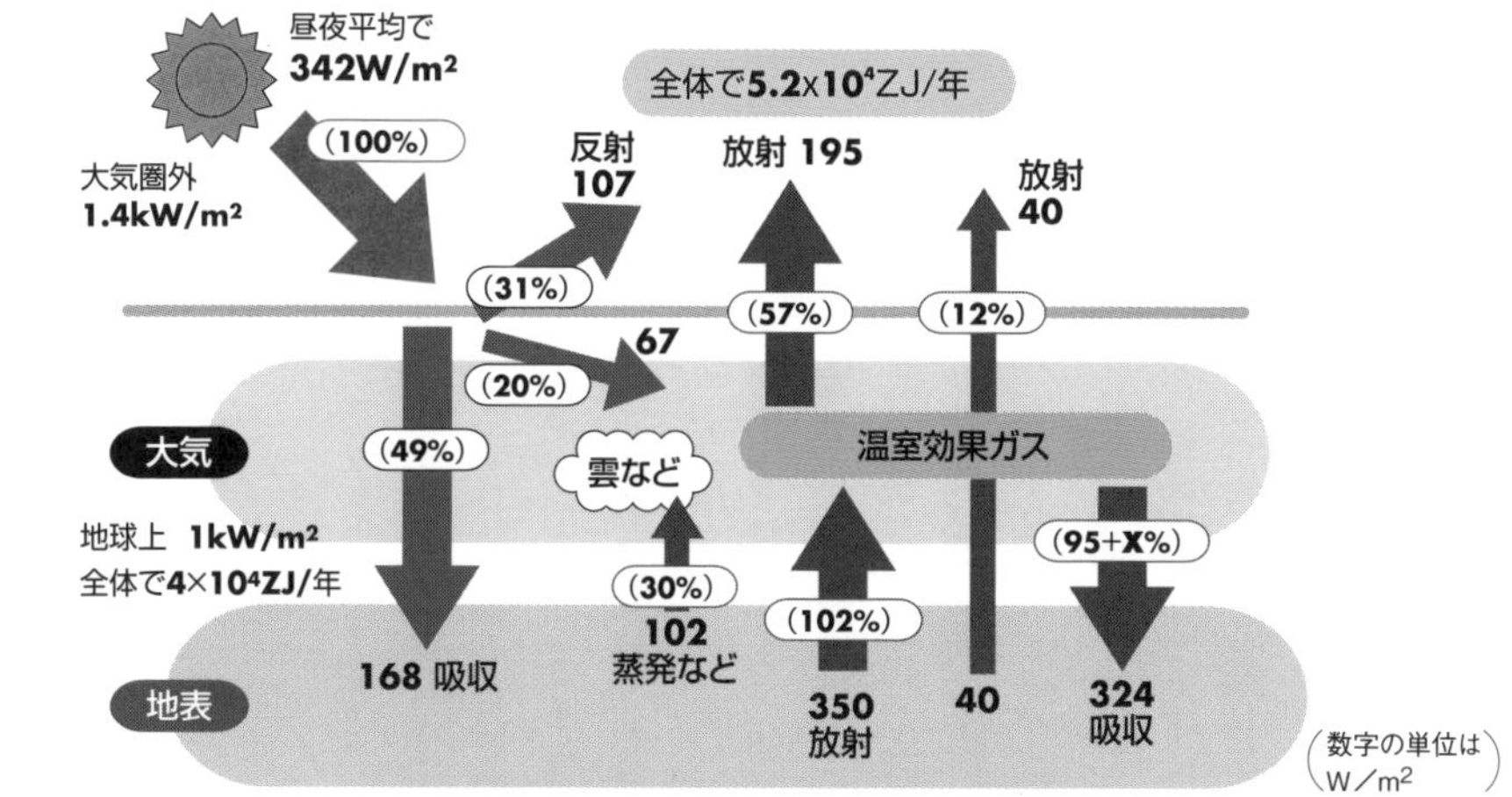
昼夜平均で
342W/m2
全体で5.2x10⁴ZJ/年
(100%)
大気圏外
1.4kW/m2
反射
107
放射 195
放射
40
(31%)
(57%)
(12%)
67
(20%)
大気
(49%)
雲など
温室効果ガス
地球上 1kW/m2
全体で4×10⁴ZJ/年
(95+X%)
(30%)
102
蒸発など
(102%)
168 吸収
350
放射
40
324
吸収
地表
数字の単位は W/m2

地球型惑星の大気組成と温室効果

	表面気圧（気圧）	主な温室効果気体	温室効果気体がない場合の地表気温	観測される地表気温	温室効果
金星	90	>90% CO_2	−46℃	477℃	523℃
地球	1	~0.04% CO_2 ~1% H_2O	−18℃	15℃	33℃
火星	0.007	>80% CO_2	−57℃	−47℃	10℃

（出典: IPCC（1990）;気象庁訳）

金星は気圧が地球の90倍で二酸化炭素も90%以上含まれていますので500度近くの温室効果がありますが、火星は気圧が極端に低く地球に比べて温室効果があまりありません。火星改造計画（テラフォーミング）では、二酸化炭素ガスによる温暖化計画も検討されています。

人為起源炭素収支の模式図（2000年代）

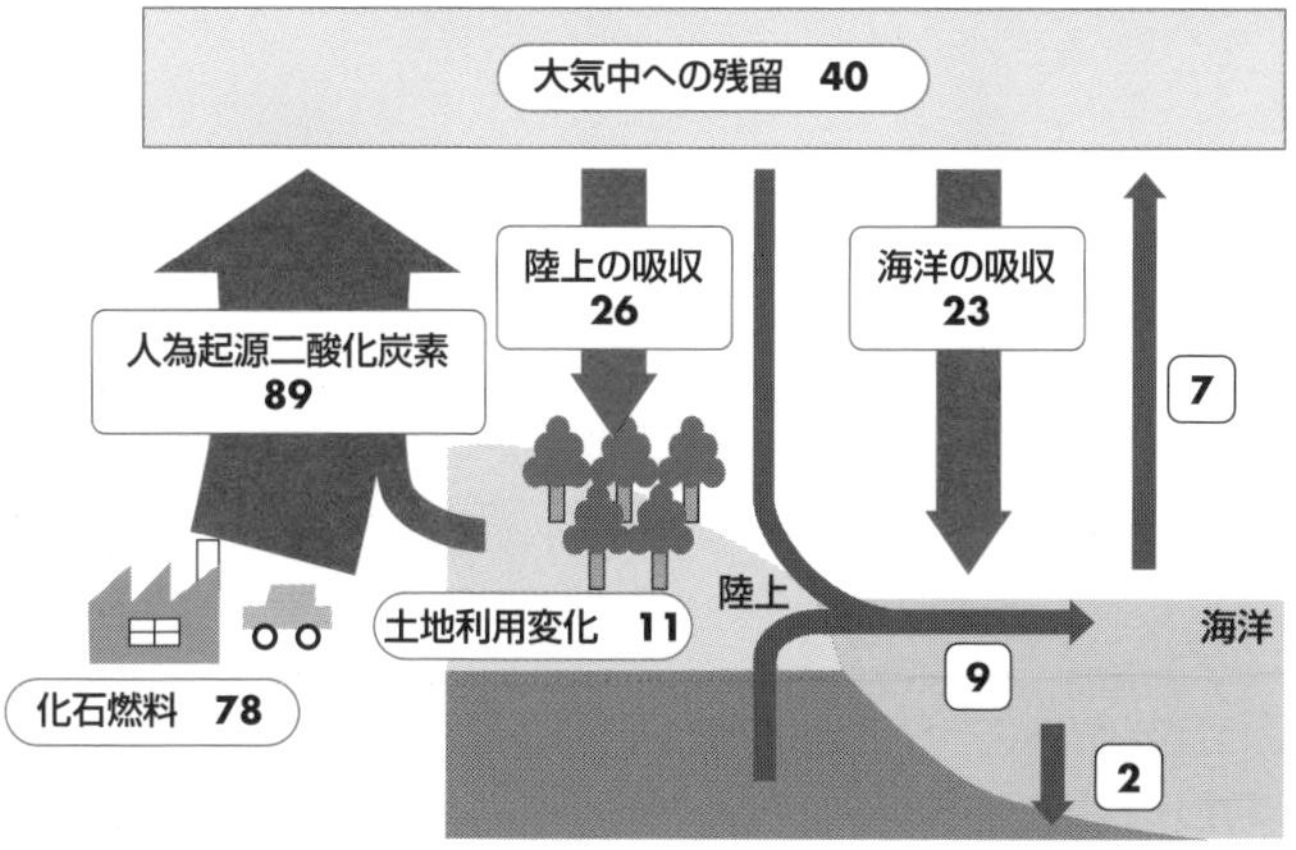
大気中への残留 40
陸上の吸収
26
海洋の吸収
23
人為起源二酸化炭素
89
7
陸上
海洋
土地利用変化 11
9
2
化石燃料 78

黒の矢印及び数値は産業革命前の炭素重量を、赤の矢印及び数値は産業活動に伴い変化した炭素重量を表しています。2000～2009年の平均値を1年あたりの値で表しています。

数値は
億トン炭素／年

参考：IPCC（2013）、気象庁ホームページ

13 地球温暖化対策は？

二酸化炭素ガス回収・貯蔵対策と環境税

地球温暖化によりいろいろな影響が予想されています。氷河が融けたり海水温度が上昇したりすることにより海水面が上昇してさまざまな影響を及ぼします。地球規模の洪水パターンの変化やそれによる乾燥化、湿潤化などの気候変動、生態系の変化や穀倉地帯の旱魃（かんばつ）なども予想されます。

急激な温室効果ガスの排出を抑制するために、1992年の地球サミット（国連環境開発会議）で「気候変動枠組条約」が採択され、第3回締約国会議（COP3、1997年、京都）で京都議定書が採択され、2015年末にはCOP21でパリ協定が採択され、地球の温度上昇を2℃以下（努力目標は1・5℃未満）に抑制する努力が国際的に確認されました（**上図**）。

温暖化対策としては、緩和策、適応策、そして、環境政策が不可欠です。第1の緩和策（二酸化炭素排出の抑制策）としては、温室効果ガス（GHG）排出量の削減とGHG吸収源の増大の対策です。前者として、非化石エネルギーや発電効率の向上による発電時の二酸化炭素ガスの発生抑制、省エネルギーなどによる発生抑制が必要です。後者では、発生した二酸化炭素の化学吸収法や物理吸着法による二酸化炭素ガスの回収、海洋や地中への貯蔵（CCS: Carbon dioxide Capture and Storage）、生物を利用しての二酸化炭素ガスの固定技術も不可欠です（**中図**）。

第2に、不可避的に温暖化が進んだ場合の適応策（影響最小化をめざす防備策）も重要です。農業や漁業での温暖化による障害対策、気候変動による豪雨災害対策や熱中症などの健康被害対策なども必要です（**下図**）。

第3の環境政策としては、石油や石炭などの使用量に応じて課税される炭素税などの環境税の導入も、温暖化抑制に効果的です。世界各国で導入されてきており、日本でも2012年からガソリン税の中に「地球温暖化対策税」として環境税が組み込まれています。

要点BOX

- パリ協定（COP21）では気温上昇は2℃以下が目標、努力目標は1.5℃未満
- 温暖化緩和策と適応策が重要

パリ協定（COP21、2015年12月採択）の要点

世界全体の目標
- ·気温上昇を2度以下
- ·努力目標は1.5度未満

各国の削減目標
- ·作成,報告,達成の義務化
- ・5年ごとに更新,後退させない

途上国への資金支援
- ·先進国の資金拠出義務化
- ·途上国の自発的資金拠出

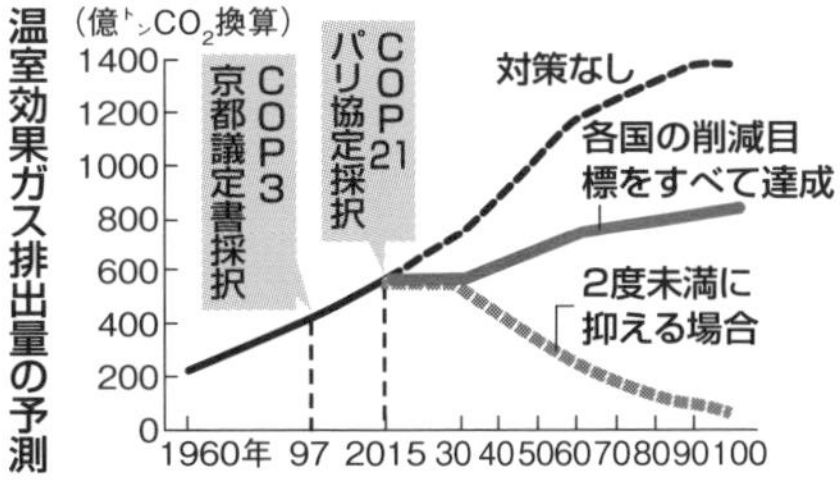

温暖化緩和策（温室効果ガス削減策）

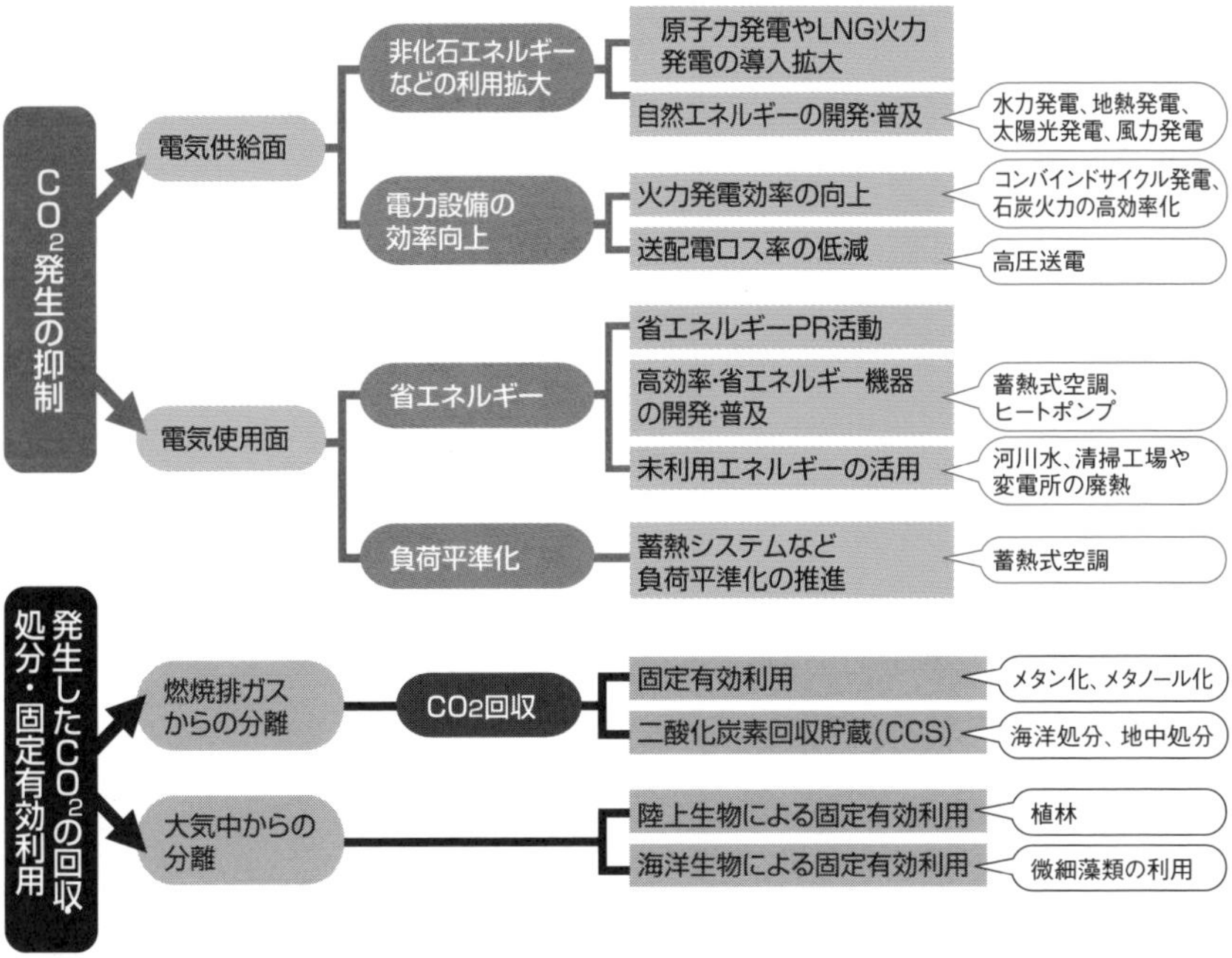

温暖化適応策（日本の例）

- ●農林水産：農作物の品種改良、病害虫・雑草対策
- ●水環境・水資源：渇水対策
- ●自然生態系：ニホンジカなどの生息域の拡大、サンゴ礁の保護
- ●自然災害・沿岸域：堤防建設や高台への移転、海岸での植林
- ●健康：熱中症対策、デング熱などの感染症対策
- ●産業・経済活動：スキー場での雪の減少対策
- ●国民・都市生活：夏の軽装化

14 カーボンニュートラルとは？

温度上昇1・5℃以下目標

温室効果ガス（GHG：グリーンハウスガス）として最も重要なのは二酸化炭素ですが、日本政府は、『2050年までに、温室効果ガスの排出を全体としてゼロにすること、すなわちカーボンニュートラルとする脱炭素社会の実現を目指す』としています。ここでカーボンニュートラル（炭素中立）とは、GHGの排出の全体量を実質的にゼロにすることです。GHGの排出量から、森林などによる二酸化炭素ガスの吸収量を差し引いて、大気中への増加分を正味ゼロ（ネットゼロ）にすることを意味しており（**上図**）、世界の気温上昇を1・5℃以下にすることを目標としています。

温室効果ガスの典型としての二酸化炭素（カーボンダイオキサイド）の意味でカーボン（炭素）と略して、カーボンニュートラル（炭素中立）、あるいは、ゼロカーボン（零炭素）、ゼロエミッション（零排出）、カーボンフリー（炭素なし）、などと呼ばれており、デカーボニゼーション（脱炭素化）とも言われます。カーボンニュートラルは、脱炭素社会の構築のためのキーワードとなっています。

カーボンニュートラルを実現するためには、まず温室効果ガスの排出総量を大幅に削減することが必要です（**下図**）。2020年にはエネルギー起源のGHG排出のうち、非電力の部分は50％近くあり、これをできるだけ電力化、水素化、バイオ化して、しかも、GHG排出がゼロまたは少ない脱炭素電源を利用します。非エネルギーのGHGは7％あり、このリサイクルを進めます。削減が難しい排出分を埋め合わせるためには、植林を進め、光合成で使われる大気中の二酸化炭素の「吸収」を増やします。または、二酸化炭素を「回収」して「貯留」する「CCS」技術を活用し、「DACCS」や「BECCS」などにより、大気中の二酸化炭素を回収して貯留する「ネガティブエミッション技術」を活用することで、カーボンニュートラルの達成が期待されています。

要点BOX

- ●2050年までの温度上昇を1.5℃以下に抑えるために、同年までにカーボンニュートラルが必要
- ●ゼロからネガティブエミッション（負排出）へ

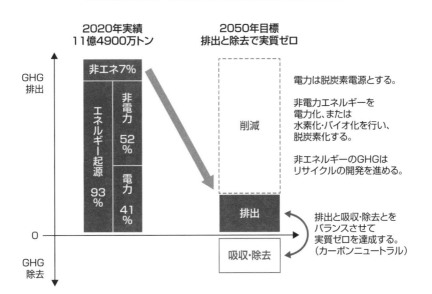

カーボンニュートラル(炭素中立)のイメージ

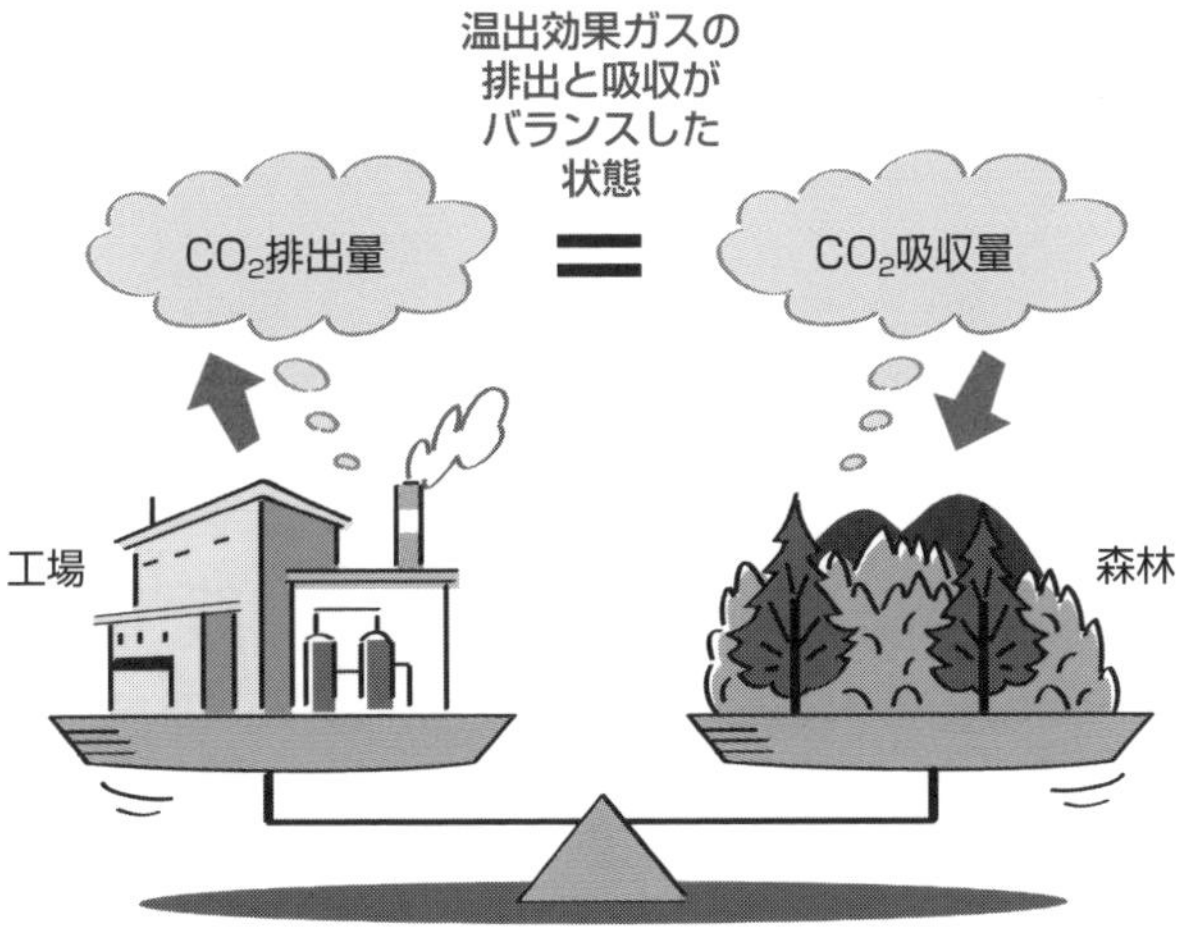
温出効果ガスの
排出と吸収が
バランスした
状態
CO_2排出量
CO_2吸収量
工場
森林

技術改革などにより
工場からの排出を削減し、
植林などにより
吸収を増大させる
必要があります。

日本の温室効果ガスの排出と吸収・除去の目標

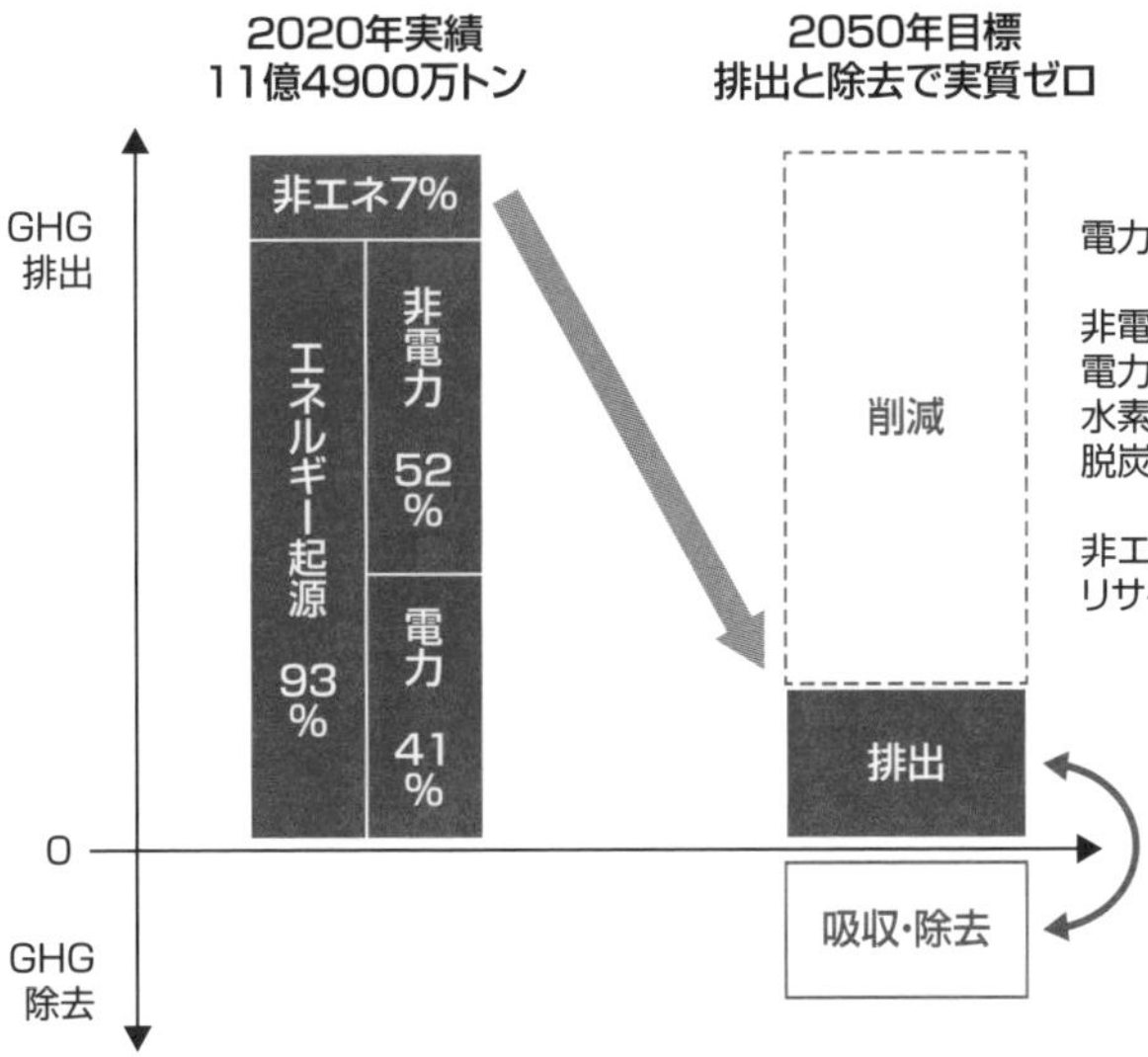
2020年実績
11億4900万トン
2050年目標
排出と除去で実質ゼロ
GHG
排出
非エネ7%
エネルギー起源
93%
非電力
52%
電力
41%
削減
排出
0
吸収・除去
GHG
除去

電力は脱炭素電源とする。

非電力エネルギーを
電力化、または
水素化・バイオ化を行い、
脱炭素化する。

非エネルギーのGHGは
リサイクルの開発を進める。

排出と吸収・除去とを
バランスさせて
実質ゼロを達成する。
(カーボンニュートラル)

15 オゾンホールは改善される?

紫外線によるフロンの分解

太陽から受ける荷電粒子の影響は、地球では地磁気により和らげられ、太古の昔に水生植物が繁殖でき、光合成により酸素が生成されました。およそ5億年前にはオゾン層が形成され、太陽からの有害な紫外線が遮断されて地上での生態系が保たれてきました。

オゾンは酸素原子3個からなる化学作用の強い気体です。成層圏でオゾンの特に多い20㎞から40㎞の層をオゾン層と呼びます。このオゾン（良いオゾン）は、太陽からの有害な紫外線を吸収し、地上の生態系を保護します。一方、対流圏のオゾン（悪いオゾン）は地球温暖化を促進しています。

1970年代には、クロロフルオロカーボン（CFC）類（通常はフロンと呼ばれる）などから生じた塩素・臭素によるオゾン層破壊が観測されました。正常なオゾン層では、紫外線により酸素分子が酸素原子に分解されて原子と分子でオゾンが生成されます。また、オゾンと酸素原子で酸素分子に戻り平衡状態が保たれています（**上図**）。一方、CFCは安定な物質ですが、対流圏を通り過ぎて成層圏の上部に達し、紫外線により分解されて塩素原子が生成されます。これがオゾンを分解してしまいます。

紫外線（UV）は波長により区別され、波長の長いUV-Aは大気による吸収を受けずに地表に到達します（**中左図**）。一方、波長の短いUV-Cは成層圏より上の中間圏（地上50～100㎞）で反射されて地上には到達しません。中間のUV-Bは成層圏のオゾンに大部分が吸収され残りが地表に到達します。このUV-Bの変化による皮膚がんや白内障など人の健康への影響や気候への影響が心配されています。

オゾン層破壊は、特に南極域の春季に発生するオゾンホールに顕著に現れています。1987年のモントリオール議定書の採択によりCFCの全廃がなされ、現状では今世紀中頃には1980年以前に戻ると予想されています（**下図**）。

要点BOX

- 成層圏のオゾン（善玉オゾン）と対流圏のオゾン（悪玉オゾン）
- フロンから生じた塩素・臭素によるオゾン層破壊

オゾン層破壊のメカニズム

オゾン層の正常な維持

酸素とオゾンの平衡状態

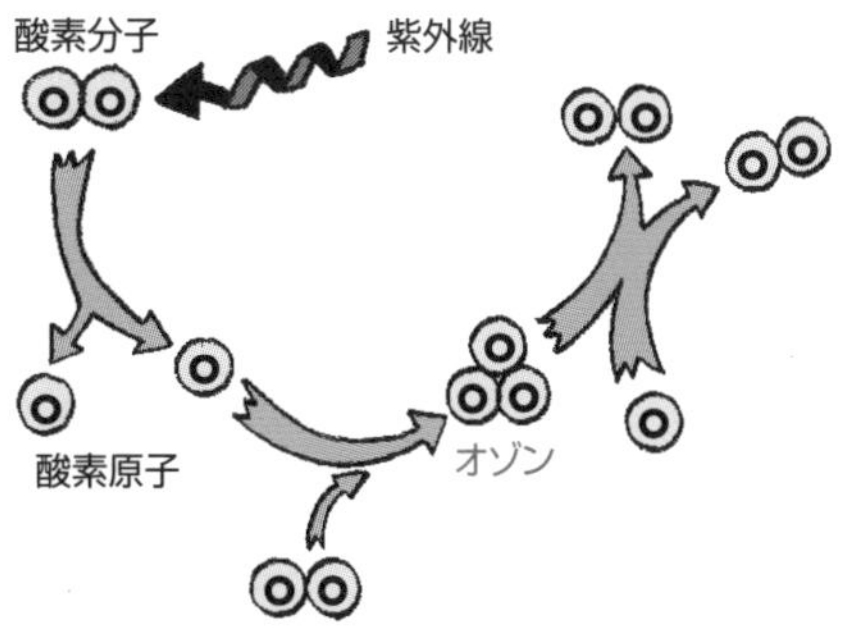
酸素分子
紫外線
酸素原子
オゾン

オゾン層の破壊（成層圏上部）

フロンの塩素がオゾンを分解

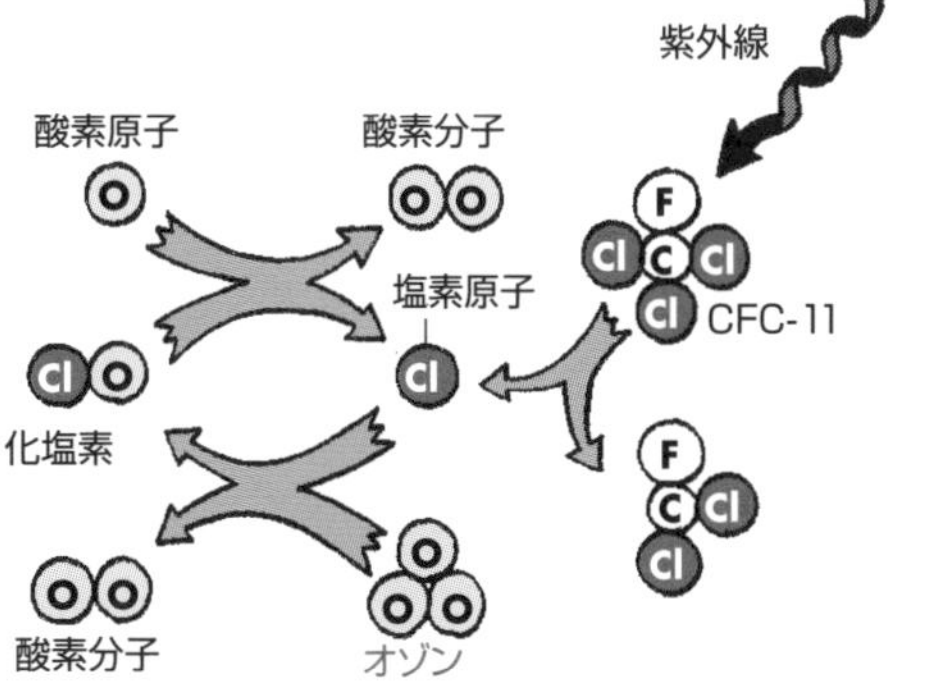
紫外線
酸素原子
酸素分子
塩素原子
CFC-11
化塩素
酸素分子
オゾン

オゾン層と紫外線の通過

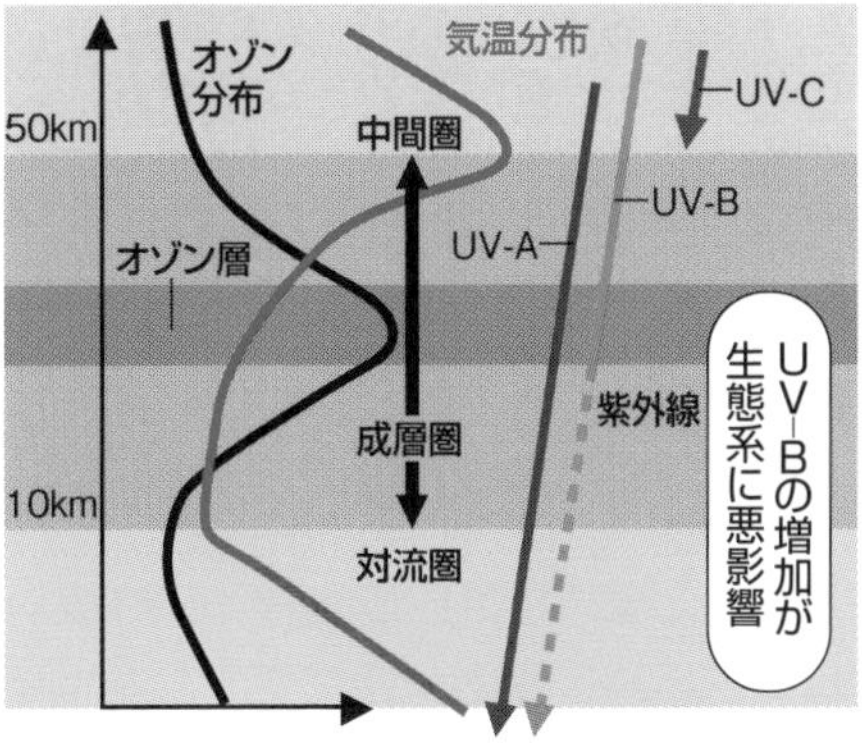
オゾン分布
気温分布
UV-C
50km
中間圏
UV-B
UV-A
オゾン層
成層圏
紫外線
UV-Bの増加が生態系に悪影響
10km
対流圏

オゾン層の破壊（成層圏下部）

極域成層圏雲により塩素ガスから塩素原子が作られ、これがオゾンを分解

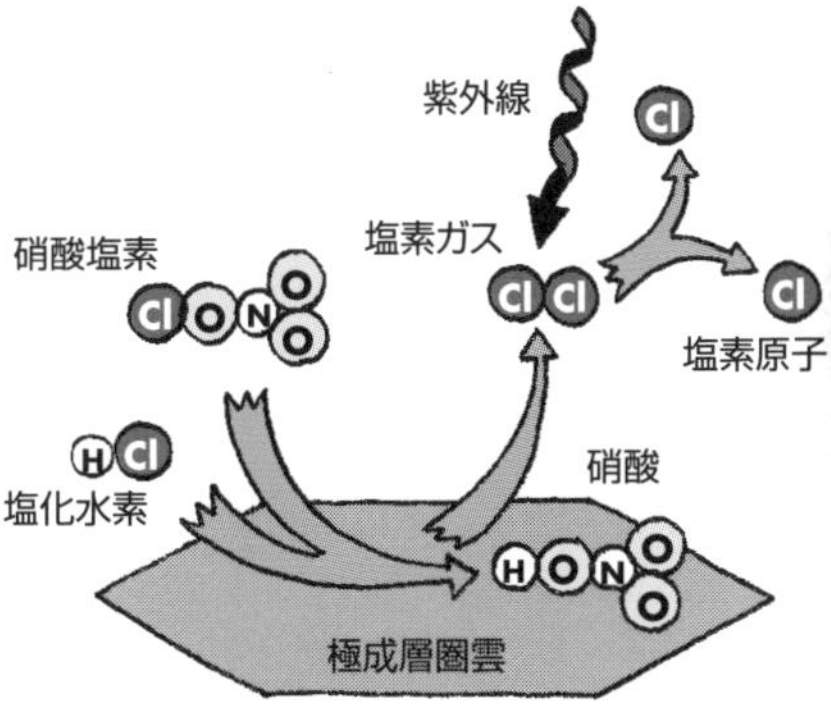
紫外線
硝酸塩素
塩素ガス
塩素原子
塩化水素
硝酸
極成層圏雲

南極上空のオゾンホールの面積の推移

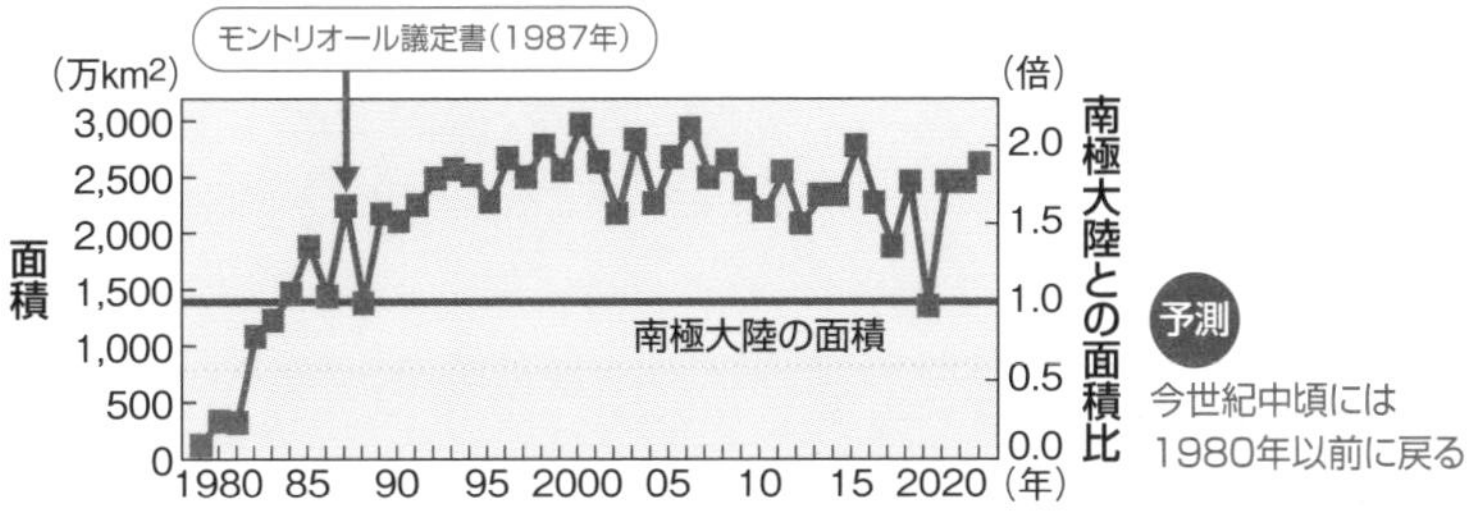
モントリオール議定書（1987年）
（万km2）
面積
3,000
2,500
2,000
1,500
1,000
500
0
1980 85 90 95 2000 05 10 15 2020（年）
南極大陸の面積
（倍）
2.0
1.5
1.0
0.5
0.0
南極大陸との面積比
予測
今世紀中頃には
1980年以前に戻る

資料：気象庁「南極オゾンホールの年最大面積の経年変化」より環境省作成

出典：環境白書／循環型社会白書／生物多様性白書（令和５年版） p. 9 1

16 酸性雨とPM2・5の被害

硫黄酸化物、窒素酸化物、SPM、PM2・5

化石燃料の燃焼などによって排出される硫黄酸化物（SO_x）、窒素酸化物（NO_x）によりいわゆる光化学スモッグが発生し、酸性雨が世界各地で発生しています。森林や湖沼への被害も多く出ています。

酸性・アルカリ性は水の中に含まれる水素イオンの濃度で決められ、pH（ピーエッチ、かつてはドイツ語読みでペーハー）で表されます。中性は7であり、数字が小さいほうが酸性、大きいほうがアルカリ性です。pHが1だけ小さくなると水素イオンの濃度が10倍多くなることに対応します。

血液は弱アルカリ性ですが、通常の雨は弱酸性です。これは大気中の二酸化炭素が雨滴に溶けて弱酸性の炭酸を作るためであり、pHが5・6程度です。酸性雨とはpHが5・6以下の強い酸性の雨を意味します。東京での雨水のpHは5・0ですが、カナダの五大湖やポーランドやチェコでは4・5以下のpHです。

酸性雨問題は、地域・国を越えて影響する越境大気の汚染です。現在は酸性の雨だけではなくガスや微粒子（エアロゾル）を含めて「酸性沈着」として、幅広いとらえ方がなされています。二酸化硫黄、窒素酸化物等の大気汚染物質は、大気中で硫酸、硝酸等に変化し、再び地上に戻ってきますが、雲を作っている水滴に溶け込んで雨や雪などの形で沈着する場合（湿性沈着と呼ばれる）が従来の酸性雨です。また、ガスや粒子の形で沈着する場合（乾性沈着）もあります。

日本では従来から浮遊粒子状物質（SPM：粒子径10マイクロメーター以下の粒子）について環境基準を定めて対策が進められてきました。マイクロメーターは千分の1ミリメーターです。

最近は中国からの「PM2・5」としての小さな粒子が問題になっています。これは粒子径2・5マイクロで50％捕集効率の装置で透過する粒子であり、髪の毛の太さの1／30程度です。肺の奥深くまで入りやすく、呼吸系への影響に加え、循環器系への影響が心配されています。

要点BOX

●酸性雨はpHが5.6以下
●酸性雨には広い意味での硫黄酸化物や窒素酸化物の湿性沈着と乾性沈着があります

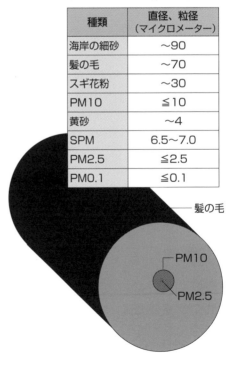

酸性雨降下のメカニズム

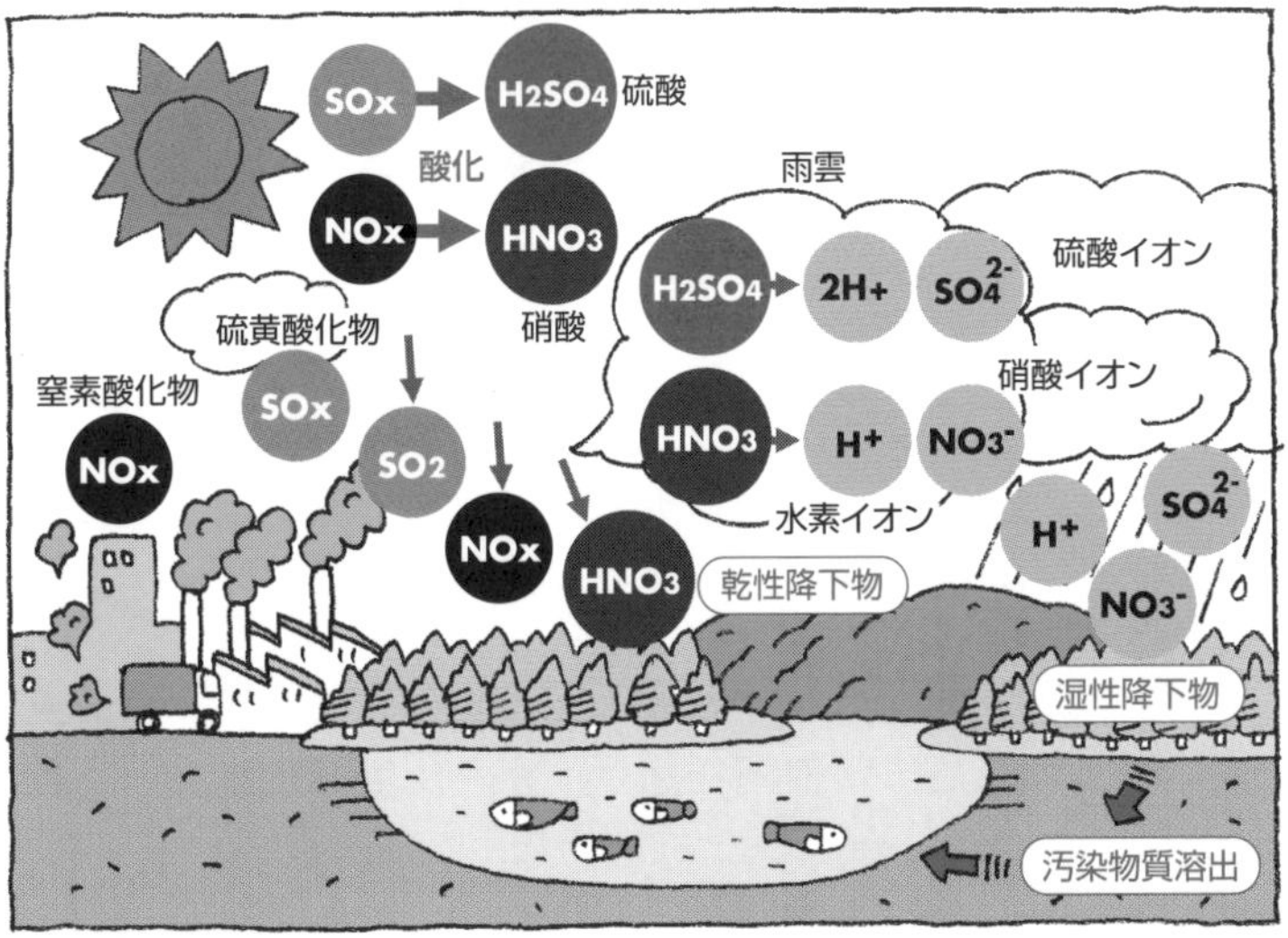

SO_x → H_2SO_4 硫酸
酸化
NO_x → HNO_3
硝酸
雨雲
H_2SO_4 → $2H^+$ SO_4^{2-}
硫酸イオン
硫黄酸化物
SO_x
SO_2
窒素酸化物
NO_x
NO_x
HNO_3
硝酸イオン
HNO_3 → H^+ NO_3^-
水素イオン
H^+
SO_4^{2-}
NO_3^-
乾性降下物
湿性降下物
汚染物質溶出

水溶液のpH値

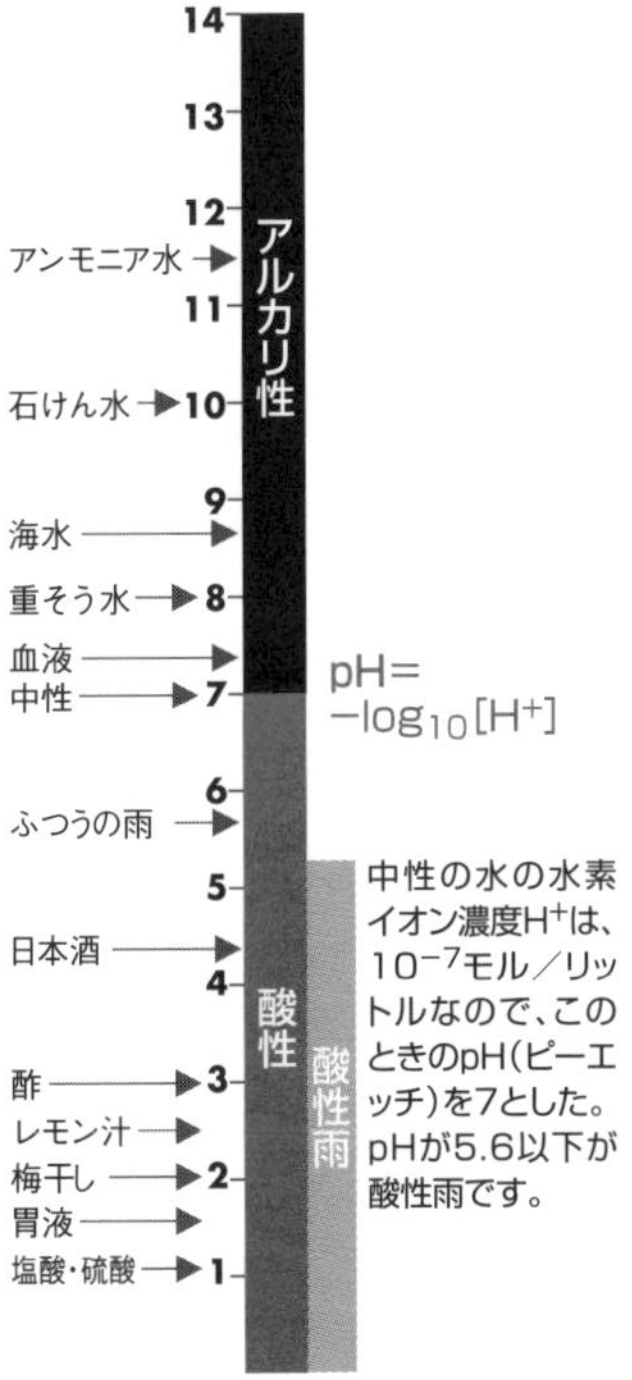

14
13
12
アンモニア水
11
石けん水
10
9
海水
重そう水
8
血液
中性
7
6
ふつうの雨
5
日本酒
4
酢
3
レモン汁
梅干し
2
胃液
塩酸・硫酸
1
アルカリ性
酸性
酸性雨
$pH = -\log_{10}[H^+]$
中性の水の水素イオン濃度H^+は、10^{-7}モル／リットルなので、このときのpH(ピーエッチ)を7とした。pHが5.6以下が酸性雨です。

粒子状物質の大きさの比較

種類	直径、粒径（マイクロメーター）
海岸の細砂	～90
髪の毛	～70
スギ花粉	～30
PM10	≦10
黄砂	～4
SPM	6.5～7.0
PM2.5	≦2.5
PM0.1	≦0.1

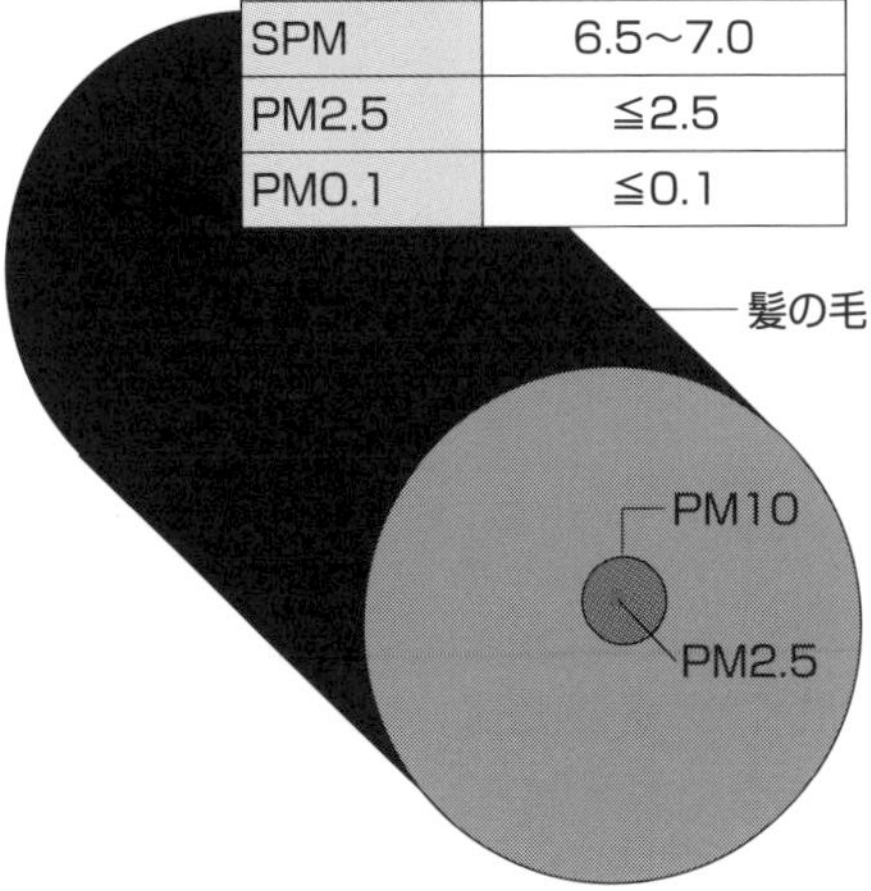

髪の毛
PM10
PM2.5

17 ゴミ問題とカーボンリサイクルを考える

3RとCCUS

自然の生態系では物質が有機的に循環し維持されています。しかし、人間社会では資源の大量生産・加工、大量消費によって、多くの廃棄物を生み出してきています（**上図**）。

廃棄物は家庭生活の「一般廃棄物」と工場などからの「産業廃棄物」、さらには原子力発電などからの「放射線廃棄物」に分類することができます。わが国では、産業廃棄物が一日あたり約100万トンであり、一般廃棄物はその10分の1程度です。放射性廃棄物の重量は40トン程であり、1万分の1以下の量です（**中図**）。

経済成長に伴って大量生産、大量消費が進み廃棄物も増えてきています。廃棄物の焼却時にはダイオキシン（猛毒性の有機塩素化合物）が出ないように、高温焼却などの工夫が必要です。ごみ問題の解決には、ごみの減量化（reduce）、最利用化（reuse）、再資源化（recycle）が重要です。この「3R」を積極的に進める必要があります。

廃棄物エネルギーの利用のためのゴミ発電（56項）も行われており、生ごみの堆肥化等による廃棄物エネルギーの有効利用も図られています。

日本では、リサイクルの基本法が1991年に制定され、2000年に改訂されました。また「循環型社会形成推進基本法」も制定され、個別に、容器包装リサイクル法、家電リサイクル法、建設リサイクル法、食品リサイクル法、自動車リサイクル法などにより、資源の有効利用の促進が図られてきています。

温暖化の主因としての二酸化炭素（カーボン・ダイオキサイド）も、廃棄物と考えることができます。地球温暖化を抑制するためには、火力発電や産業活動に伴い排出される二酸化炭素を回収して再利用したり、貯蔵したりするCCUS（二酸化炭素回収・利用・貯蔵）の開発が進められています。これは、原料→製品→廃棄→原料のリサイクルに対応して、「カーボンリサイクル」と呼ばれます（**下図**）。

要点BOX

- ●廃棄物は、一般廃棄物、産業廃棄物、放射線廃棄物に分類される
- ●カーボンリサイクルとしてのCCUS

自然の動きと人間活動

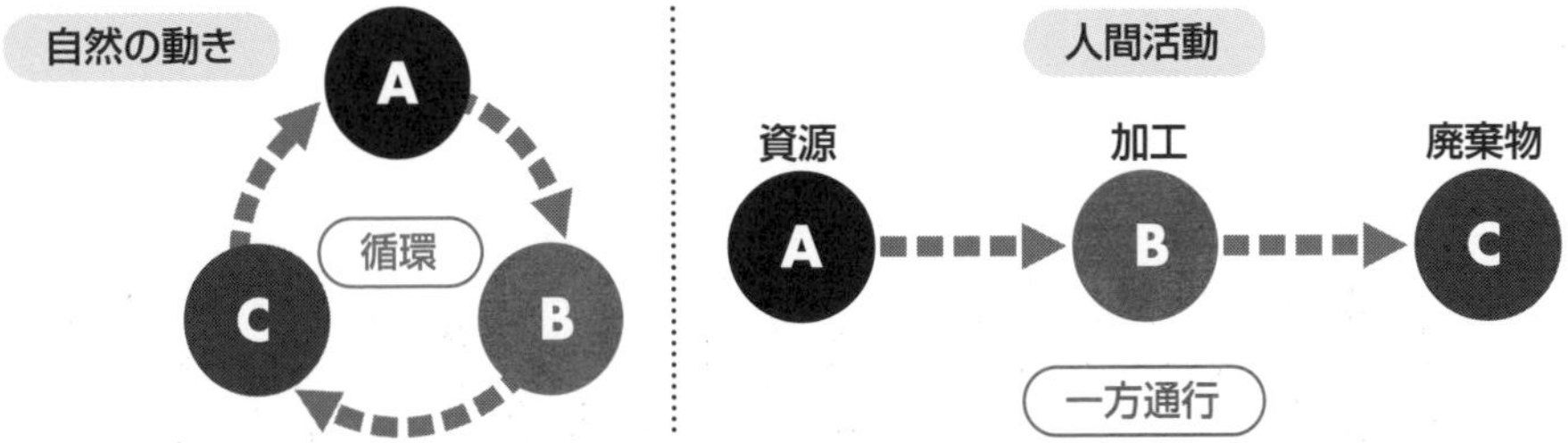
自然の動き
A
循環
C
B
人間活動
資源
A
加工
B
廃棄物
C
一方通行

日本での廃棄物

	廃棄物の発生（トン／日）		
一般廃棄物	家庭やオフィスからの生ごみ、紙ごみなど		～10万トン
産業廃棄物	工場からの廃プラスチック、廃液など		～100万トン
放射性廃棄物	原子力施設から	低レベル廃棄物	～40トン
		高レベル廃棄物	～1トン

カーボンリサイクルのイメージ

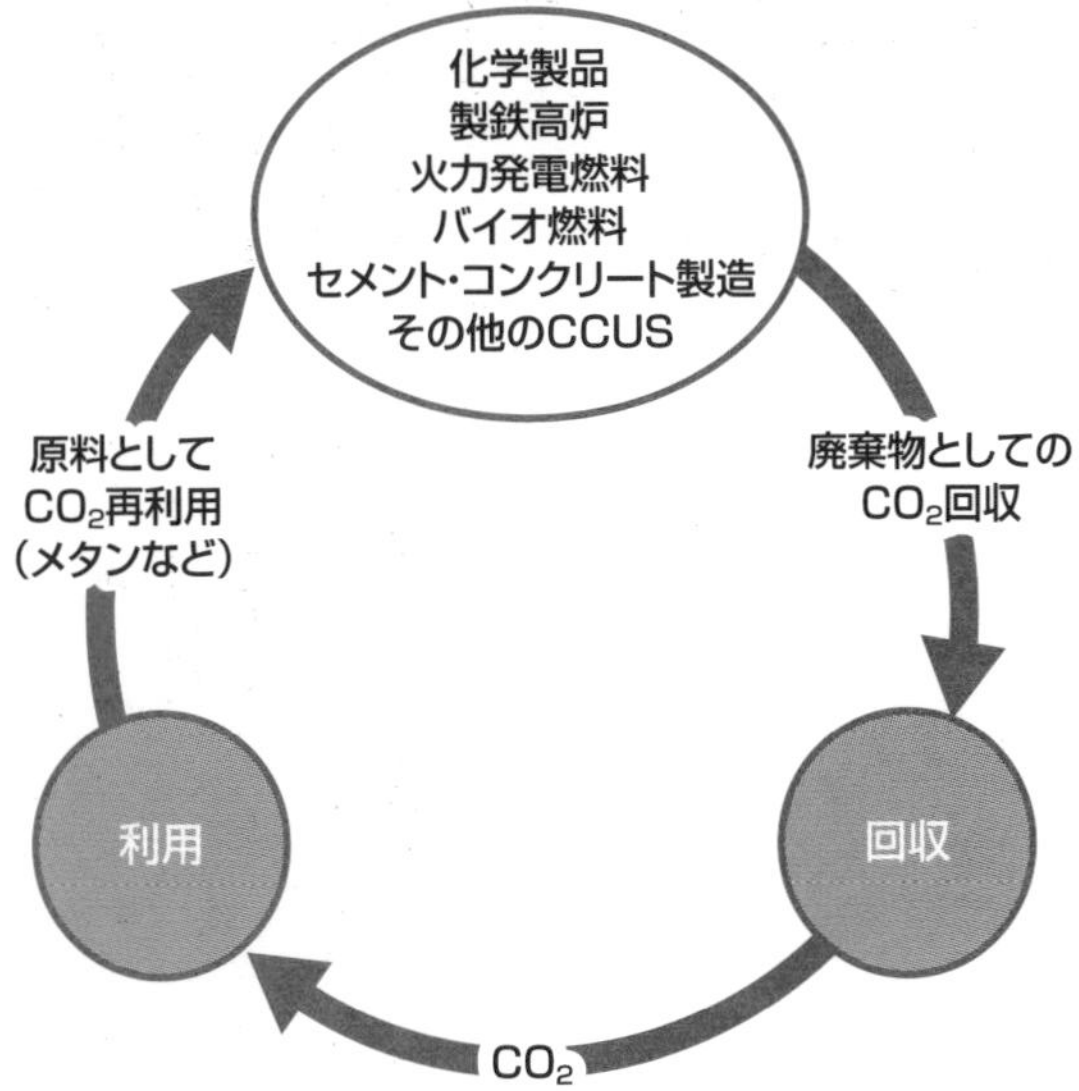
化学製品
製鉄高炉
火力発電燃料
バイオ燃料
セメント・コンクリート製造
その他のCCUS
廃棄物としての
CO_2回収
回収
CO_2
利用
原料として
CO_2再利用
（メタンなど）

地球温暖化予測は？（ノーベル賞と1.5℃以下目標）

　産業革命以来、人間が急激に排出している二酸化炭素やメタンなどの温室効果ガス（GHG）による地球温暖化が、問題となっています。特に、18世紀末の産業革命で石炭が大量に利用されて以来、多量の二酸化炭素が放出されるようになりました。大気中の二酸化炭素濃度が2倍になれば気温が5℃ほど上昇することが、1896年にスヴァンテ・アレニウス（スウェーデン）により指摘されていました。

　地球温暖化対策に対する啓蒙活動としては、元米国副大統領アル・ゴア氏は、地球温暖化（グローバル・ウォーミング）と気候変動（クライメット・チェンジ）の危機を訴え、2006年にドキュメンタリー映画『不都合な真実』を発表しました。これらの地球温暖化問題への啓蒙活動に対して、2007年には気候変動に関する政府間パネル（IPCC）とゴア元米国副大統領に対してノーベル平和賞が贈られています。

　現在、二酸化炭素が地球温暖化の元凶と言われています。大気中の二酸化炭素濃度はかつて280ppmでしたが、産業革命期以降に徐々に増加し、現在は420ppmまでに急増しています。ここでppmは100万分の1の意味であり、乾燥空気の全分子数に対する分子数の割合で表されています。

　60年ほど前の1964年には眞鍋博士とストリッカー博士による大気の1次元鉛直温度分布の解析により、二酸化炭素濃度の倍増により地上気温が2・4℃上昇することが示されています（図）。これがベースとなり、現在は3次元の詳細な気候変動のコンピュータ解析がなされています。これらの気候現象のモデリングと予測に関する研究成果に対して、2021年にはプリンストン大学の日系アメリカ人である眞鍋淑郎（まなべしゅくろう）博士を含めた3人に、ノーベル物理学賞が授与されています。地球温暖化の研究は、科学的に不確実ですが、大規模のコンピュータシミュレーションによるモデル化で、着実に進展しています。

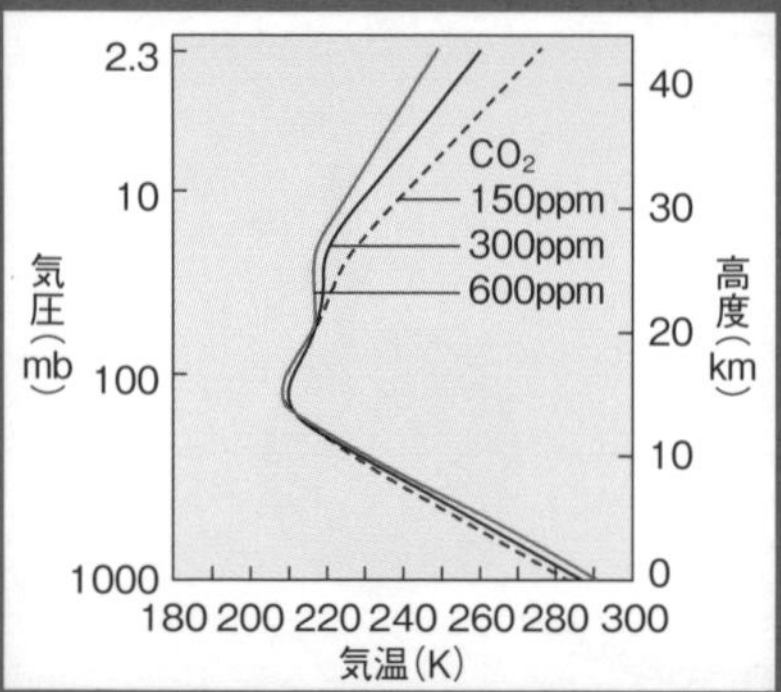

2.3
10
100
1000
40
30
20
10
0
CO_2
150ppm
300ppm
600ppm
気圧（mb）
高度（km）
180 200 220 240 260 280 300
気温（K）

第3章

どうなる!
化石エネルギー

18 化石燃料がなくなる?

確認埋蔵量と可採年数

石炭、石油、天然ガスに代表される「化石エネルギー」は、これらが発見され利用されることで、人類の文明の発展に大きく寄与してきました。得られやすさ、使いやすさ、運びやすさ、などから化石燃料の種類も移り変わってきました。

最初は薪炭、次に石炭が使われました。薪に比べて、石炭は1箇所で大量に採掘できるという利点がありました。しかし、石炭消費による煤塵や硫黄酸化物の発生が問題となりました。

次に登場した石油は液体であり、単位発熱量当たりの運搬や貯蔵の点で石炭に勝っており、燃焼後の灰処理問題もなくなりました。自動車や飛行機動力の普及が石油中心への動きに拍車をかけました。

現在は、中近東に石油が偏在する問題と、よりクリーンな資源の利用促進から、天然ガス利用が進められてきています。天然ガスでは、石油と異なり硫黄があまり含まれていないので、硫黄酸化物が石油ほど問題とならない利点があります。

将来的にも未だ化石燃料依存は避けられません。アジアや欧州では石油やガスの輸入が続きますが、米国では２０１０代以降にシェール革命（シェールオイル生産の技術革新）により原油輸出が活発化しています。

さて、エネルギー資源の枯渇が叫ばれて久しい感があります。現在の試算ではあと約50年で石油は枯渇してしまいます。数十年前から今日まで同様の警告がなされていましたが、化石燃料は未だ枯渇しそうにはありません。可採年数とは確認可採埋蔵量を年間生産量で割った値です（**上図**）。実際には確認可採埋蔵量が年々刷新されていますので30年前も今も可採年数はほぼ同じレベルです（**中図**）。

現在の資源の可採年数は、石油で54年、天然ガスは49年、石炭は１３５年、そして、ウランは１１５年です（**下図**）。化石燃料の究極可採埋蔵量は有限ですので、化石燃料が枯渇に向かっているのは確実です。

要点BOX

- ●可採年数は確認可採埋蔵量と年間生産量との比
- ●原油の可採年数はほぼ一定で50年
- ●米国はシェール革命でエネルギー的に輸出国

エネルギー資源の埋蔵量と可採年数

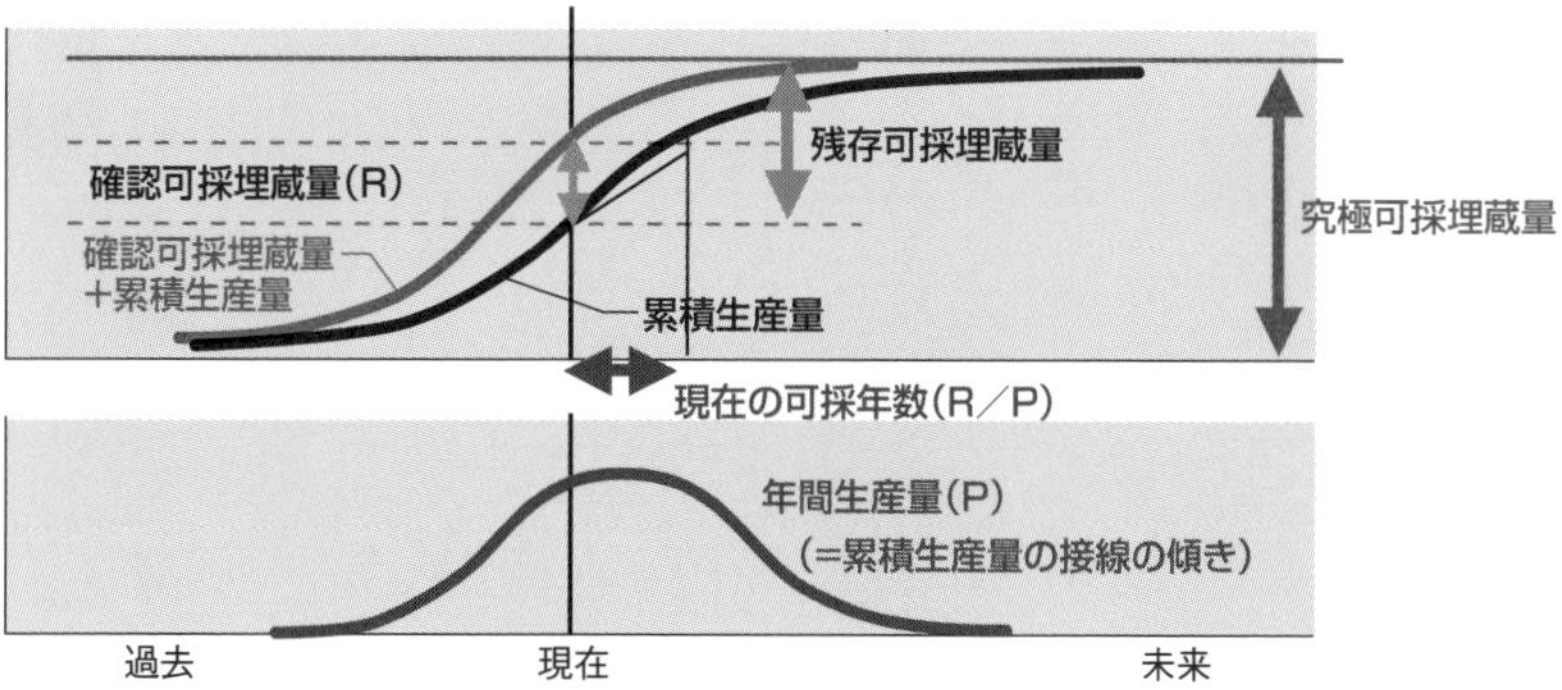

残存可採埋蔵量
確認可採埋蔵量(R)
究極可採埋蔵量
確認可採埋蔵量
+累積生産量
累積生産量
現在の可採年数(R／P)
年間生産量(P)
(=累積生産量の接線の傾き)
過去
現在
未来

石油の可採年数の推移

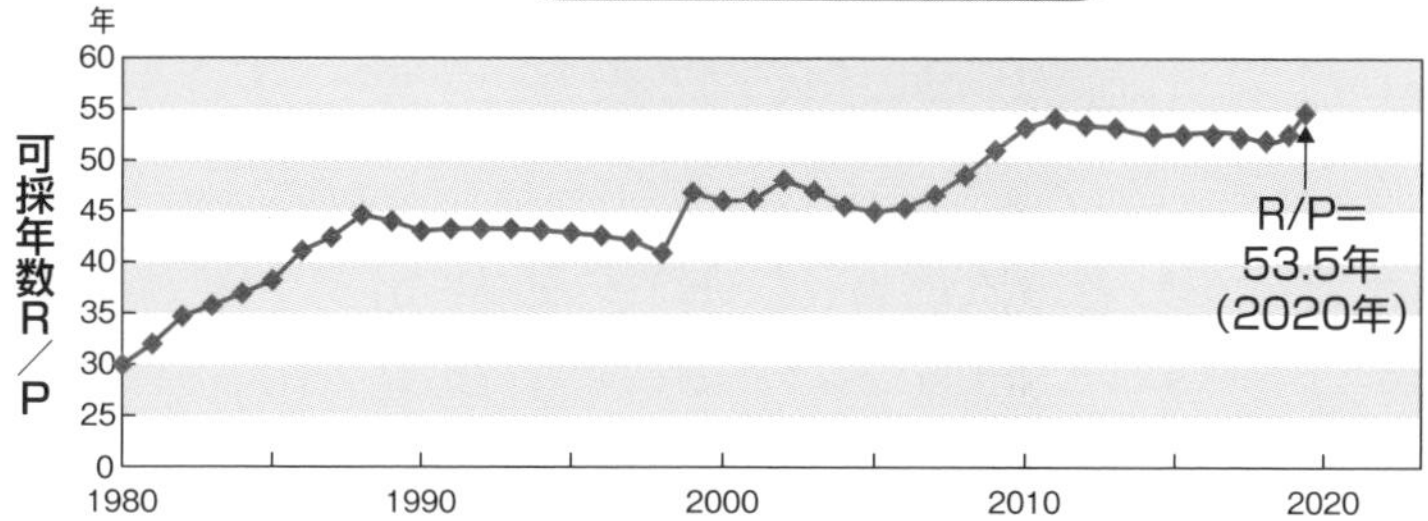

年
60
55
50
45
40
35
30
25
0
可採年数R／P
R/P=
53.5年
(2020年)
1980
1990
2000
2010
2020

エネルギー資源の可採年数(2020年末)

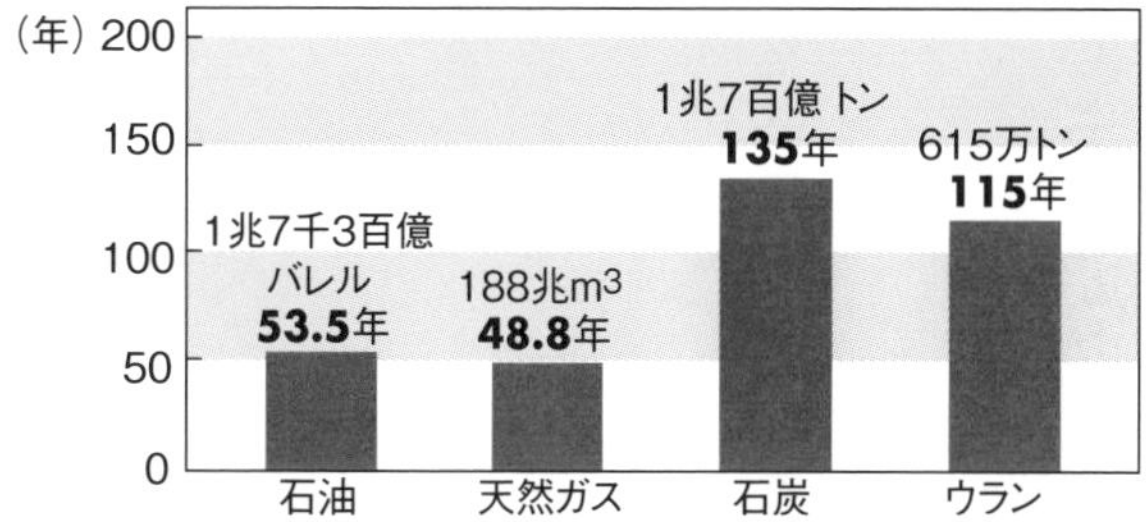

(年) 200
150
100
50
0
1兆7千3百億
バレル
53.5年
188兆m3
48.8年
1兆7百億 トン
135年
615万トン
115年
石油
天然ガス
石炭
ウラン

出典：BP 統計 2021
（石油、天然ガス、石炭）
OECD/NEA,IAEA
URANIUM2020：RED BOOK（ウラン）

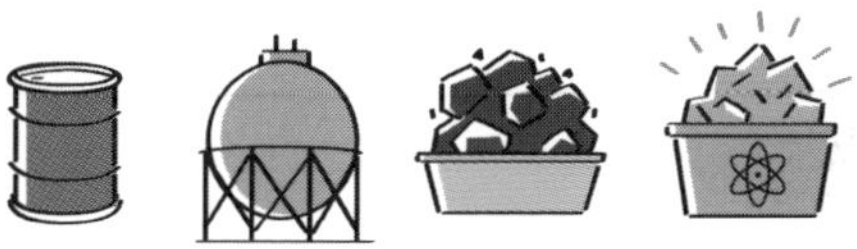

ウラン資源は海水中に無尽蔵にあります（45億トン）が、図中ではウラン1ｋｇ当たり130米ドル以下の経済的な資源のみを記載

19 石炭はどのようにできたのか？

地質時代の石炭紀

主要なエネルギー源は歴史的に薪（薪炭）、石炭、石油と変化してきています。前節で述べたように、薪に比べて、石炭は1箇所での大量採掘という観点で優れていました。石炭は17世紀中頃からの産業革命を支え、20世紀前半までエネルギーの主役でした。

石炭は太古の植物が地中に埋まって熱と圧力の作用により可燃性の炭素化合物になったものです。石炭にはその証拠としての木の年輪が残っている場合があります。

古生代の石炭紀（紀元前2億4千万年前～3億年前）から新生代の第三紀（紀元前2千5百万年前～6千万年前）にかけて、大量に繁茂した植物が枯れて何世代も堆積し、土、中の微生物によって分解され、やわらかい泥炭と呼ばれる堆積物が作られます。泥炭の上に堆積層が積もり、強い圧力と熱により泥炭から水分がぬけて炭素含有量が増え、最終的に石炭が生成されたのです。

石炭は炭化度の違いにより泥炭、亜炭、褐炭、瀝青炭、無煙炭などに分けられます（**上図**）。一般的に、炭素含有量が高いほど年代的に古く発熱量も高い石炭です。石炭はアメリカ合衆国、ロシア、中国、インド、オーストラリアをはじめ、世界各地に広く分布しています（**中図**）。日本では昭和初期にはエネルギーの4分の3を石炭でまかなっていましたし、そのほとんどが国内炭でした。現在、石炭は日本のエネルギーの全体の30％弱を供給していますが、ほぼ100％を輸入に頼っています（**下図**）。石炭の場合は、中東に多くを依存する石油と異なり、オーストラリアやカナダなどの政情の安定した国から輸入しています。

石炭は可採年数も百年以上で豊富ですが、地球温暖化の原因とされている二酸化炭素の排出が大きいことが問題点です。現在、環境負荷を低減する技術開発（クリーン・コール・テクノロジー）が進められています。

要点BOX

- 石炭は古生代の石炭紀から新生代の第三紀にかけての植物から生成
- 日本の石炭は現在ほぼ100％を輸入

石炭の種類と用途

泥炭	あしや水藻が枯死して水中で軟化分解したもの。	燃料にならない。
亜炭	泥炭より変化したもの。また褐炭の薄い層を呼ぶこともあり、木質亜炭あり。	塩田や家庭で使用されていた。
褐炭	亜炭が一段と天然の加圧、乾留を受けて変化したもの。褐炭からせん石までを一般に石炭という。	一般炭として家庭用、ボイラー用、塩田用。
瀝青炭	第三紀層の樹木で褐炭より長く天然の加圧、乾留を受けたもので褐炭の進化したもの。	原料用炭、ガス発生炉用炭、一般用炭。
無煙炭	日本の無煙炭は主として火山岩の浸入によって急速に炭化したものや、強力な地質変動の影響によってできたもの。	一般用、豆炭、練炭、家庭用、炭素源。
せん石	強力な火山岩の熱のため天然にコークス化したもの。ハシリ、オコリ、チクラともいう。	石灰焼成用、豆炭、練炭。
ホヤ炭	一般には炭層の露頭部の風化した石炭をいう。	燃料にならない。

石炭の埋蔵量と日本の輸入先

石炭は世界に広く分布(2020年末時点)

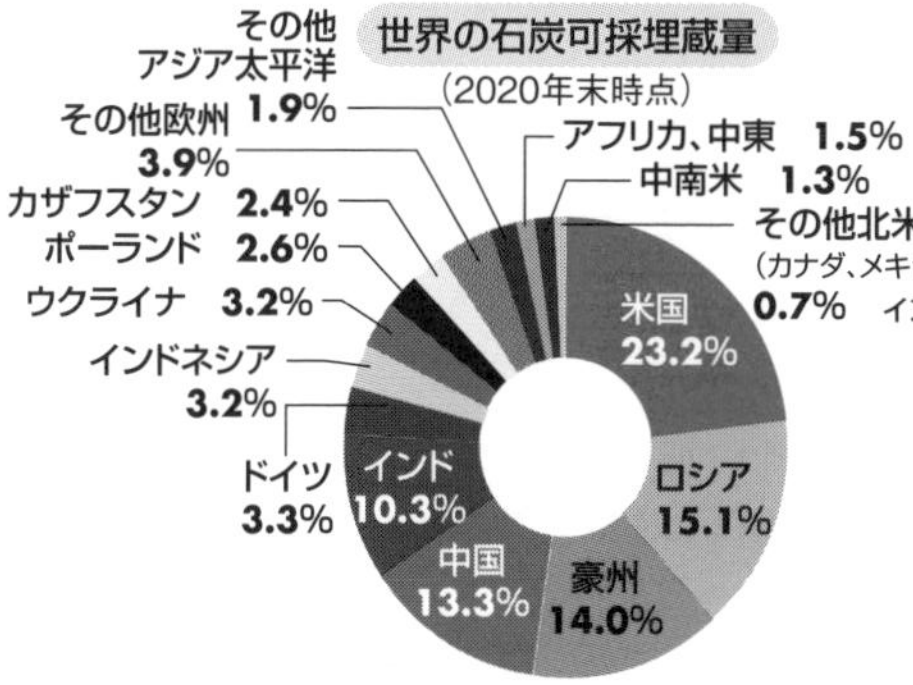
世界の石炭可採埋蔵量
(2020年末時点)
その他アジア太平洋 1.9%
その他欧州 3.9%
カザフスタン 2.4%
ポーランド 2.6%
ウクライナ 3.2%
インドネシア 3.2%
ドイツ 3.3%
アフリカ、中東 1.5%
中南米 1.3%
その他北米 (カナダ、メキシコ) 0.7%
米国 23.2%
ロシア 15.1%
豪州 14.0%
中国 13.3%
インド 10.3%

世界の石炭確認埋蔵量　10,741億トン

石炭は環太平洋諸国から輸入(2021年度)

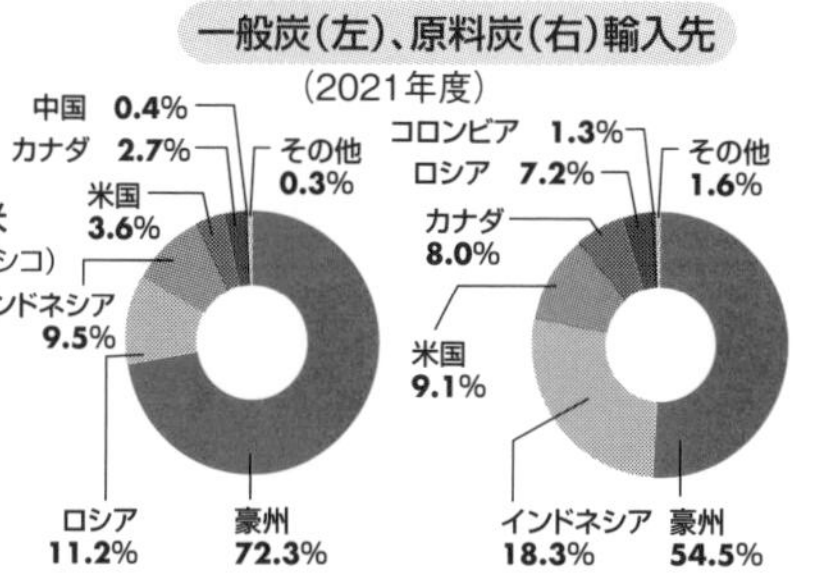
一般炭(左)、原料炭(右)輸入先
(2021年度)
中国 0.4%
カナダ 2.7%
その他 0.3%
米国 3.6%
インドネシア 9.5%
ロシア 11.2%
豪州 72.3%
コロンビア 1.3%
ロシア 7.2%
その他 1.6%
カナダ 8.0%
米国 9.1%
インドネシア 18.3%
豪州 54.5%

一般炭輸入量	原料炭輸入量
1億1,421万トン	6,338万トン

出典：エネルギー白書 2023（p.127、p.81）

国内炭・輸入炭供給量の推移

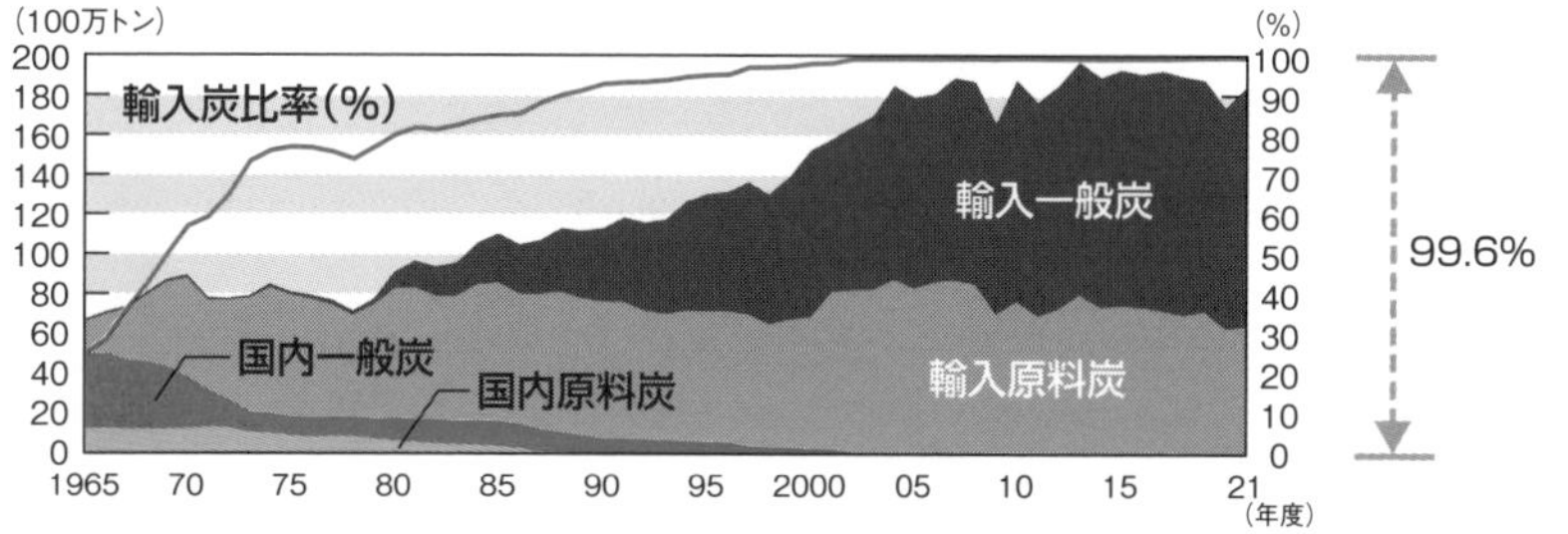
(100万トン)
200
180
160
140
120
100
80
60
40
20
0
(%)
100
90
80
70
60
50
40
30
20
10
0
輸入炭比率(%)
輸入一般炭
輸入原料炭
国内一般炭
国内原料炭
99.6%
1965
70
75
80
85
90
95
2000
05
10
15
21
(年度)

出典：エネルギー白書２０２３（ｐ．９０）

20 石炭発電の活用とCCS

ガス化・液化とCO_2回収・貯留

石炭は熱量あたりの単価が安く、安定供給性にも優れていますが、二酸化炭素排出量が大きいという問題があります。2021年に英国で開催されたCOP23では、排出削減対策の無い石炭火力発電は「段階的に削減」すべきとのグラスゴー合意がなされています。

石炭火力発電の低炭素化には、高温高圧にしてエネルギー効率を高め、実質的にGHG排出量を削減する方法（超臨界や超々臨界運転）があります。

通常の石炭資源の利用は石炭を燃焼して熱源として利用することと、乾留によりコークス（その過程で石炭ガスとコールタールが生成される）を製造・利用することです。石炭の乾留では20%ほどのガスが得られますが、固体炭素を残さずに水素、メタン、一酸化炭素のガスを製造することを石炭のガス化と呼びます（**上図**）。固体燃料である石炭を灰分、硫黄分を除去したクリーンな気体燃料に転換することによって、都市ガスあるいは複合発電システムなど幅広い用途での利用が可能となります。

石炭ガス化複合発電（IGCC）では、従来型石炭火力用のボイラーと蒸気タービンに、複合システムとしてのガスタービンを加えて、さらに、ガスタービンの前段にガス化炉を設置します（**中図**）。これにより、従来型石炭火力より高効率化が可能となり、燃料使用量も減少して炭酸ガス発生量が約2割も少なくなります。また石炭灰の発生量も減少し溶融状態で排出されるため、地球温暖化と環境保全の点で優れています。

石炭は石油と分子成分が似ている有機物ですが、水素を添加して石油のような液体燃料に変換する石炭の液化の試みもなされています。石油に直接代替し得る液体燃料を供給する技術です。

削減できない二酸化炭素は分離・回収し、貯蔵することで大気中の二酸化炭素濃度の低減を図ります（**下図**）。二酸化炭素回収・貯留（CCS）と呼ばれ、高効率回収や岩盤下貯留技術の開発が進められています。

要点BOX

●石炭ガス化は、ガスタービンの前段にガス炉を設けた複合発電で利用

●石炭火力発電でのCCS活用

石炭のガス化

石炭ガス化の原理

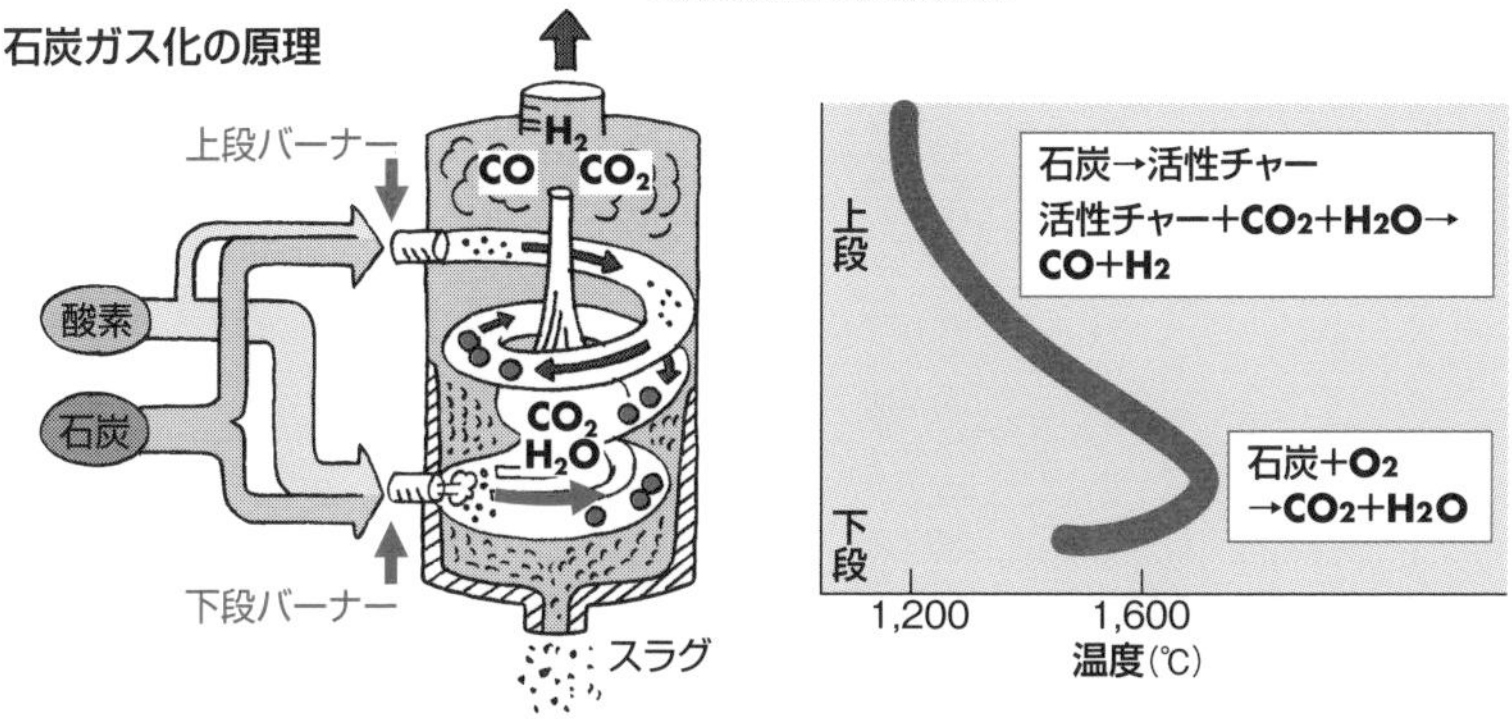

上段バーナー
H_2
CO
CO_2
酸素
石炭
CO_2
H_2O
下段バーナー
スラグ
上段
下段
石炭→活性チャー
活性チャー＋CO_2＋H_2O→
CO＋H_2
石炭＋O_2
→CO_2＋H_2O
1,200
1,600
温度（℃）

石炭ガス化複合発電（IGCC）

IGCC : Integrated coal Gasification Combined Cycle

石炭ガス化複合発電のシステムフロー（例）

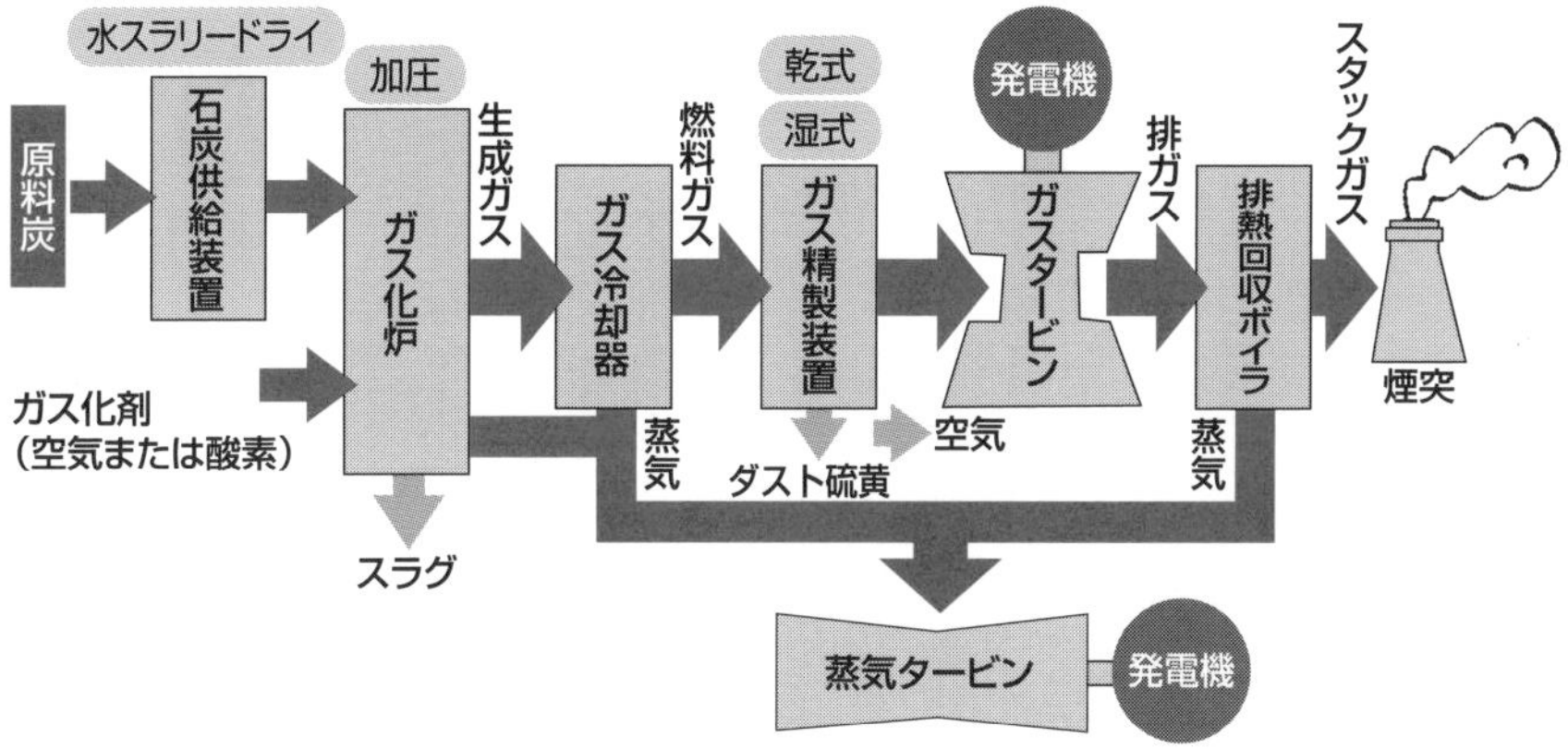

水スラリードライ
加圧
乾式
湿式
発電機
原料炭
石炭供給装置
ガス化炉
生成ガス
ガス冷却器
燃料ガス
ガス精製装置
ガスタービン
排ガス
排熱回収ボイラ
スタックガス
煙突
ガス化剤
（空気または酸素）
スラグ
蒸気
ダスト硫黄
空気
蒸気
蒸気タービン
発電機

CO_2の回収・貯留（CCS）の流れ

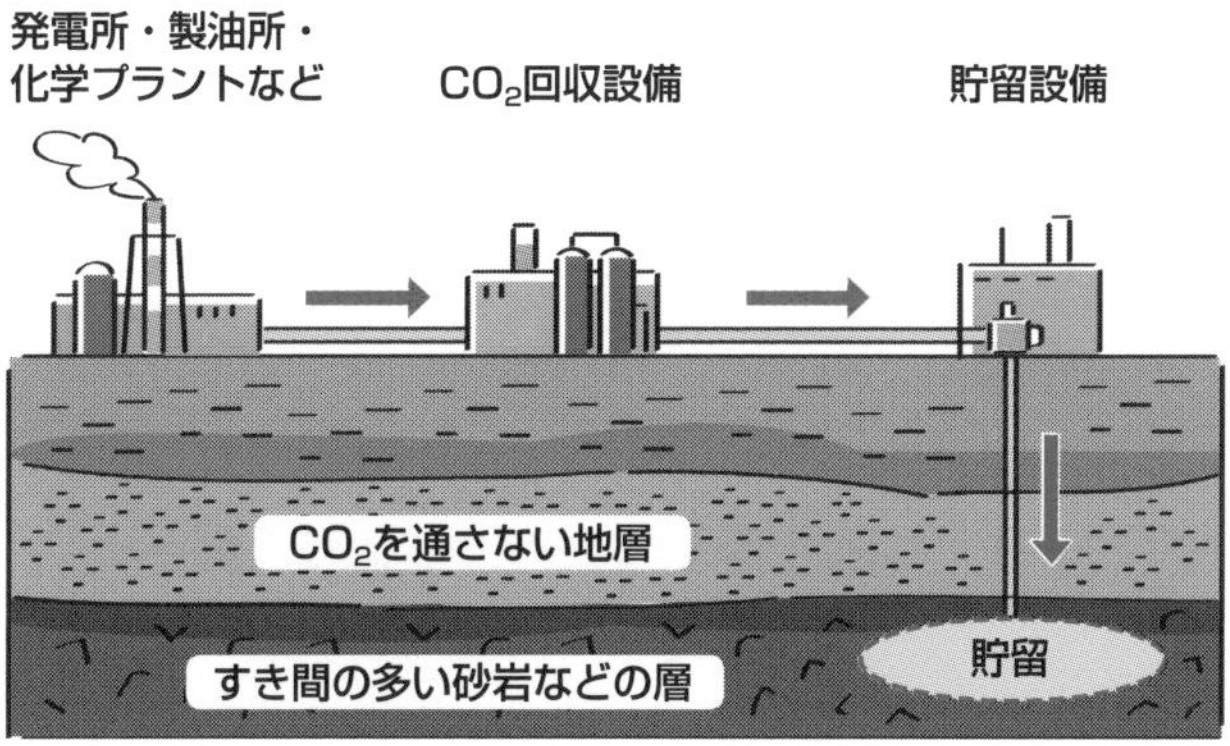

発電所・製油所・
化学プラントなど
CO_2回収設備
貯留設備
CO_2を通さない地層
すき間の多い砂岩などの層
貯留

21

石油はどのようにできたのか?

有機成因説と無機成因説

古代エジプトではミイラの防腐剤としてアスファルトを染み込ませた布が用いられ、舟の水漏れを止めるシーリング剤としてもアスファルトが用いられてきました。古代メソポタミアでも、アスファルトを接着剤としている石像や彫刻が発掘されています。

日本では668年（天智7年）に越《こし》の国（新潟地方）から「燃ゆる水」「燃ゆる土」が朝廷に献上されたと日本書紀にあります。「燃ゆる水」は石油、「燃ゆる土」は天然アスファルトのことだと考えられています。

さて、石油の成り立ちとして、無機成因（非生物起源）説と有機成因（生物起源）説とがあります。無機成因説としては、地球の深部に大量に蓄えられている地球深層ガスが変化して地表まで染み出したとの「深層ガス説」があります。アメリカのコーネル大学の天文学者トーマス・ゴールド教授による仮説です。しかし、石油には生物に由来する有機物が含まれており、一般的には有機成因説が認められています。

石油のもと（源）は、海や湖で繁殖したプランクトンや藻などの海生動植物の死骸と考えられています。それらが土砂とともに水底に堆積して岩石となる過程で、酸素がない環境で増殖する嫌気性細菌の作用で酸素が除去され、石油を生み出すのに適した有機物が重合して、石油質の母体としての「ケロジェン（油母）」とよばれる複雑な高分子化合物になります。石油は、このケロジェンを含む岩石（「石油根源岩」）が地中深く堆積するときに、地熱、地圧や地下鉱物の触媒の作用をうけてケロジェンが徐々に分解し、石油系炭化水素となったものと考えられています。これが石油誕生の「ケロジェン根源説」と呼ばれるものです（**上図**）。

原油は中生代のジュラ紀と白亜紀、そして新生代の第三紀の地層から多く産出します。世界の原油の確認埋蔵量は1兆7千億バレルであり、およそ半分が中東で、3分の1が北米・中米です。国別では、サウジアラビアとベネズエラとが最大です（**下図**）。

要点BOX

- 石油成因は有機成因説のケロジェン根源説と無機成因説の深層ガス説
- サウジアラビアとベネズエラが原油埋蔵量最大

石油の成因(有機成因説)

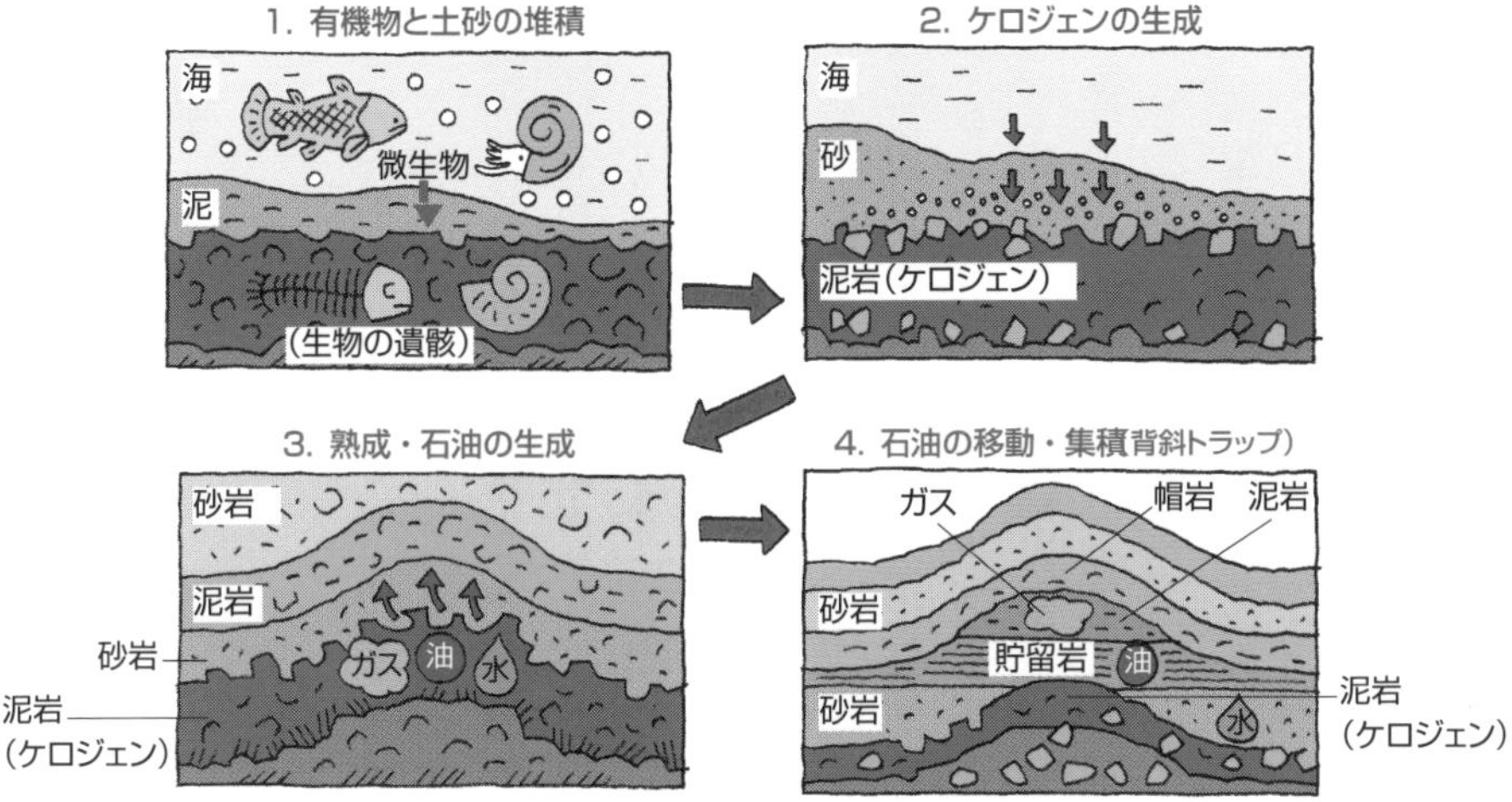

1. 有機物と土砂の堆積
海
微生物
泥
(生物の遺骸)
2. ケロジェンの生成
海
砂
泥岩(ケロジェン)
3. 熟成・石油の生成
砂岩
泥岩
砂岩
泥岩
(ケロジェン)
ガス
油
水
4. 石油の移動・集積背斜トラップ)
ガス
帽岩
泥岩
砂岩
貯留岩
油
砂岩
水
泥岩
(ケロジェン)

世界の原油確認埋蔵量(2020年末)

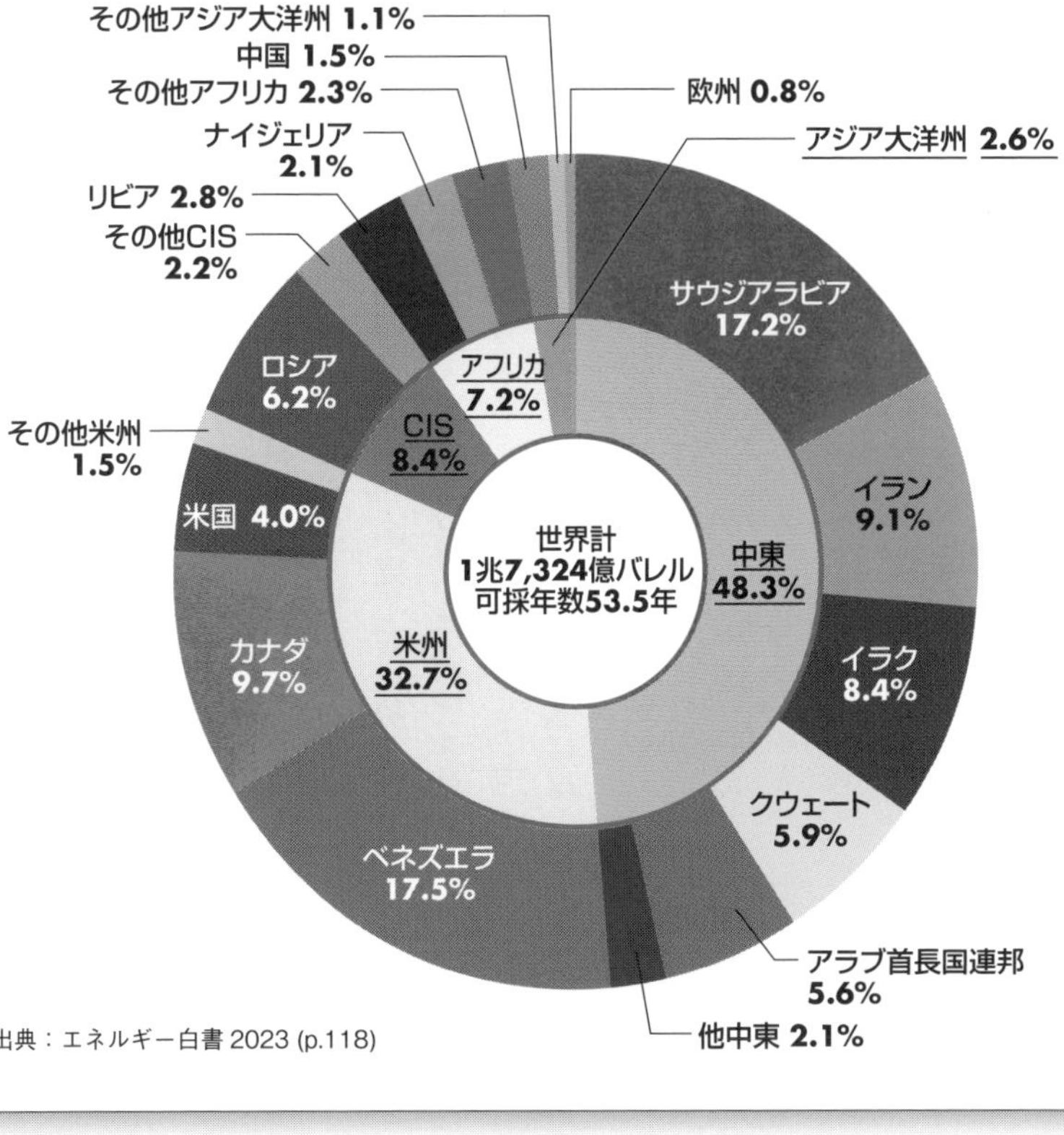

その他アジア大洋州 1.1%
中国 1.5%
その他アフリカ 2.3%
欧州 0.8%
アジア大洋州 2.6%
ナイジェリア 2.1%
リビア 2.8%
その他CIS 2.2%
サウジアラビア 17.2%
ロシア 6.2%
アフリカ 7.2%
CIS 8.4%
その他米州 1.5%
イラン 9.1%
米国 4.0%
世界計
1兆7,324億バレル
可採年数53.5年
中東 48.3%
カナダ 9.7%
米州 32.7%
イラク 8.4%
クウェート 5.9%
ベネズエラ 17.5%
アラブ首長国連邦 5.6%
他中東 2.1%

出典：エネルギー白書 2023 (p.118)

22 石油資源の特殊性

原油原価とOPEC

現代社会では石油が主力ですが、その大半は中近東で産出されています。日本の石油の輸入の9割がサウジアラビア、アラブ首長国連邦などの中東諸国からです(**上図**)。石油危機の時には中東依存は8割ほどでしたが、その後7割以下に下げることができました。しかし近年では逆に上昇して9割超えであり、非常に不安定な状態だと言えます。

原油の価格は国際情勢に敏感です。**中図**には原油価格の当時価格と現在の換算価格の推移が示されています。1960年にサウジアラビアなど主要産油国が原油価格を維持するために石油輸出国機構(OPEC)を結成しました。1973年の第4次中東戦争(第1次石油危機)と1979年のイラン革命(第2次石油危機)では、中東原油の需給のバランスが崩れたことで、原油価格は3～4倍にまで上昇しました。原油価格が高騰したことで、景気停滞や省・代替エネルギーの導入が進み、原油需要が停滞し、1985年にサウジアラビアが原油価格を市場価格にリンクする方式を採用したことで、1バレル10ドル近くまで暴落しました。その後、発展途上国の需要拡大、中東不安情勢などにより、2008年には1バレル100ドルの時代を迎えました。米国産ウエスト・テキサス・インターミディエート(WTI)原油の先物価格が国際情勢に敏感に反応し、2016年には米国のシェール革命、中国経済の停滞予測、OPECの減産調整なしなどにより25ドル近くまで下落しています。最近では、新型コロナ禍による需要の落ち込みでの原油価格の下落がありますが、ロシアのウクライナ侵攻の影響による価格の高騰もあります。中東のOPECによる石油資源の供給は現在世界の50%近くであり、輸入に頼らざるを得ない日本では、エネルギー安全保障の課題を抱えています。日本では非常のための石油備蓄が進められており、2022年には国と民間を合わせておよそ6千万キロリットルで約200日分以上の備えをしています(**下図**)。

要点BOX

- ●日本石油の輸入の9割が中東から
- ●WTIなどの原油価格は国際情勢に敏感
- ●日本での石油備蓄は約200日分以上

石油の輸入依存度

石油の9割は中東から輸入

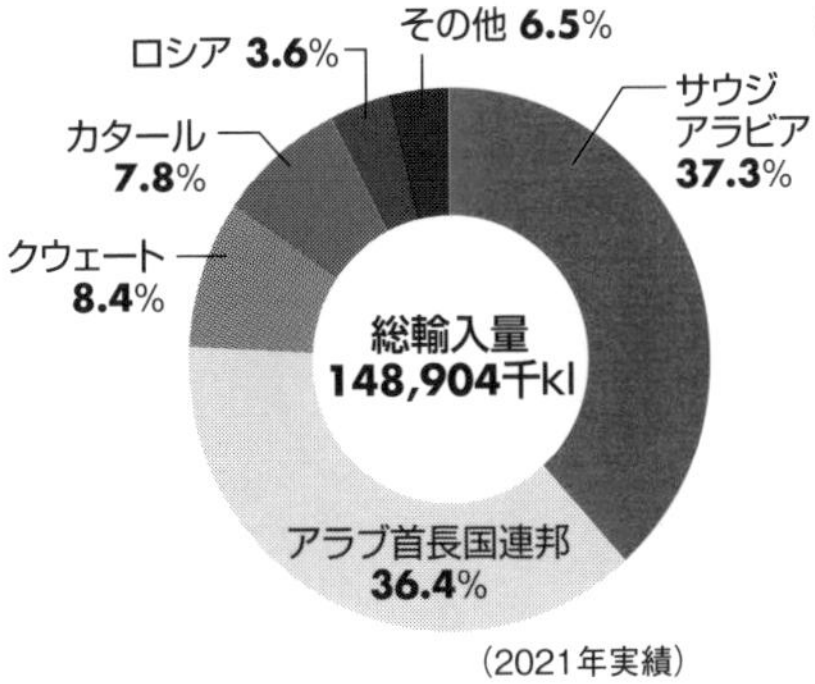

中東への依存度は再び上昇

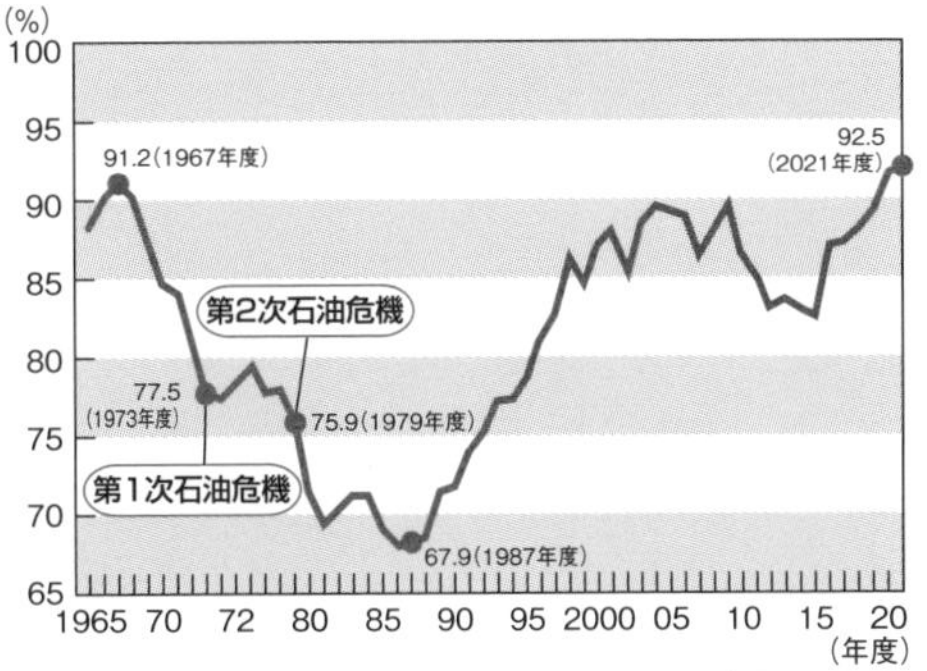

出典:エネルギー・原子力図面2015

原油価格の移り変わり

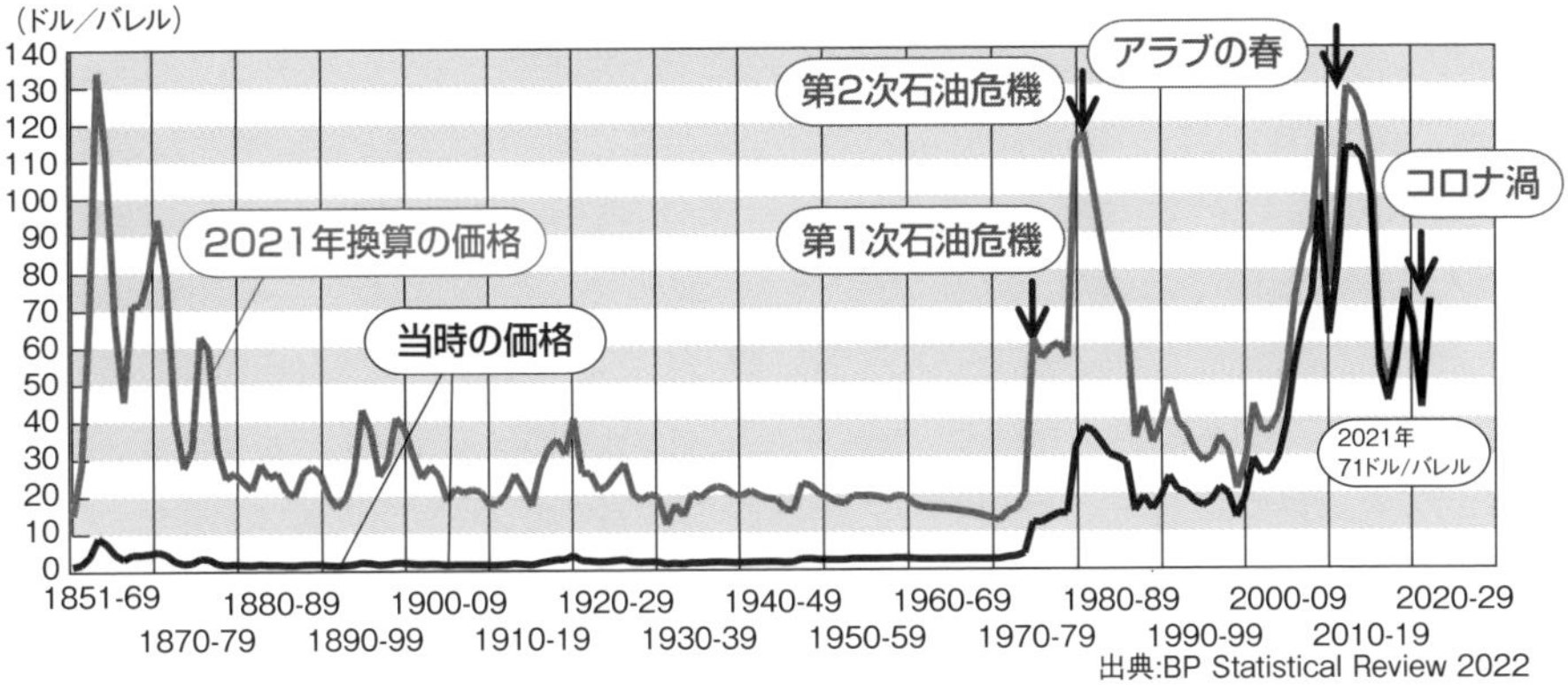

出典:BP Statistical Review 2022

石油備蓄日数の推移

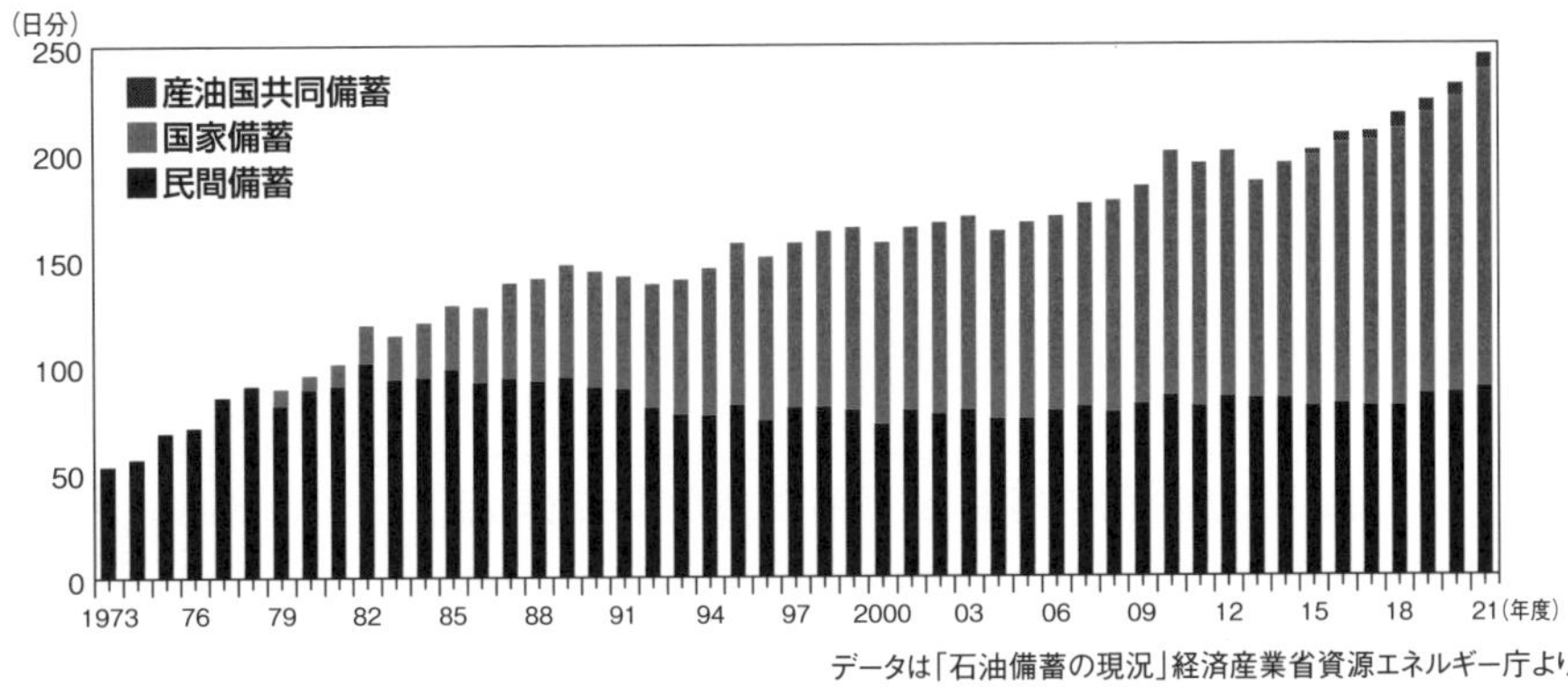

データは「石油備蓄の現況」経済産業省資源エネルギー庁より

23 天然ガスは主力燃料か？

天然ガスとLNG貿易

石油危機以降、石油に代わるエネルギーとして「天然ガス」が注目され、積極的に導入されてきました。埋蔵量が豊富で、地球温暖化の原因となる二酸化炭素や、酸性雨の原因となる窒素酸化物の排出量が石炭、石油に比べて少なく、硫黄酸化物が排出されないため、近年ますます注目を浴びています。第一次石油危機当時では、日本のエネルギー供給に占める天然ガスの割合は2％にすぎませんでしたが、現在では20％以上を占めています。

天然ガスは、メタン85％、エタン10％を主成分とする文字通り天然に存在するガスであり、原油生産時に排出される「油田ガス（随伴性ガス）」や独立して産出される「ガス田ガス（構造性ガス）」があります。通常は炭層から出る炭田ガスは含めません。精製後の天然ガスは99％以上がメタンでできています。

天然ガスは化石燃料の中で最もH／C比（水素と炭素の元素の比率）が高いので、発熱量当たりの二酸化炭素の排出量が少なく環境適合性に優れています。

天然ガスは、資源が中東に偏在している石油と異なり、中東に約4割、旧ソ連・東欧に約3割が集中しています。日本では天然ガスがほとんど採れないため、97％を海外から輸入しています。ヨーロッパやアメリカでは、天然ガスを気体のままパイプラインで輸送しています（パイプライン貿易）。しかし、日本に天然ガスを輸入する場合は、海外のガス田で天然ガスをマイナス162度まで冷やして液体（液化天然ガス：LNG）にすることにより体積を600分の1にし、断熱材で覆われたタンクを搭載する特殊なタンカーで日本まで運びます（LNG貿易）。日本の受け入れ基地で再び気体に戻してからパイプラインで発電所や家庭に運びます。輸送コストはパイプライン方式では原油輸送の2〜3倍、LNG海上輸送方式では原油輸送の10〜20倍と考えられており、輸送時の安全性も含めて、天然ガス貿易の課題となっています。

要点BOX

- 天然ガスの主成分はメタンでSO_X排出はなし
- 日本へはマイナス162度まで冷やした液化天然ガス（LNG）として輸入

天然ガスの埋蔵量と日本の輸入先

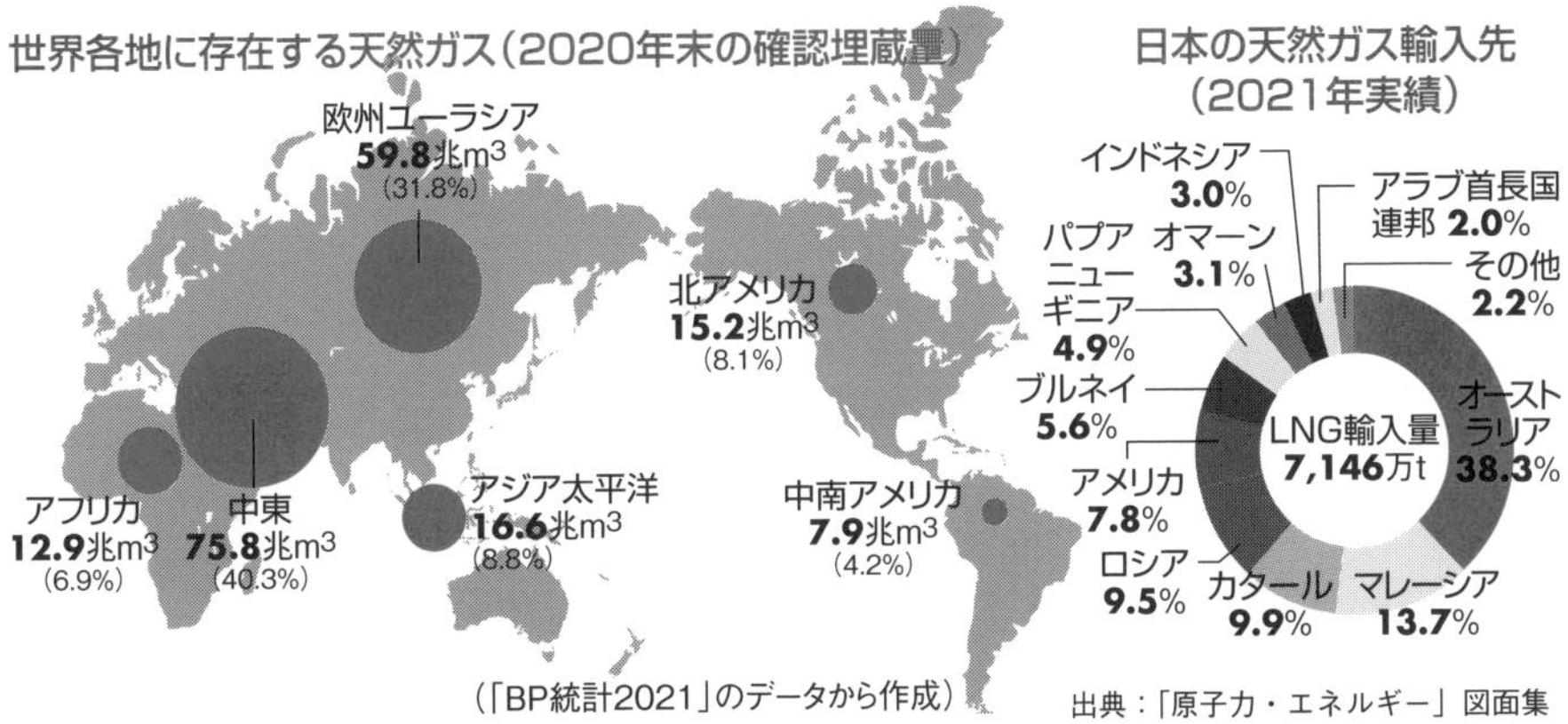
世界各地に存在する天然ガス（2020年末の確認埋蔵量）
欧州ユーラシア
59.8兆m^3
（31.8%）
北アメリカ
15.2兆m^3
（8.1%）
アフリカ
12.9兆m^3
（6.9%）
中東
75.8兆m^3
（40.3%）
アジア太平洋
16.6兆m^3
（8.8%）
中南アメリカ
7.9兆m^3
（4.2%）
日本の天然ガス輸入先
（2021年実績）
インドネシア
3.0%
アラブ首長国連邦 2.0%
パプアニューギニア
4.9%
オマーン
3.1%
その他
2.2%
ブルネイ
5.6%
LNG輸入量
7,146万t
オーストラリア
38.3%
アメリカ
7.8%
ロシア
9.5%
カタール
9.9%
マレーシア
13.7%

（「BP統計2021」のデータから作成）

出典：「原子力・エネルギー」図面集

石炭、石油、天然ガスのCO_2、NO_X、SO_X排出量の比較

二酸化炭素（CO_2）
石炭 100
石油 80
天然ガス
57
窒素酸化物（NOx）
石炭 100
石油 70
天然ガス
40
硫黄酸化物（SOx）
石炭 100
石油 70
天然ガス
0

（注）石炭を100とした場合の発生量（燃焼時）

（出典:「NATURAL GAS PROSPECTS 2010」）

LNGによる火力発電のしくみ

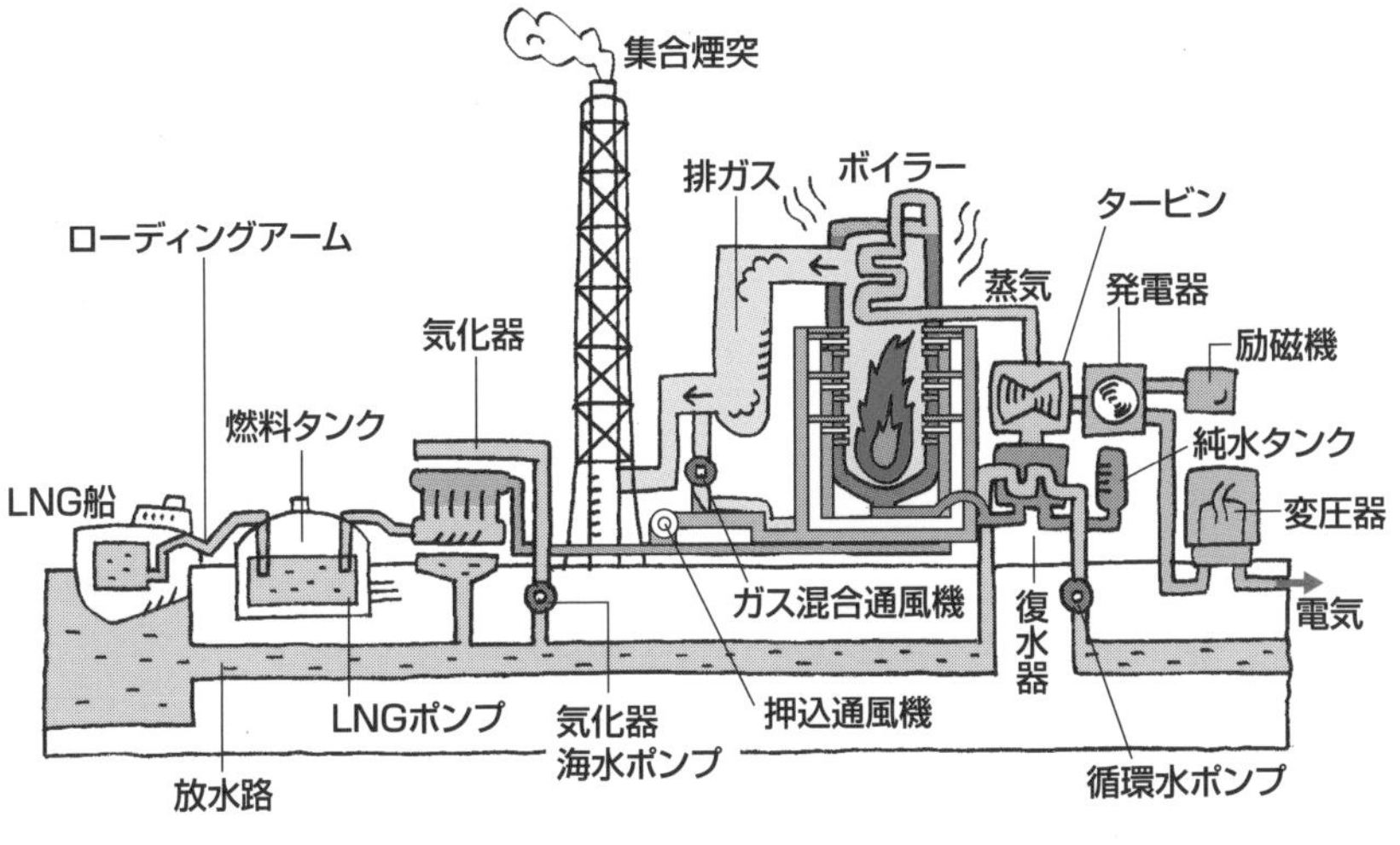
集合煙突
排ガス
ボイラー
タービン
ローディングアーム
蒸気
発電器
励磁機
気化器
燃料タンク
純水タンク
LNG船
変圧器
ガス混合通風機
復水器
電気
LNGポンプ
気化器
海水ポンプ
押込通風機
放水路
循環水ポンプ

24 シェール革命とは?

シェールオイルとオイルシェール

これまで利用されてきた石油や天然ガス資源（在来型化石資源）とは異なり、地下には別種の化石燃料が膨大に眠っています。シェール（頁岩、けつがん）と呼ばれる岩に非在来型のガスやオイルが含まれており、水平坑井掘削や多段式水圧破砕などの最近の掘削技術の進展により、経済的にこれらの燃料を採り出すことができるようになりました。特に、アメリカでのシェールオイル（タイトオイル）やシェールガスの開発が目覚ましく、「シェール革命」と呼ばれています。

非在来型石油としては、上記のシェールオイル（タイトオイル）の他に、オイルシェール（油《ゆ》母《ぼ》頁岩《けつがん》）があります。固体の有機物ケロジェンを含む黒褐色の堆積頁岩であり、この頁岩を加熱・乾留するとケロジェンが分解して油分が生成されます。石油よりも石炭液化油に近い組成です。

その他、黒くてタール状のビチューメンと呼ばれる油成分が砂（サンド）の粒と粒の間に強固にこびりついているオイルサンド（タールサンド）があります。ビチューメンは通常、地層内を流動しないので、露天掘りで採掘が可能です。

石油の生産量（回収率）を増加させる技術の1つとして増進回収法（Enhanced Oil Recovery：EORと略）があります。油層内に水、水蒸気、二酸化炭素ガス、化学薬品等を圧入し油層内に残存する油を回収する方法です。粘度のきわめて高いビチューメンや超重質原油に対しては、EORによる回収率向上は容易ではありませんが、現在、実用化に向けての各種の技術開発が進められています。

世界中の非在来型原油は数兆バレルあると言われています。乾留などで取り出されたオイルサンドやオイルシェールのままでは用途が限定されるので、有用な石油製品に転換するための軽質化処理が必要です。また、重金属や硫黄などを多く含むために、環境対策や廃棄物対策も大きな課題となっています。

要点BOX

- ●原油直接回収のシェールオイル（タイトオイル）と乾溜必要なオイルシェール（油母頁岩）
- ●世界の非在来型原油は数兆バレル

非在来型の化石燃料

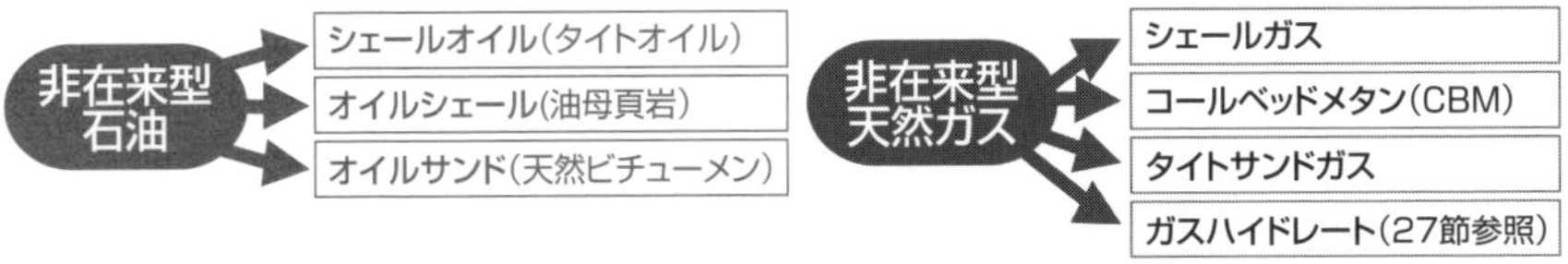

主な非在来型原油・ガスのイメージ図

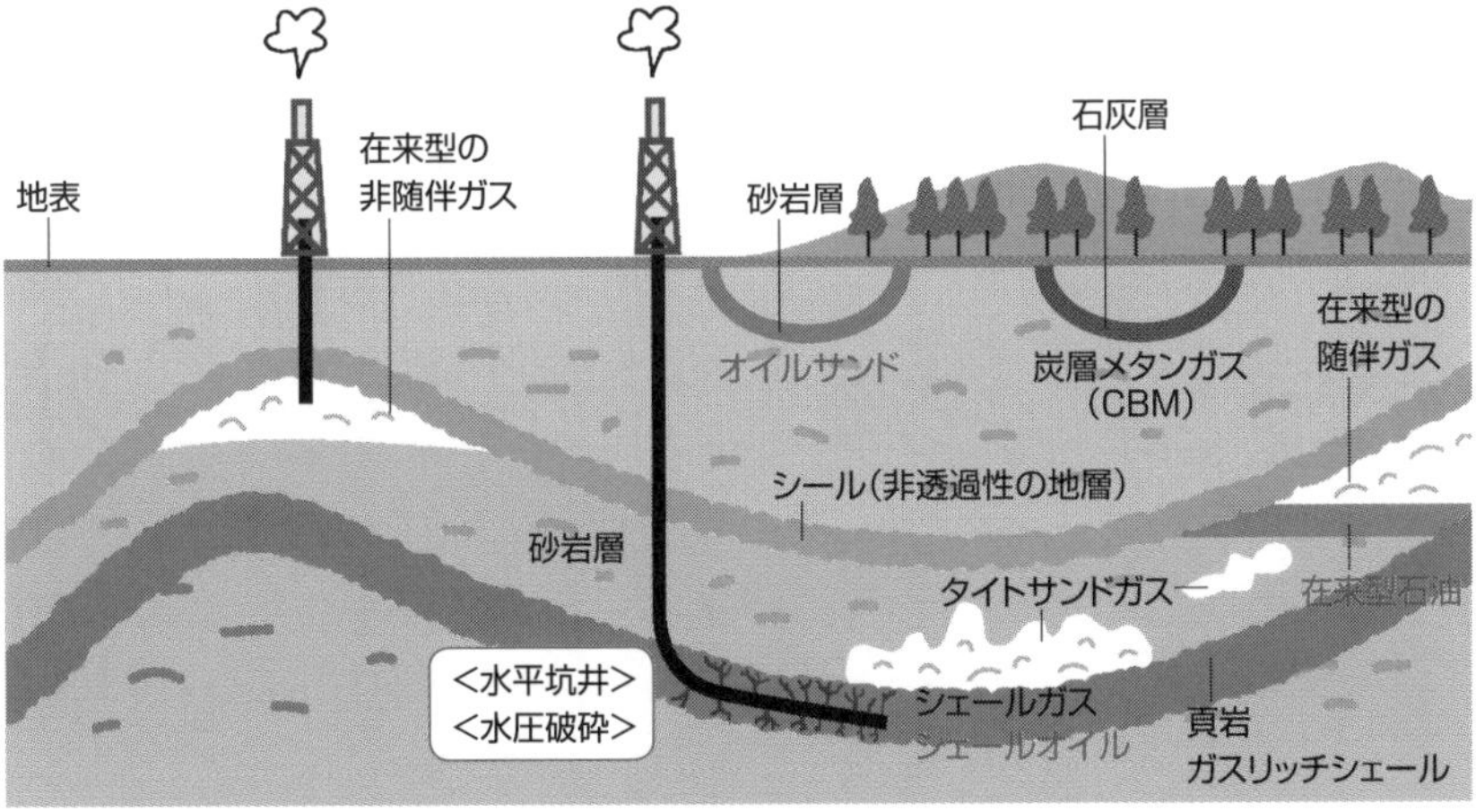

在来石油と非在来型石油との比較（可採資源量と生産コスト）

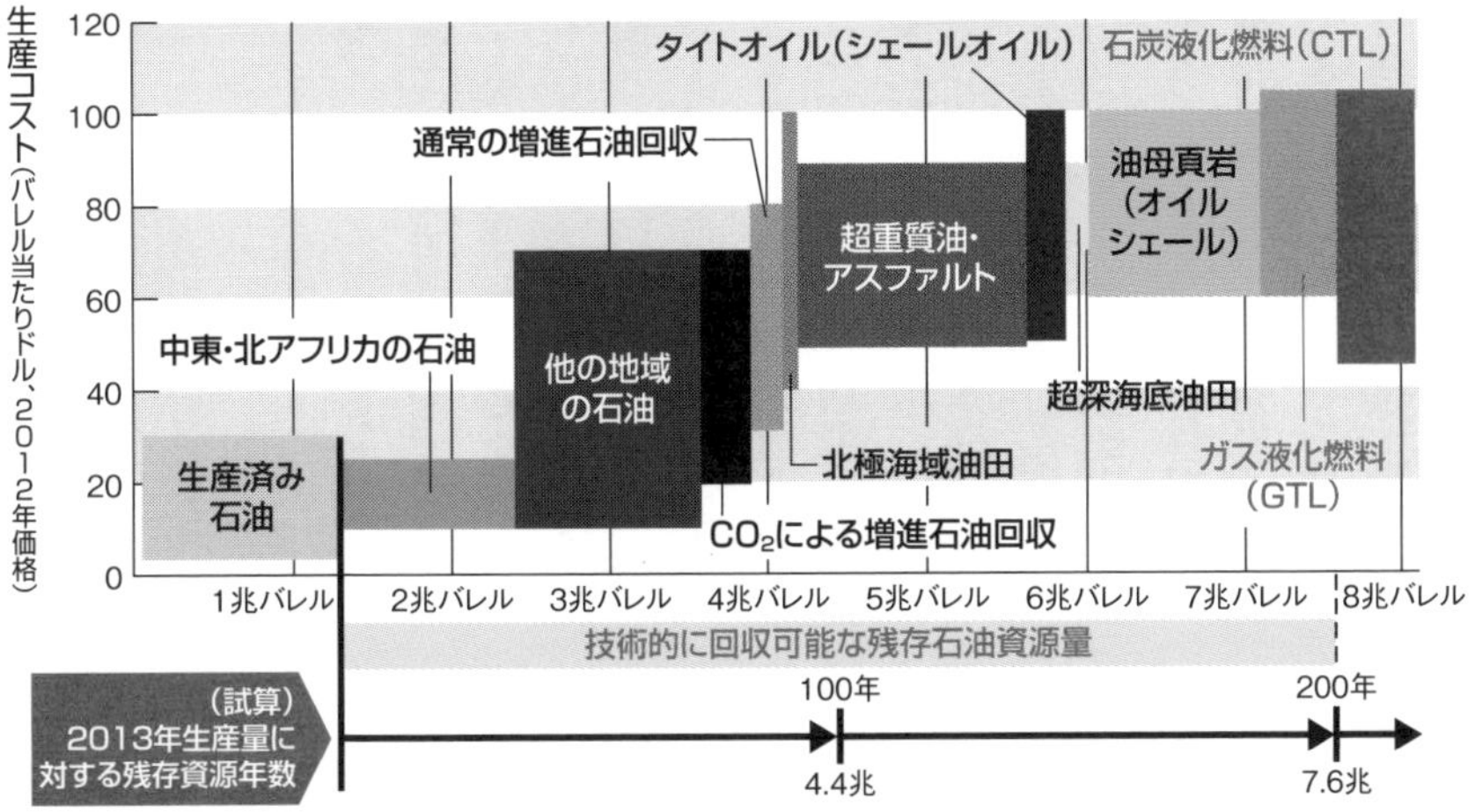

出典:石油連盟「日本の石油産業2015」

25 「燃える氷」は豊富か?

これまで利用されてこなかった未知の化石エネルギーとして、「メタンハイドレート」があります。1967年にシベリアで最初に開発され、カナダ、アラスカの凍土地帯や世界の大陸縁辺部の海底下の多くの地点で発見されました。

ガスの分子を包みこんだカゴ（クラスター）のような水の結晶構造を「ハイドレート」と言い、メタンの分子を閉じこめたものが「メタンハイドレート」です。46個の水分子が8個のメタンを取り囲んでおり、世界の大陸棚深部や永久凍土地帯に多く存在することが知られています。低温、高圧中で生成されたものであり、白いゼリーや湿った雪のような外見で「燃える氷」と呼ばれています。

メタンハイドレートは世界中に分布し、日本周辺でも多く（日本の年間天然ガス使用量の100年分以上）太平洋側に「砂層型」が、日本海側に「表層型」が主に分布していると推定されています。安定に存在できる温度、圧力条件から主に海底にあると考えられていますが、その量は現在知られている全世界の天然ガスと石油、石炭などを合わせた総埋蔵量の2倍以上あると言われており、安全に利用することができれば全人類のための新エネルギー資源として大いに期待できます。

メタンハイドレートがある地層の下にはメタンガスなどの気体が存在すると考えられており、その境界はBSR（Bottom Simulating Reflector: 海底擬似反射面）として音波探査で容易に発見できます。

メタンハイドレートは二酸化炭素の排出が石油、石炭の5～6割であり比較的少ない点で優れていますが、メタンガスは二酸化炭素の50倍の温室効果があると考えられており、採取時のメタンの放出や、地球温暖化に伴うツンドラ層の氷解によるメタン放出が懸念されています。安全にかつ経済的に取り出す技術開発などの課題を克服し、今後のメタンハイドレートの有効利用のための研究開発に期待が寄せられています。

要点BOX

- メタンハイドレートは二酸化炭素の排出が比較的少ないが、温室効果のあるメタンガスの放出に留意
- 埋蔵量は、在来型化石燃料の2倍以上

メタンハイドレートの構造

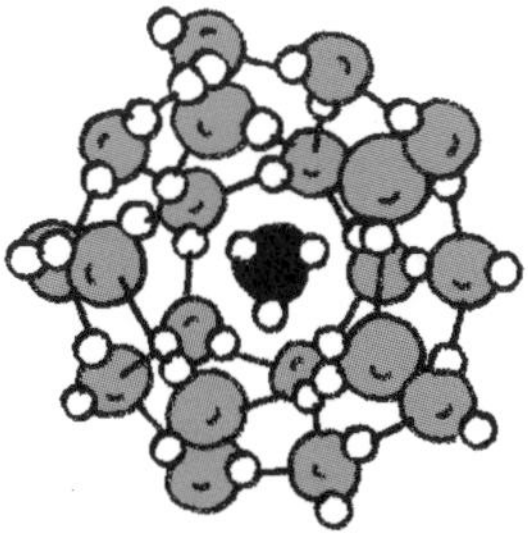

かご構造（正12面体）
赤玉が酸素原子、白玉が水素原子、黒玉は炭素原子分子

水分子のかごが中央のメタン分子を囲んでいる。
このかごがいくつか合わさって
メタンハイドレートが作られている。

日本のメタンハイドレート分布図

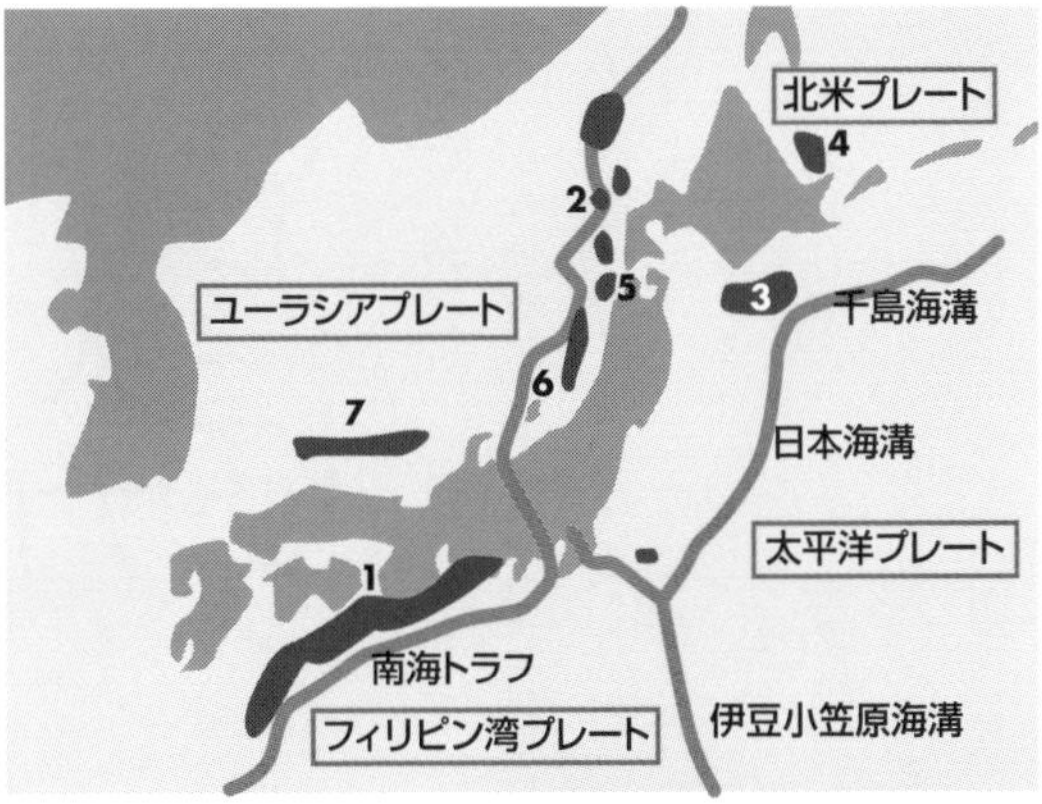

1. 南海トラフ
2. 奥尻海嶺
3. 千島海溝周辺（十勝・日高沖）
4. オホーツク海（網走沖）
5. 西津軽沖
6.秋田・山形・新潟沖
7.隠岐周辺

日本海側は「表層型ハイドレート」
（海底の表面やその近傍）
太平洋側は「砂層型ハイドレート」
（海底面下数百メートルの地層中）

メタンハイドレートの存在域

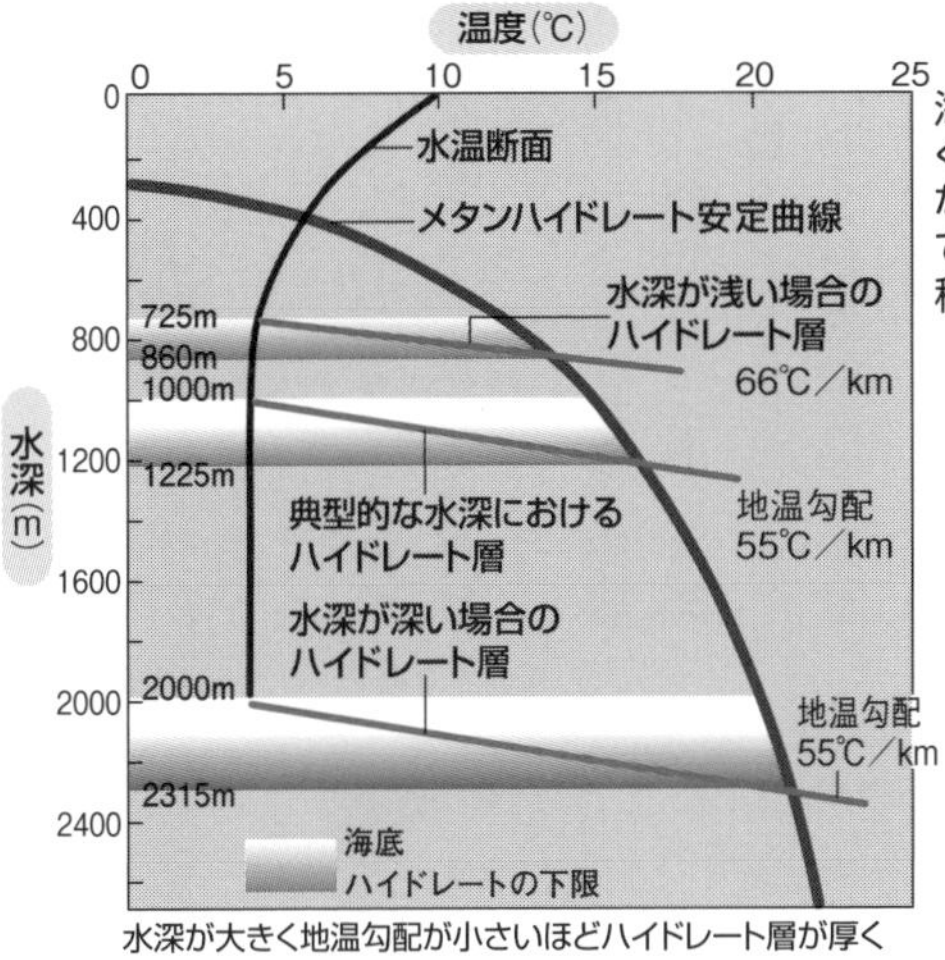

水深が大きく地温勾配が小さいほどハイドレート層が厚くなります。

海底面下深くでは圧力は高いが温度も高くなるためメタンハイドレートは存在できなくなります。メタンハイドレート層が存在できるのは海底面付近から、深度100m程度までです。

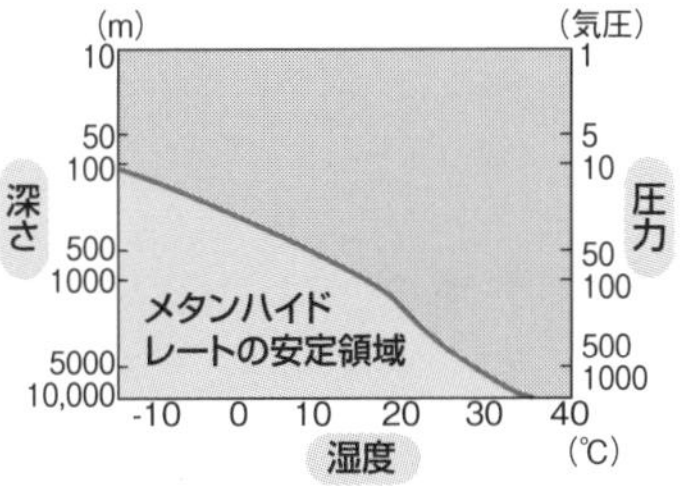

26 化石燃料火力とCCUSとは?

二酸化炭素回収・利用・貯留

発展途上国のエネルギー増加を勘案すると、現実には化石燃料を主力として、それによる二酸化炭素の排出は避けられません。この二酸化炭素を嫌うのではなく、積極的に「炭素資源」ととらえて再利用、再循環する方法が模索されてきています。廃棄物では3R運動が重要ですが、産業廃棄物としての二酸化炭素も同様に考えることができるのです。

第1に、レデュース(削減)であり、化石燃料火力の代わりに再生可能エネルギーを利用し、高効率電化機器を利用して二酸化炭素を削減します。削減できない二酸化炭素を分離・回収する必要があり、そのまま地中や深海底に貯蔵することもできます。これは「二酸化炭素回収・貯留(CCS)」と呼ばれます。第2はその回収された二酸化炭素のリユース(再利用)です。化学品、人工光合成、メタネーションなどの素材や燃料として利用できます。これは「二酸化炭素回収・利用(CCU)」と呼ばれます。第3はリサイクル(再循環)です。CCUとして作られたメタノール燃料や化学製品の使用や廃棄での燃焼で、炭素が再循環されることになります(**上図**)。

CCSとCCUを合わせてCCUS(二酸化炭素回収・利用・貯留)と呼ばれます。回収した二酸化炭素をそのまま地中に圧入して貯留するのがCCSであり、CCUは①そのまま溶接用のガスや炭酸飲料やドライアイスの原料などに用いる「直接利用」、②生産中の油田に圧入することで原油の生産量を増やす「原油増進回収(EOR)」、③全く別の物質に転換した「再利用」が考えられています(**下図**)。この③が狭い意味での「カーボンリサイクル」と言えますが、広い意味では、上記の2つを合わせたCCUSがカーボンリサイクルの技術を代表していることになります。

日本では、世界の二酸化炭素排出量の3%ほどであり、依然として火力発電に頼っており、2020年度の総発電量で化石燃料の割合は75%となっています。

要点BOX

- ●CCSとCCUを合わせてCCUS(二酸化炭素回収・利用・貯留)
- ●温室効果ガスの発生抑制・回収・固定法が重要

二酸化炭素の回収・有効利用・貯留（CCUS）の流れ

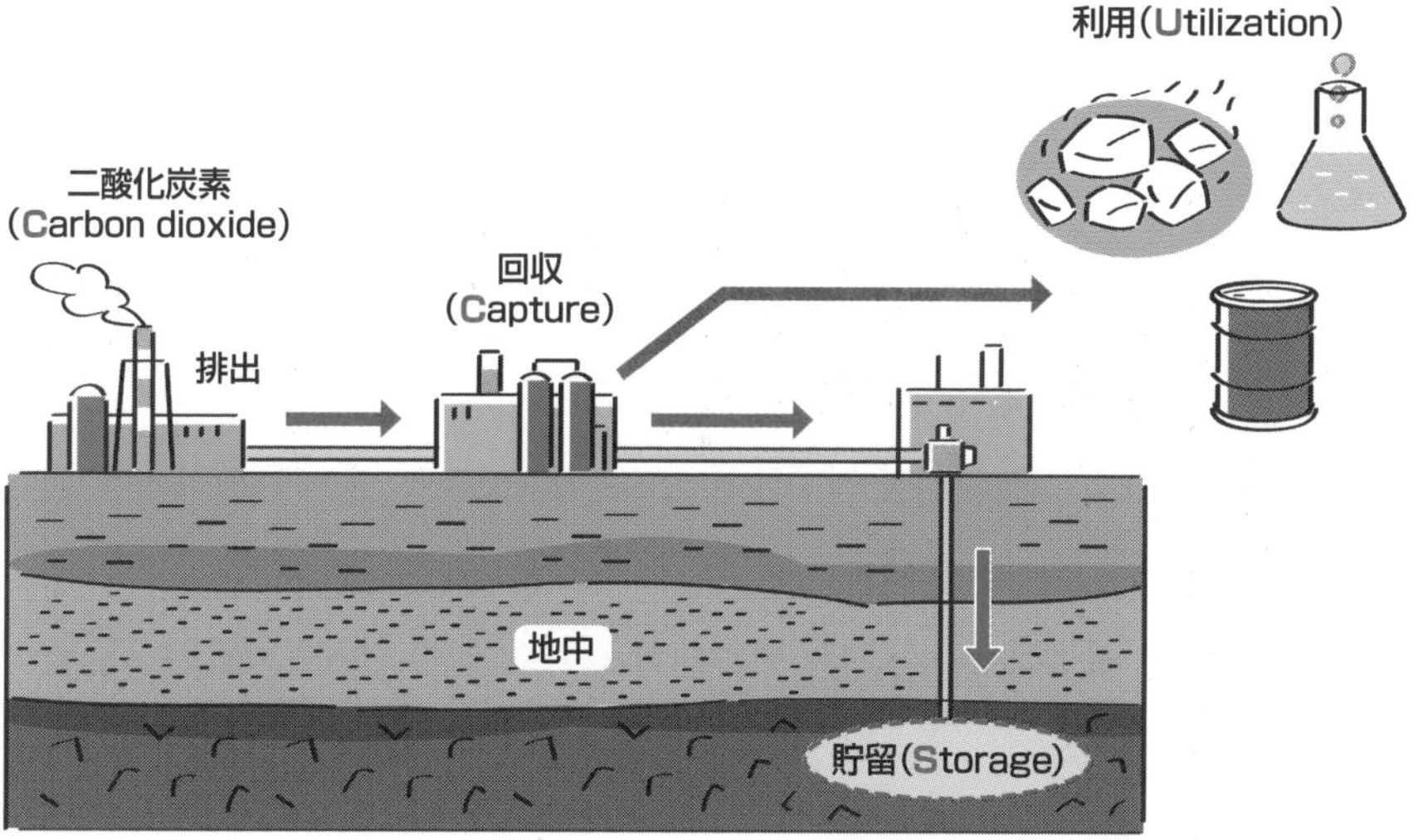
利用（Utilization）
二酸化炭素
（Carbon dioxide）
回収
（Capture）
排出
地中
貯留（Storage）

二酸化炭素回収・有効利用・貯留（CCUS）の分類

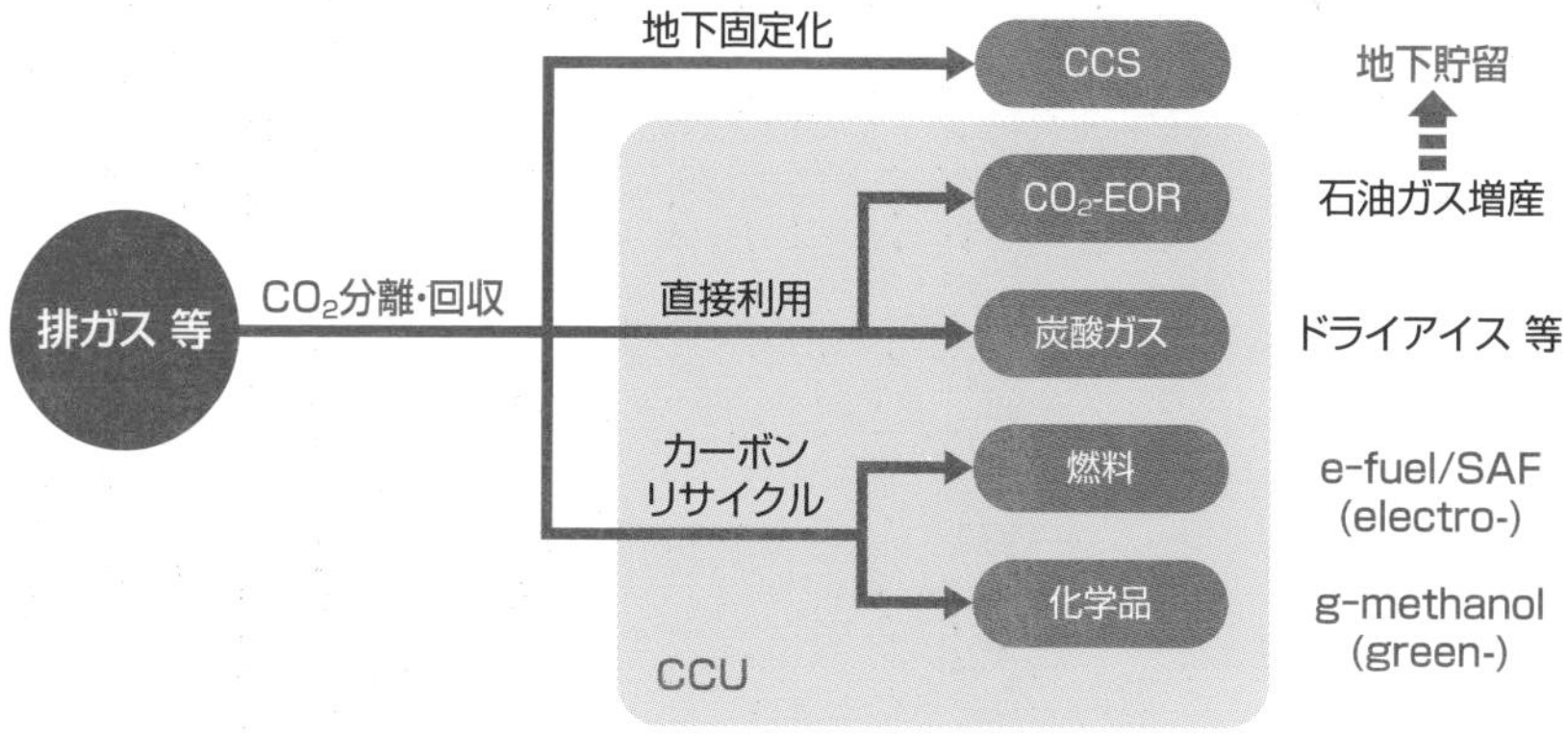
地下固定化
CCS
地下貯留
CO_2-EOR
石油ガス増産
排ガス 等
CO_2分離・回収
直接利用
炭酸ガス
ドライアイス 等
カーボン
リサイクル
燃料
e-fuel/SAF
(electro-)
化学品
g-methanol
(green-)
CCU

Column

生物の活動に必要なエネルギーは?
（標準代謝エネルギーと生理的時間）

成人1日に必要な食物エネルギー（カロリー）は2400キロカロリーと言われています。24時間で平均すると100kcal（キロカロリー）を1時間に消費していることになり、116・3W（ワット）になります。裸電球は光というよりも熱源としてエネルギーを消散させていますが、人間は百ワットの電球くらいのエネルギーを常時放出していることになります。原始人はこの食物エネルギーの数倍のエネルギーを使って生活していましたが、現代人は一人あたり平均してこの100倍程度のエネルギーを使っています。

動物園ではゾウが大人気です。大きな体とゆったりとしたしぐさが子供の心をとらえます。一方、小さいハムスターの小刻みの動きや小さな可愛らしいしぐさがなんとも言えません。

これらの動物の食物の量（エネルギー量）は体重に比例して増えていきます。安静状態でのエネルギー消費量としての「標準代謝量」は、体重に対して4分の3乗で増えていくことが知られています。単位体重あたりでは4分の1乗で反比例することになり、相対的に小さな動物ほどたくさんの量の食物を食べることになります。

一方、動物の寿命も体重と関係することがわかっています。哺乳類ではほぼ4分の1乗に比例則し、体重が16倍になると寿命は2倍になります。ハムスターは数年しか生きられませんが、ゾウは100年近い寿命を持っています。

寿命を心臓の鼓動時間で割ってみると、哺乳類ではどの動物でも、一生の間に心臓は20億回打つという計算になります。息を1回スーッと吸ってハーッと吐く間に、心臓は4回ドキンドキンと打つことがわかっていますので、寿命を呼吸する時間で割れば、哺乳類はいずれも一生の間に約5億回呼吸を繰り返す計算になります。

物理的時間で測れば、ゾウはハムスターより、ずっと長生きです。しかし、もし心臓の拍動を時計とした「生理学的時間」で考えるならば、ゾウもハムスターもまったく同じ長さだけ生きて死ぬことになり、一生を生き切った感覚は変わらないのかも知れません。

第4章

やさしく! 自然エネルギー

27 自然エネルギーは無尽蔵?

再生可能エネルギーと新エネルギー

エネルギー源は化石エネルギーと非化石エネルギー（自然エネルギーと核エネルギー）に分けられます。既存の大規模な自然エネルギーは水力と地熱発電です。一方、新しい自然エネルギーは太陽光、太陽熱、風力、バイオマス、海洋エネルギーがあります（**上図**）。

地球の中での自然のエネルギーの源は、太陽、地熱、潮汐です。エネルギーの流れとしては太陽からが大半を占めています。地熱と潮汐のエネルギーは太陽からのエネルギーの数千分の1以下です（**中図**）。

太陽エネルギーの直接利用は光と熱であり、採光や保温、発電に利用されています。太陽エネルギーは、光合成によりバイオマスや化石燃料の源ともなります。また、間接的には気象の変化としての水力、風力、波力、などの力学的エネルギーの源となっています。自然エネルギーのほとんどがこの太陽エネルギーに起因しており、再生可能エネルギーでもあります。

自然エネルギーのうち、既存の水力、地熱を除いて「新エネルギー」と呼ばれています。文字通り新しいエネルギーの意味での未来エネルギーを含めて新エネルギーと呼ぶこともありますが、日本では特に「新エネルギー法」（正式名称：新エネルギー利用等の促進に関する特別措置法、1979年成立）で当初はクリーンエネルギー自動車や燃料電池なども含まれていましたが、2008年の改正後は中小規模水力発電などが追加された再生エネルギーに限定されています（**下図**）。

新エネルギーは環境にやさしく、地球温暖化対策の国際協力事業や国産エネルギーの安定供給の観点から期待されています。しかし、コスト高が課題です。エネルギー密度が低く、自然条件に左右されるので、利用効率が良くないことや、設置地域が限られてしまう欠点もあります。

今後、自然エネルギーの利用を促進して技術開発や経済性向上に努め、分散型エネルギーとして環境適合性の良いエネルギー利用が期待されています。

要点BOX
- 自然エネルギーの源は太陽、地熱、潮汐であり、再生可能エネルギー
- 「新エネルギー」は日本では法律で特別に定義

自然エネルギーとその形態

(形態別)	(資源別)	
	一次エネルギー	二次エネルギー
自然エネルギー		
力学エネルギー		
運動エネルギー	風力·潮力·波力	
位置エネルギー	水力	
熱エネルギー	太陽(熱)·地熱·海洋熱	
光エネルギー	太陽(光)	
電磁波エネルギー		電波
電気エネルギー		電気
化学エネルギー	化石燃料	水素·コークス·練炭
核エネルギー	核燃料	

自然エネルギーの内、潮力(万有引力)、地熱(放射性崩壊)を除いては、ほとんどが太陽の核融合エネルギーに起因します。

自然のエネルギーの流れ

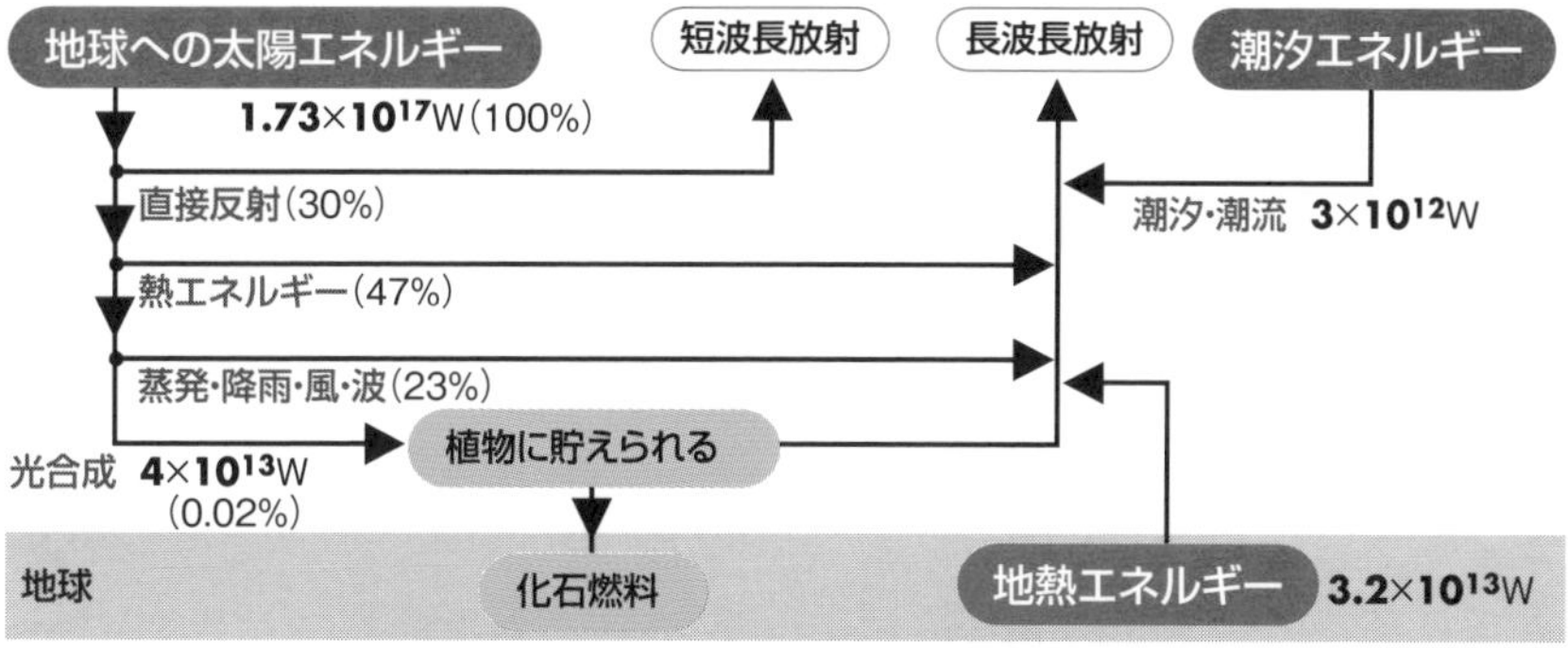
地球への太陽エネルギー
1.73×10^{17}W(100%)
短波長放射
長波長放射
潮汐エネルギー
潮汐·潮流 3×10^{12}W
直接反射(30%)
熱エネルギー(47%)
蒸発·降雨·風·波(23%)
光合成 4×10^{13}W
(0.02%)
植物に貯えられる
地球
化石燃料
地熱エネルギー
3.2×10^{13}W

再生可能エネルギーと新エネルギー

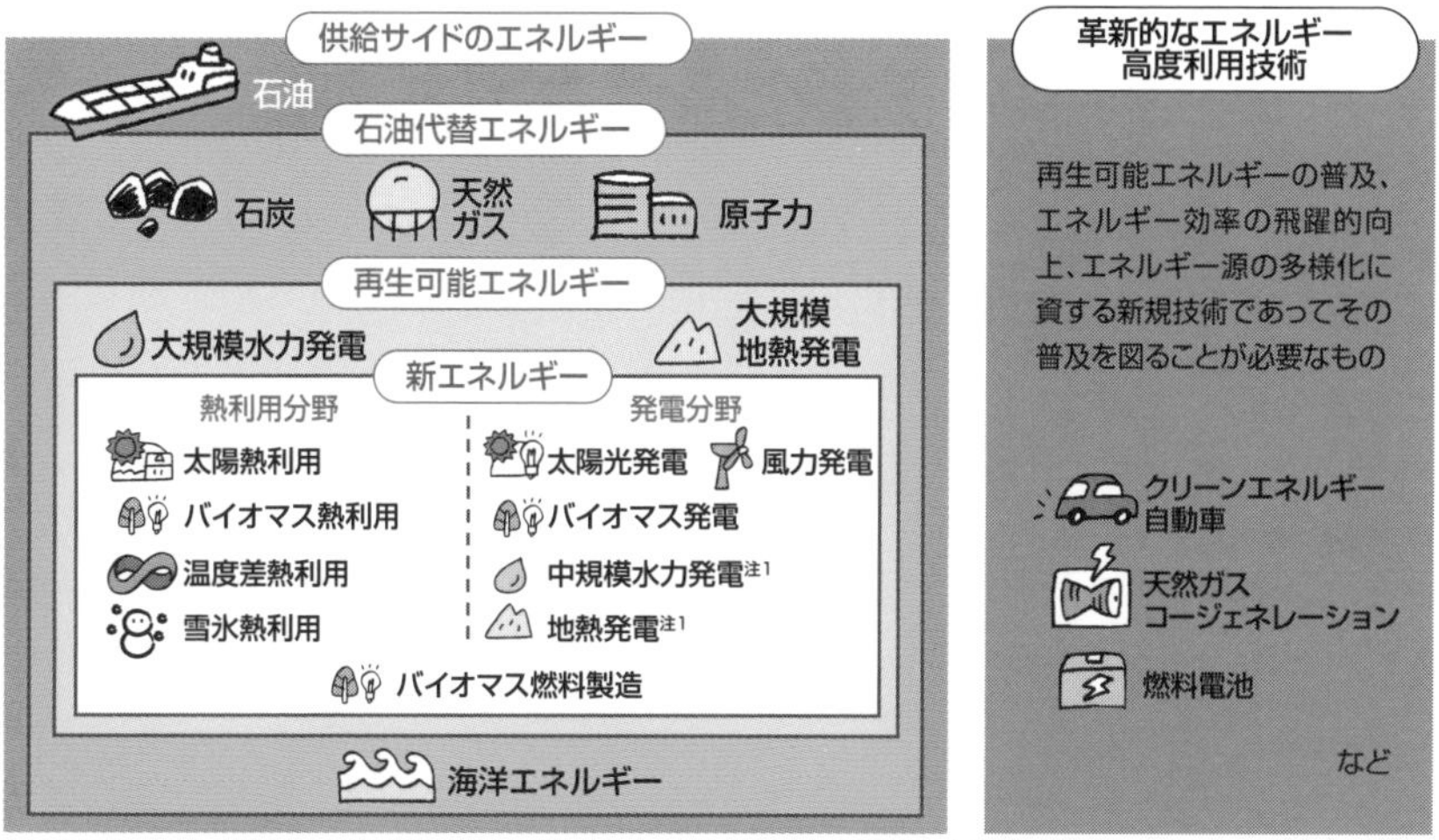
供給サイドのエネルギー
石油
石油代替エネルギー
石炭
天然ガス
原子力
再生可能エネルギー
大規模水力発電
大規模地熱発電
新エネルギー
熱利用分野
太陽熱利用
バイオマス熱利用
温度差熱利用
雪氷熱利用
発電分野
太陽光発電
風力発電
バイオマス発電
中規模水力発電注1
地熱発電注1
バイオマス燃料製造
海洋エネルギー
革新的なエネルギー高度利用技術
再生可能エネルギーの普及、エネルギー効率の飛躍的向上、エネルギー源の多様化に資する新規技術であってその普及を図ることが必要なもの
クリーンエネルギー自動車
天然ガスコージェネレーション
燃料電池
など

(注1)新エネルギーに属する地熱発電はバイナリ方式のもの、水力発電は未利用水力を利用する1,000kW以下のものに限る。

28 水資源の活用と小水力の普及

水資源エネルギーは風車と同様に水車として古くから使われてきました。紀元前3000年ころの古代エジプトのクフ王朝時代には高さ10メートル以上、長さ100メートル以上の大きなダムが飲料水確保のために作られています。現代では1970年完成のアスワンハイダムによりナイル川の氾濫は抑制され、産業発展に大きく寄与しました。

日本では、赤石山脈と木曽山脈の水を集めて流れる天竜川は、昔は「暴れ川」として恐れられてきました。その川に大型ダム「佐久間ダム」が設置されたのは昭和31年です。96人の殉職者と296戸の尊い犠牲を払って高さ156メートル、幅294メートルの巨大ダムが完成しました。

水資源の循環は太陽エネルギーによる水分の蒸発により駆動され、低地の水が高地に移動します(**上図**)。水力発電とは、太陽エネルギーと重力エネルギーを利用していることになります。水力発電は水利用の様式や構造面で分類できます。貯水池式でダム式の大型水力発電の例を**中図**に示しています。発電機の水力タービンによる分類もなされます。

水力発電は、長期間にわたり発電可能で、再生可能・純国産・クリーンな電源でもあります。近年は大型ダムの建設は環境破壊と経済性の2つの課題を抱えており、容易ではありません。また、大規模開発に適した国内の地点での建設はほぼ完了しており、2008年の新エネルギー法改正もあり、今後は中小規模の水力発電の開発が中心となっています。特に、小水力発電(千キロワット以下)やマイクロ水力発電(百キロワット以下)は分散型の国産の再生エネルギー発電であり、太陽光や風力と異なり安定した発電が可能です。小水力発電としては、農業用水や工業用水の利用、水道やダム側道での利用が試みられています(**下図**)。21世紀の水力開発は、地球環境問題の解決などの様々な観点から推進されています。

要点BOX

- ●水循環は太陽エネルギーと重力エネルギー駆動
- ●現在は小水力発電(千キロワット以下)の開発が中心

地球規模での水の循環

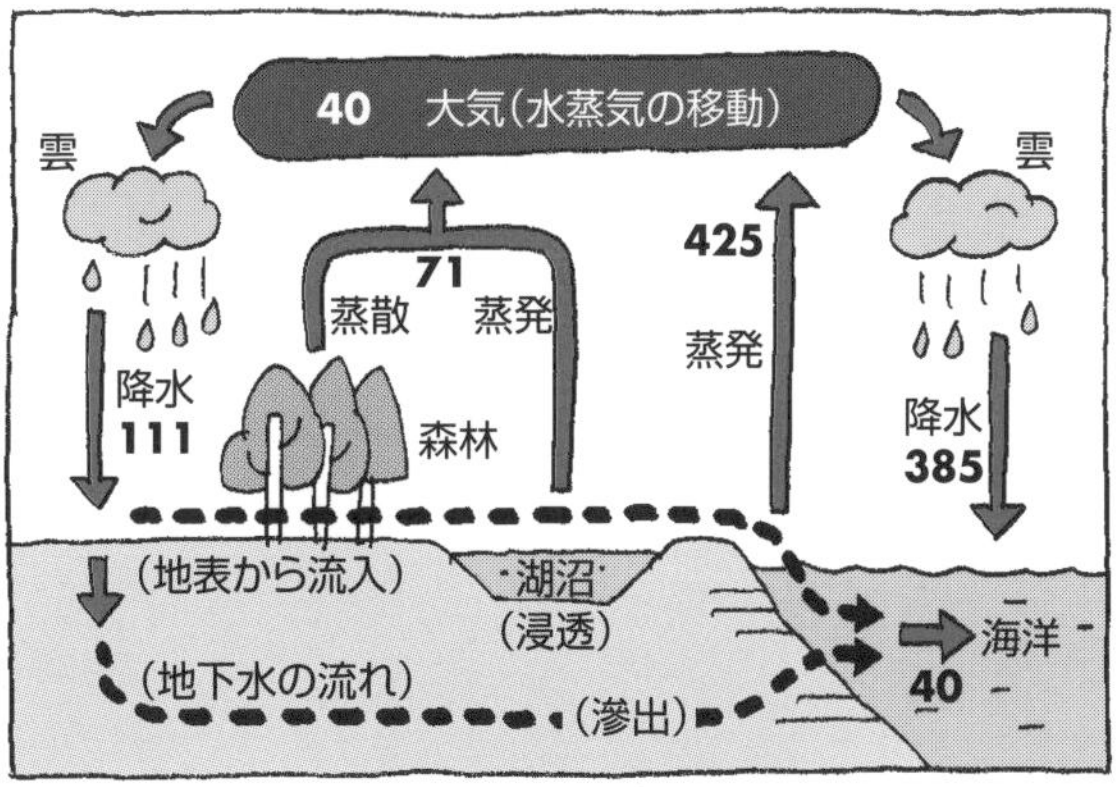
40　大気（水蒸気の移動）
雲
雲
71
蒸散
蒸発
425
蒸発
降水
111
森林
降水
385
（地表から流入）
・湖沼・
（浸透）
（地下水の流れ）
（滲出）
海洋
40

数字の単位は
千億リットル／年

水力発電のしくみ

●水利用の面での分類
- 貯水池式
- 調整池式
- 流れ込み式
- 揚水式

●構造面
- ダム式
- 水路式
- ダム水路式

貯水池・ダム式の場合

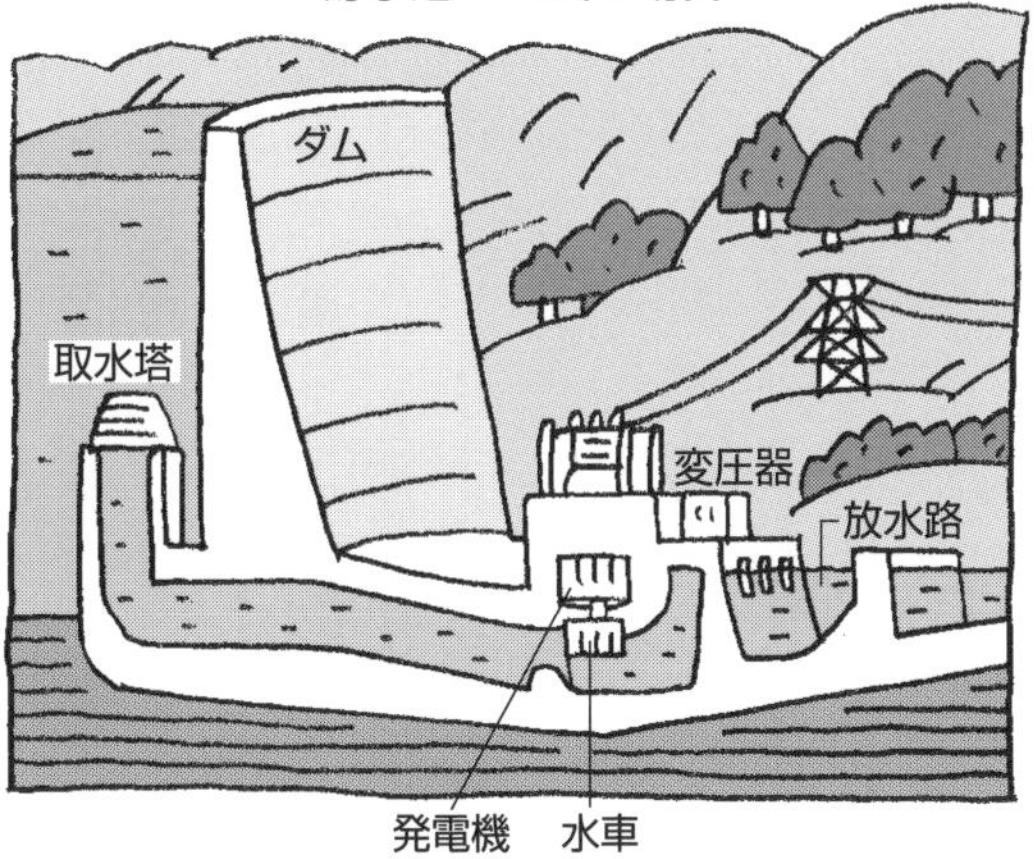
ダム
取水塔
変圧器
放水路
発電機
水車

小水力発電の例

農業用水の利用　　工業用水の利用（受水・排水）　　水道の利用（上水道・下水道）　　ダム、堰堤の利用

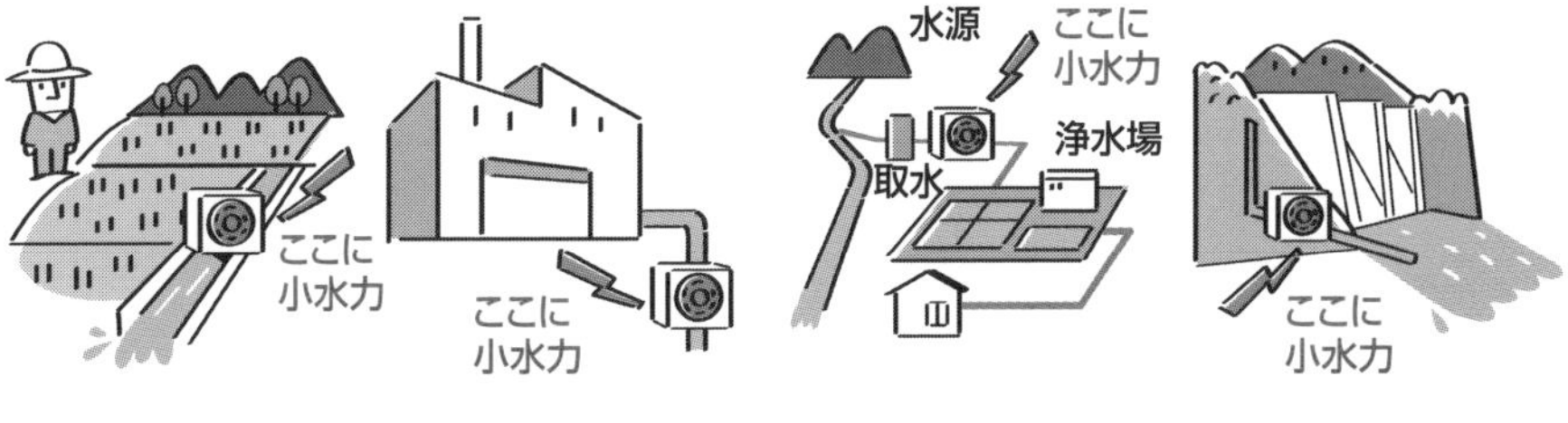
ここに
小水力
ここに
小水力
水源
ここに
小水力
浄水場
取水
ここに
小水力

29 太陽光を直接電気に変える

太陽光発電

太陽からのエネルギーは膨大です。しかし、地上では1平方メートル当たり1kWであり（**上図**）、私たちの使う暖房ヒーターに比べて100分の1の希薄なエネルギーです。発電に利用するには、この光エネルギーを直接電気に変えて発電する太陽光発電と、エネルギーを吸収させて熱に変えて利用する太陽熱発電とがあります。

太陽光発電では光を受けると電気を発生する太陽電池（光電池）を利用します。P型とN型を接合したシリコン半導体に太陽光を照射すると、負の電気と正の電気が生成され、負の電気はN型シリコンへ、正の電気はP型シリコンに分離され、電極に電圧が誘起します。これに電球などの外部負荷を接続すると電流が流れ点灯します。このP-N接合のシリコン半導体に反射防止膜をつけたセルを多数合わせてモジュールを作り、アレー型の大型パネルを作り発電します（**中図**）。

太陽光発電は、エネルギー源がクリーンで無尽蔵であり、設備が比較的簡単に作れること、保守がしやすいこと、用途や地形に合わせて建設できること、などの利点があります。反面、大きな電力を発生させるためには広大な面積を必要とする上、天候に左右され、夜間は使用できないという欠点があります。発電出力と定格出力との比で表される出力比は晴れでは60%ですが、曇りでは40%、雨では10%以下です。一般的なエネルギー変換効率は約10%であり、設備利用率は約12%しかなく、発電コストが高い欠点があります。

太陽光発電は世界各地で導入されていますが、2003年までは日本が世界1の太陽光発電国でした。現在は中国、米国に次いで3番目です（**下図左**）。一方、太陽電池（モジュール）の年間生産量は、日本は2007年まで世界一でしたが、2022年現在は中国が7割近くを占め、日本は1%にも達していません（**下図右**）。日本における太陽電池の国内生産品はかつては100%でしたが、現在は15%ほどです。

要点BOX

- ●太陽光発電はクリーンで無尽蔵、ただし、広大な面積が必要で天候に左右され発電コスト高
- ●太陽電池はP－N接合のシリコン半導体利用

太陽からのエネルギー

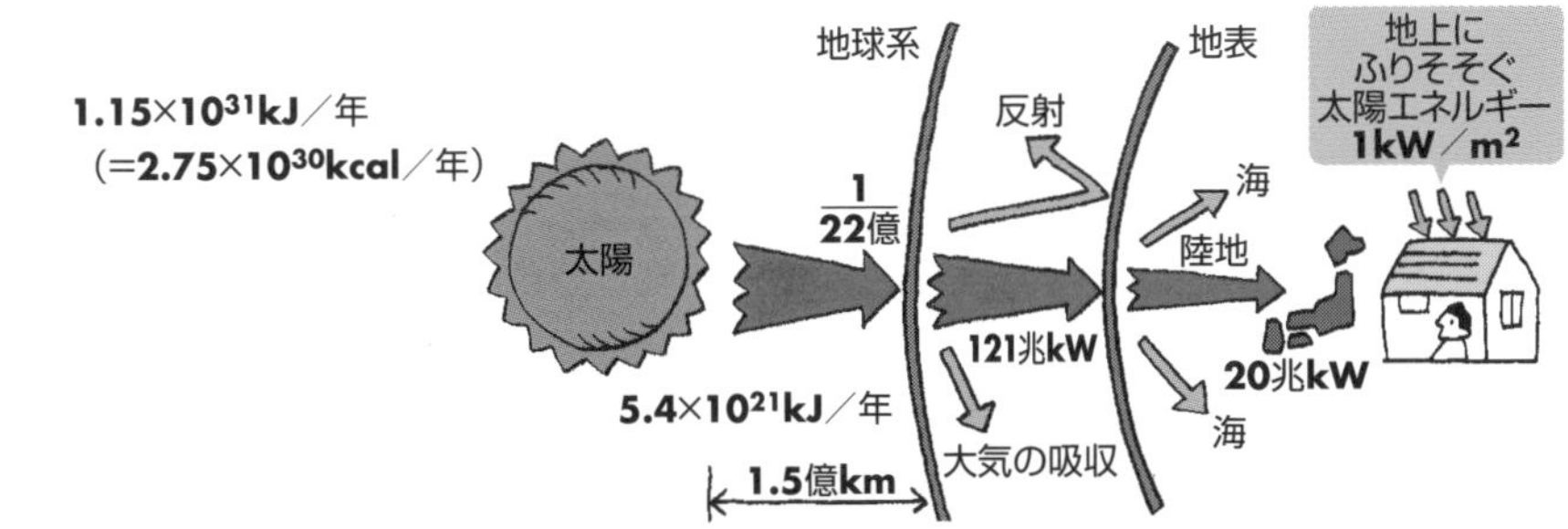

1.15×10³¹kJ／年
(=2.75×10³⁰kcal／年)
太陽
5.4×10²¹kJ／年
1.5億km
地球系
1
22億
121兆kW
反射
大気の吸収
地表
海
陸地
海
20兆kW
地上に
ふりそそぐ
太陽エネルギー
1kW／m²

太陽光発電のしくみ

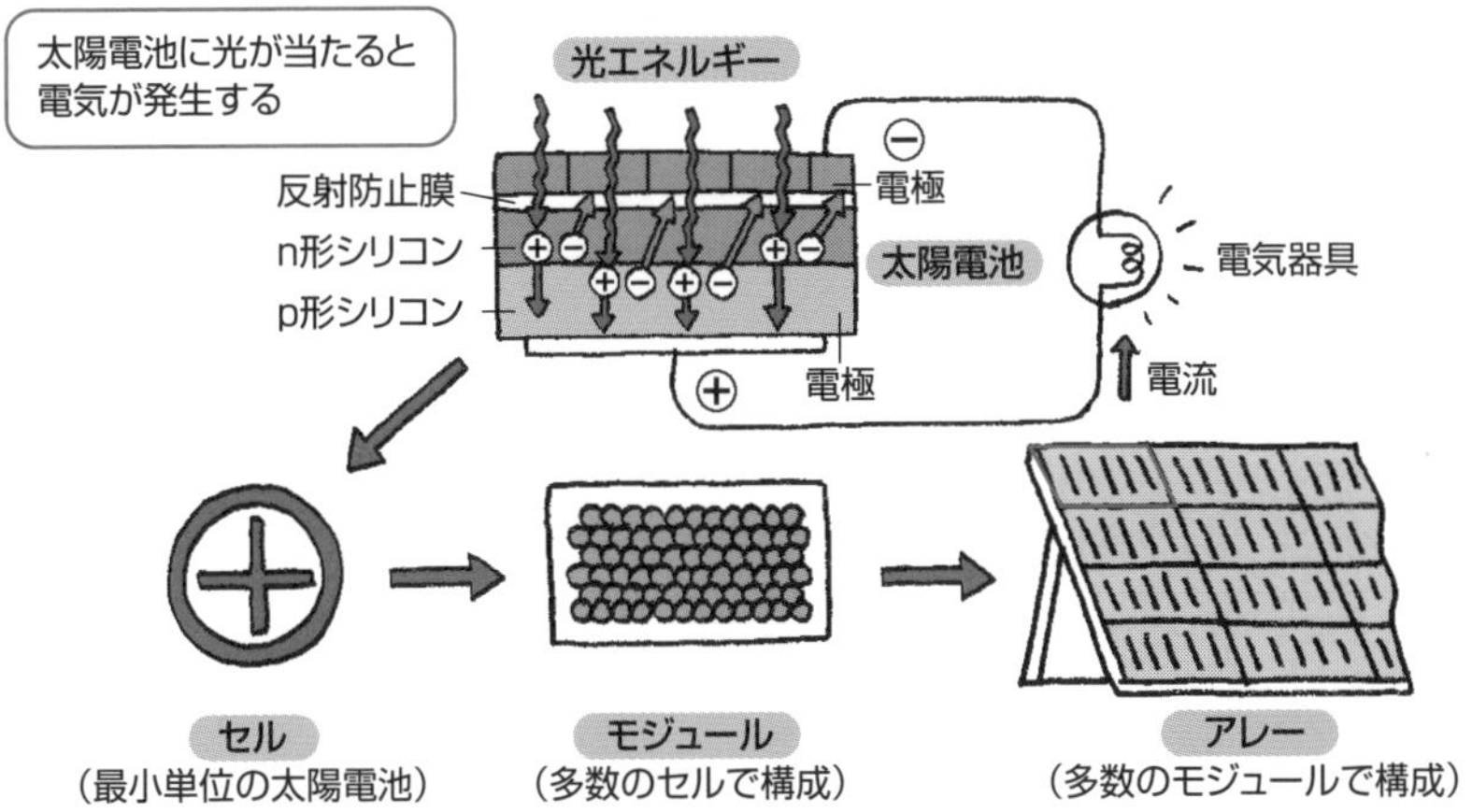

太陽電池に光が当たると
電気が発生する
光エネルギー
反射防止膜
n形シリコン
p形シリコン
⊖
電極
太陽電池
⊕
電極
電気器具
電流
セル
(最小単位の太陽電池)
モジュール
(多数のセルで構成)
アレー
(多数のモジュールで構成)

太陽光発電の国際比較

世界の累積太陽光発電設備容量(2021年)

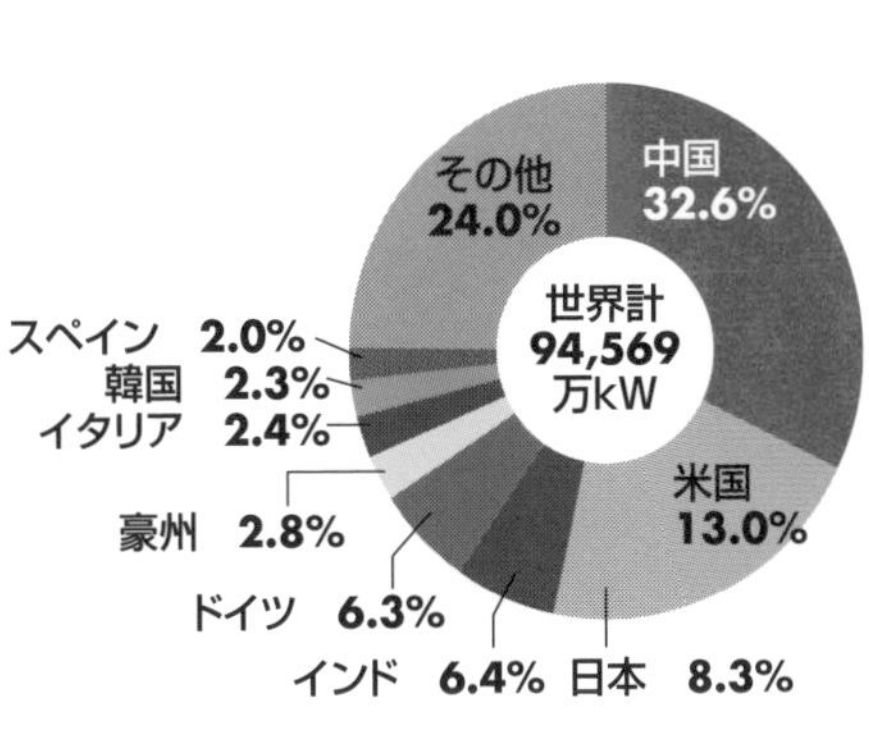

中国 32.6%
米国 13.0%
日本 8.3%
インド 6.4%
ドイツ 6.3%
豪州 2.8%
イタリア 2.4%
韓国 2.3%
スペイン 2.0%
その他 24.0%
世界計
94,569
万kW

世界の太陽電池(モジュール)生産量(2021年)

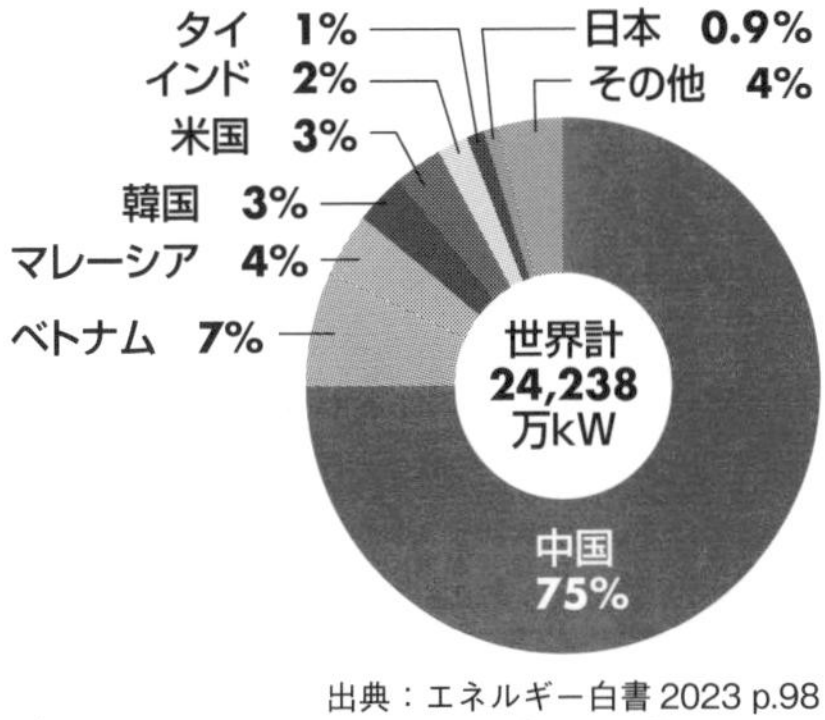

タイ 1%
インド 2%
米国 3%
韓国 3%
マレーシア 4%
ベトナム 7%
日本 0.9%
その他 4%
中国
75%
世界計
24,238
万kW

出典：エネルギー白書 2023 p.98
データは IEA Photovoltaic Power Systems Programme

30 太陽熱の利用は身近

太陽熱発電

太古の昔、太陽の光と熱は暗闇と寒さから人類を守るためになくてはならないエネルギーでした。太陽熱の利用は今日でも身近に行われています。給湯、冷暖房、発電、そして海水淡水化などです。

太陽エネルギーは、温度6000度Kの黒体輻射の特性で近似でき、0・3～2ミクロンの波長領域にあり、エネルギーは可視光領域に集中しています（**上図右**）。全波長領域では、地球に垂直な面で1平方メートルあたり1・4キロワットであり、大気中の水蒸気や炭酸ガスによる吸収で地表では1平方メートルあたり1キロワットとなります。

太陽エネルギーは希薄で間欠的なので、低温度で利用するのが経済的です。集熱器で水などの熱媒を暖めて蓄熱槽に熱エネルギーを蓄えます。民生用（一般家庭用）の給湯や暖房では50～60℃が利用されています。補助的なボイラーを介して、浴室や洗面所、台所へ温湯を送ります。また、床暖房などにも利用されています。

冷房用にも太陽熱を利用できます。特に真夏の午後の電力のピーク時には太陽照度も高く効果的です。熱駆動の冷凍機を用いて冷房を行います。この場合にはやや高温（～90℃）の熱湯が必要となります。公共施設では夏・冬ともに有効利用できる冷暖房システムが多く設置されていますが、一般に普及するにはまだまだ高価です。

太陽熱は海水の淡水化にも利用されます。直接または間接的に海水を加熱する蒸発法が用いられます。

一方、太陽エネルギーを熱として利用して発電する場合は、集熱器に太陽光を集め、熱エネルギーを蓄熱装置に貯蔵し、蒸気を利用してタービンを回し発電を行います（**中図**）。集光の方法にタワーを用いた集中型や円筒鏡を用いた分散型があります（**下図**）。大型プラントのためには、日射の豊富な地点の選択と建設費の大幅な削減が課題となっています。

要点BOX

- ●太陽エネルギーは1キロワット／平方メートル
- ●太陽熱の利用は、給湯、冷暖房、発電、そして海水淡水化

太陽熱の利用

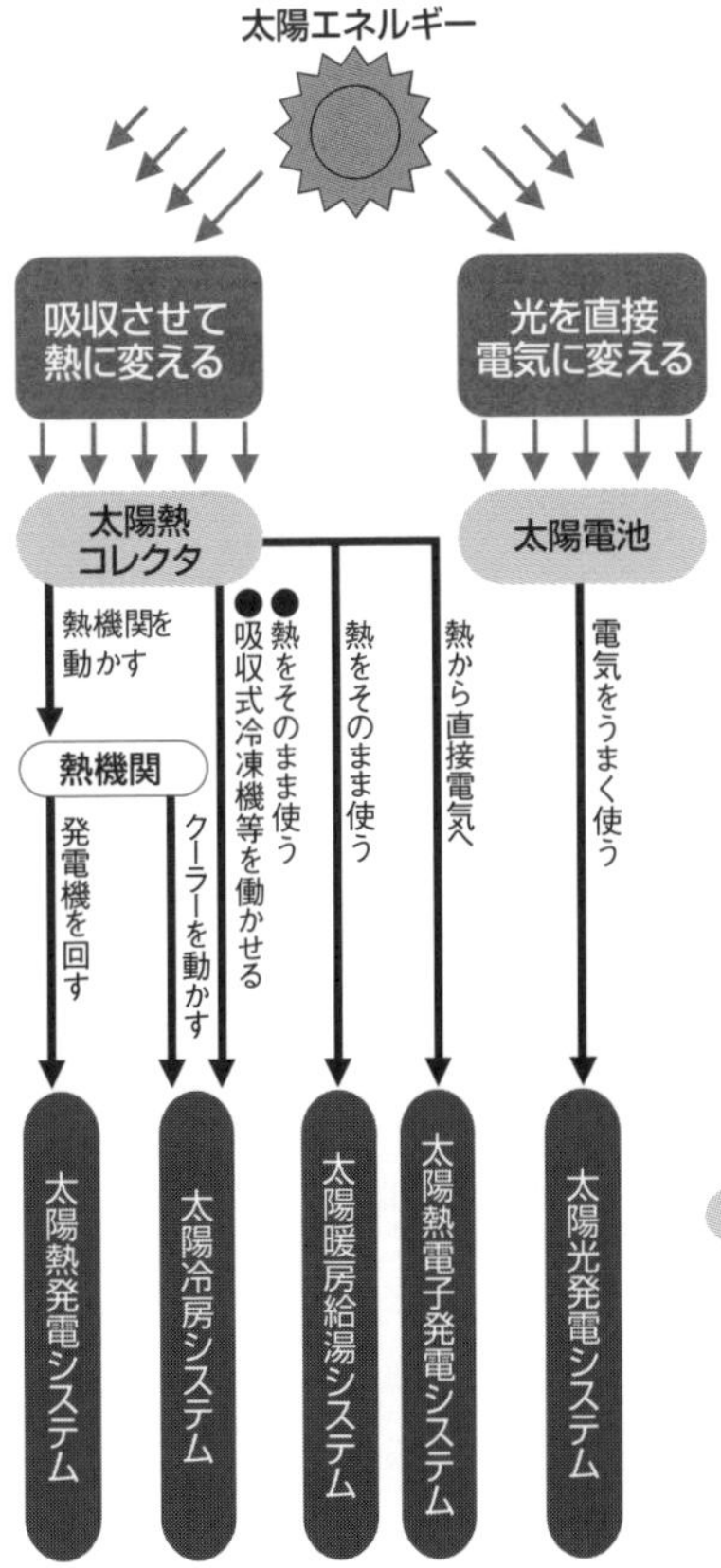
太陽エネルギー
吸収させて熱に変える
光を直接電気に変える
太陽熱コレクタ
太陽電池
熱機関を動かす
熱機関
発電機を回す
クーラーを動かす
●●熱をそのまま使う吸収式冷凍機等を働かせる
熱をそのまま使う
熱から直接電気へ
電気をうまく使う
太陽熱発電システム
太陽冷房システム
太陽暖房給湯システム
太陽熱電子発電システム
太陽光発電システム

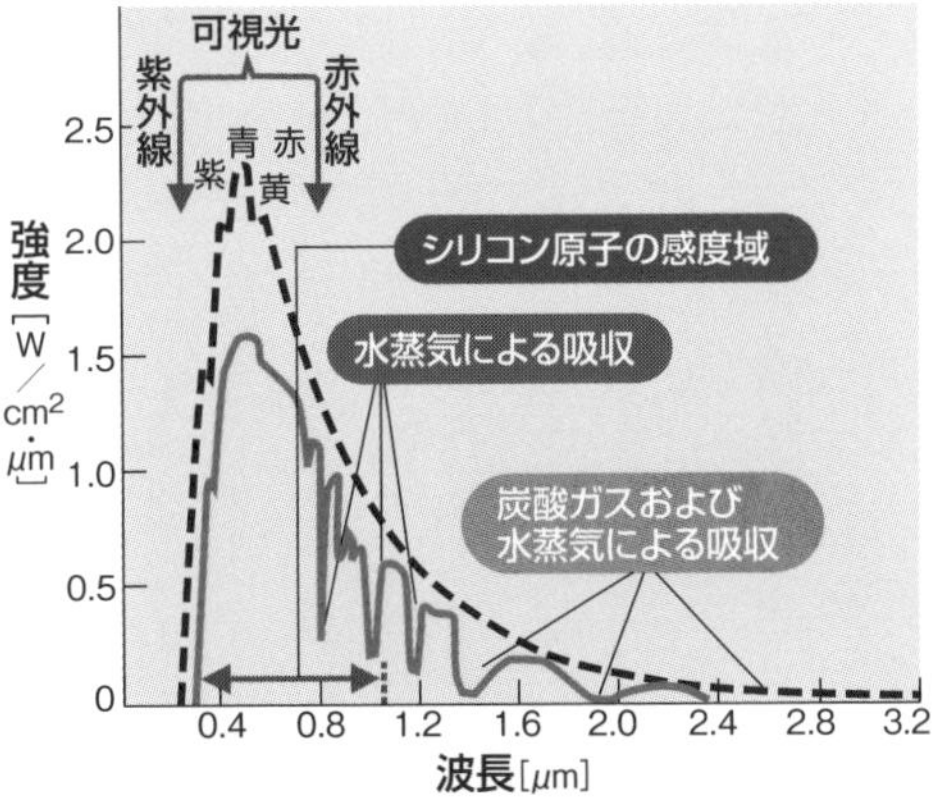
可視光
紫外線
赤外線
青
紫
赤
黄
強度[W/cm²·μm]
2.5
2.0
1.5
1.0
0.5
0
シリコン原子の感度域
水蒸気による吸収
炭酸ガスおよび水蒸気による吸収
0.4
0.8
1.2
1.6
2.0
2.4
2.8
3.2
波長[μm]

太陽熱発電のしくみ

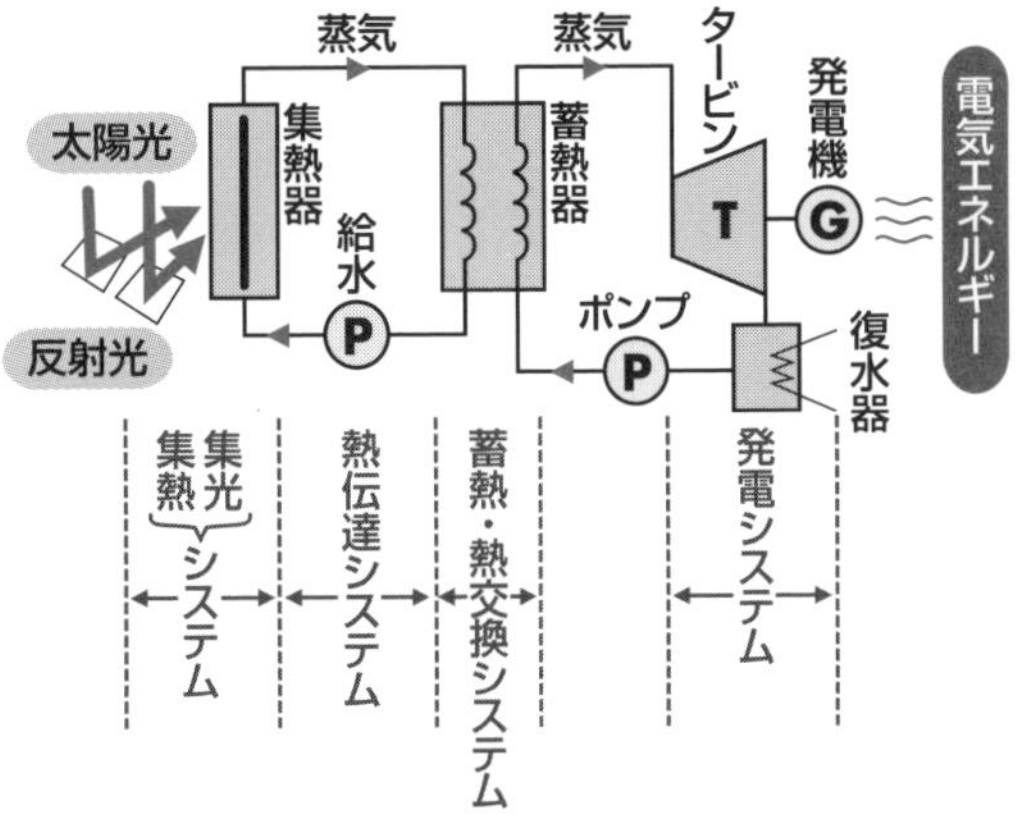
蒸気
蒸気
タービン
発電機
電気エネルギー
太陽光
集熱器
蓄熱器
給水
T
G
P
ポンプ
P
復水器
反射光
集光 集熱 システム
熱伝達システム
蓄熱・熱交換システム
発電システム

太陽熱発電の集光の方式

集中形

集熱部
タワー
反射鏡
（ヘリオスタット群）

分散形

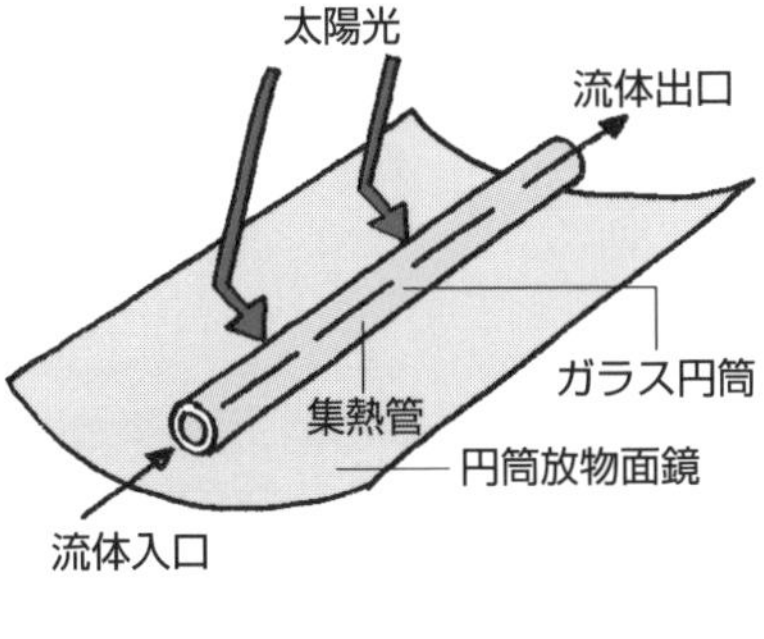
太陽光
流体出口
ガラス円筒
集熱管
円筒放物面鏡
流体入口

31 風力発電は高効率!

風力は帆船や風車などで古代から使われてきた自然エネルギーです。地上の風は赤道と北極・南極との温度差による熱対流により起こされます。気圧の違いにより貿易風(北半球では北東の風)や偏西風(北半球では西風)が発生していますし、陸地と海面との太陽熱の吸収の違いにより海風(昼)や陸風(夜)も起こります。実際の大気の流れは地球の自転の影響で遠心力と同時に、見かけの力としてのコリオリの力(転向力)により流れが曲げられます。その大きさは速度に比例し、北半球では低気圧の大気の流れが反時計回りに渦巻くことや、黒潮で下流に向かって右側の海面が高くなることの原因となっています(**中図右**)。

風力発電では、毎秒通過する空気の運動エネルギーを風車により力学回転エネルギーに替えて利用するので、風のエネルギーは風の速度の3乗に比例します。理論的な効率(ベッツの限界値)は59%です(**上図**)。

近年、ドイツを中心として自然エネルギー利用のひとつの柱として風力発電が進められてきました。現在では中国が世界の風力発電量の40%を発電しており、アメリカ、ドイツ、インド、スペインが風力発電大国です。日本は1%以下で20位近くです(**中図右**)。

風力発電は小型で分散的エネルギー源として期待されています。欠点としては、風力の適地に限りがあること、定常的利用は不可能で間欠的エネルギーであること、エネルギー密度が希薄で大規模発電は困難であること、が挙げられます。現状では500キロワット/基(1基当たり一億円)の発電が行われており、これを2000台差設置することで原子炉の1基100万キロワットに相当することになります。世界全体では7億8千万キロワット(2021年)の発電実績があり、今後ますます開発が進められると予想されています。最近では、景観の保全、風車が回転する時の騒音の問題、イヌワシ等の希少鳥類の保護、さらに経済性の問題から、設置が見送られる例も出てきています。

要点BOX

- 風車の理論効率(ベッツの限界値)は59%
- 中国が世界の風力発電量の4割を発電
- 風力発電は小型では約2千台で原子炉の1基分

風力発電のしくみと世界の発電量

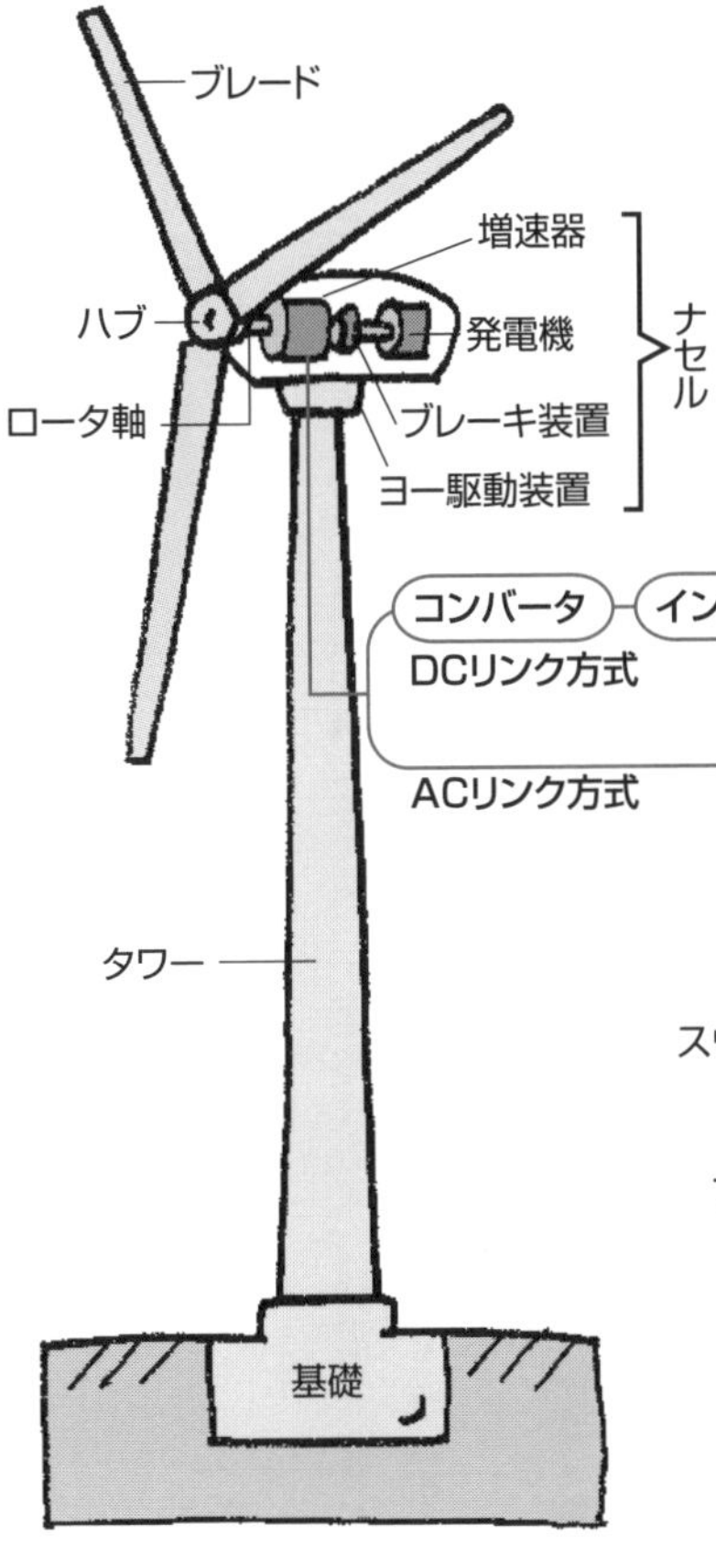
ブレード
ハブ
ロータ軸
増速器
発電機
ブレーキ装置
ヨー駆動装置
ナセル
タワー
基礎

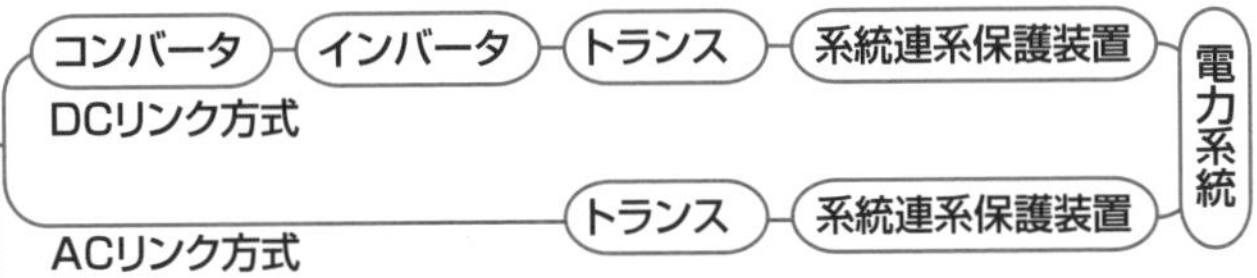
コンバータ
インバータ
トランス
系統連系保護装置
DCリンク方式
トランス
系統連系保護装置
ACリンク方式
電力系統

大気の循環

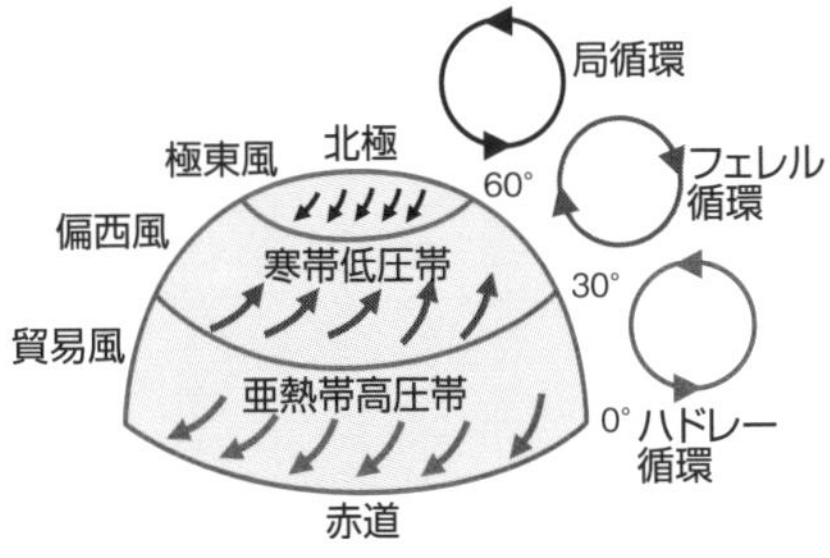
局循環
フェレル循環
ハドレー循環
北極
極東風
偏西風
貿易風
寒帯低圧帯
亜熱帯高圧帯
赤道
60°
30°
0°

風力発電　全導入量（陸上風力）（2022年）

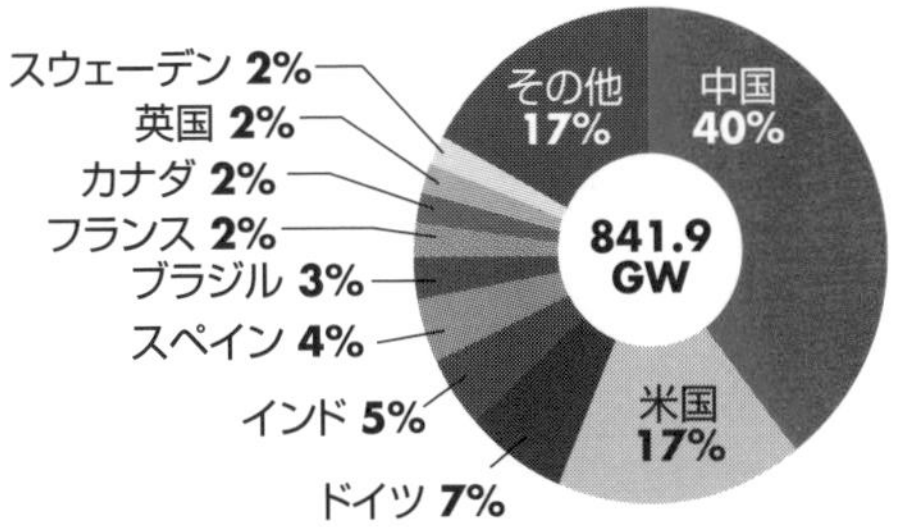
中国 40%
米国 17%
その他 17%
ドイツ 7%
インド 5%
スペイン 4%
ブラジル 3%
フランス 2%
カナダ 2%
英国 2%
スウェーデン 2%
841.9 GW

出典：GWEC/Global Wind Report 2023, p.99

風車の形式と効率

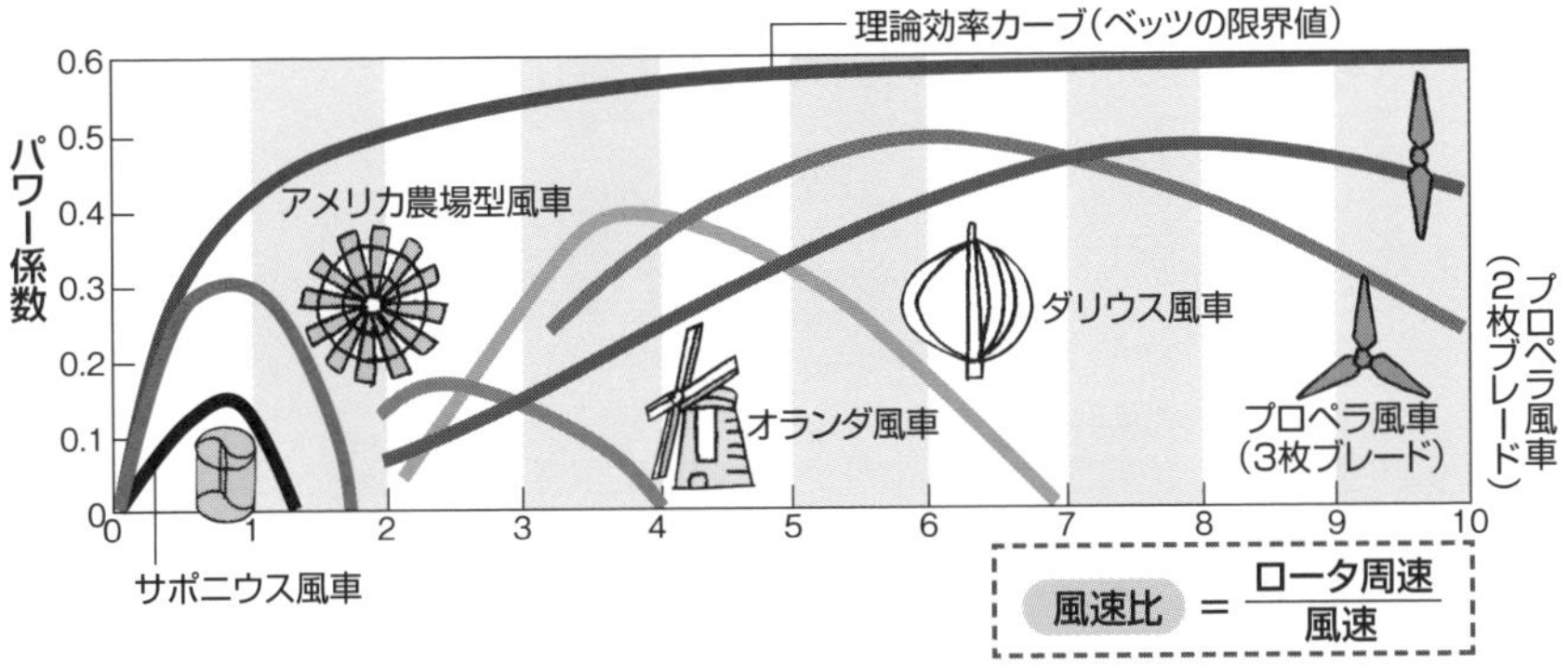
理論効率カーブ（ベッツの限界値）
パワー係数
0.6
0.5
0.4
0.3
0.2
0.1
0
0
1
2
3
4
5
6
7
8
9
10
アメリカ農場型風車
ダリウス風車
オランダ風車
プロペラ風車
（3枚ブレード）
プロペラ風車
（2枚ブレード）
サボニウス風車
風速比 ＝ ロータ周速 / 風速

32 風力は陸上から洋上へ

洋上風力は着床式か浮体式

太陽光発電とともに洋上風力発電の開発・建設に期待が集まっています。特に、日本は海に囲まれており、陸から海へと離れて行くほど風はより強くなり、風がより安定します。洋上では設置場所の制約が少なく、大型風車の導入が比較的容易で、高い設備利用率を期待できます。ただし、コスト高が課題です。

洋上風力発電には、水深およそ50メートルまでで海底に固定する「着床式」と、それ以上深いところで大きな浮きに風車を設置する「浮体式」があります（**上図**）。ヨーロッパの洋上風力はほとんどが30メートル以下の着床式であり、コンクリート製のケーソンと呼ばれる台をベースとする①重力式か、海底に1本のくいを打ち込んで固定する②モノパイル式です。少し深くなると強度を確保するための③ジャケット（格子の梁）方式が用いられています。

日本は欧州と異なり、潜在的な洋上風力発電資源の8割近くが水深60メートル以上の海域にあり、浮体式の風力発電の開発が必要となっています。浮体式では、安定性を確保するためのいろいろな方式（セミサブ（半潜水）式、スパー（円筒柱）方式、ＴＬＰ（張力脚台）式など）が提案・開発されています。大型風車は安定性や回転のバランスなどから、ブレードは３枚羽が世界的に主流となっています。

風力発電の出力をブレード周回円の面積で割った比として「比出力」を定義できますが、これはロータ口径には依存せず、風速のみに依存します。洋上風力では、この比出力を大きくすることができます。将来的に２００～３００メートルのロータ口径で、１・５～３万キロワットの発電出力の巨大風車が建設できるための技術開発が進められています（**下図**）。日本政府での洋上風力の目標は、２０３０年までに1千万キロワット、２０４０年には最大ピーク電力として4千5百万キロワットとしています。通常の原発は1基百万キロワットなので、単純計算では45基分と言えます。

要点BOX

- ロータ口径300mの風力で3万キロワット
- 洋上では比出力（発電出力をブレード周回円面積で割った比）は陸上の4割増し

陸上と洋上の風力発電

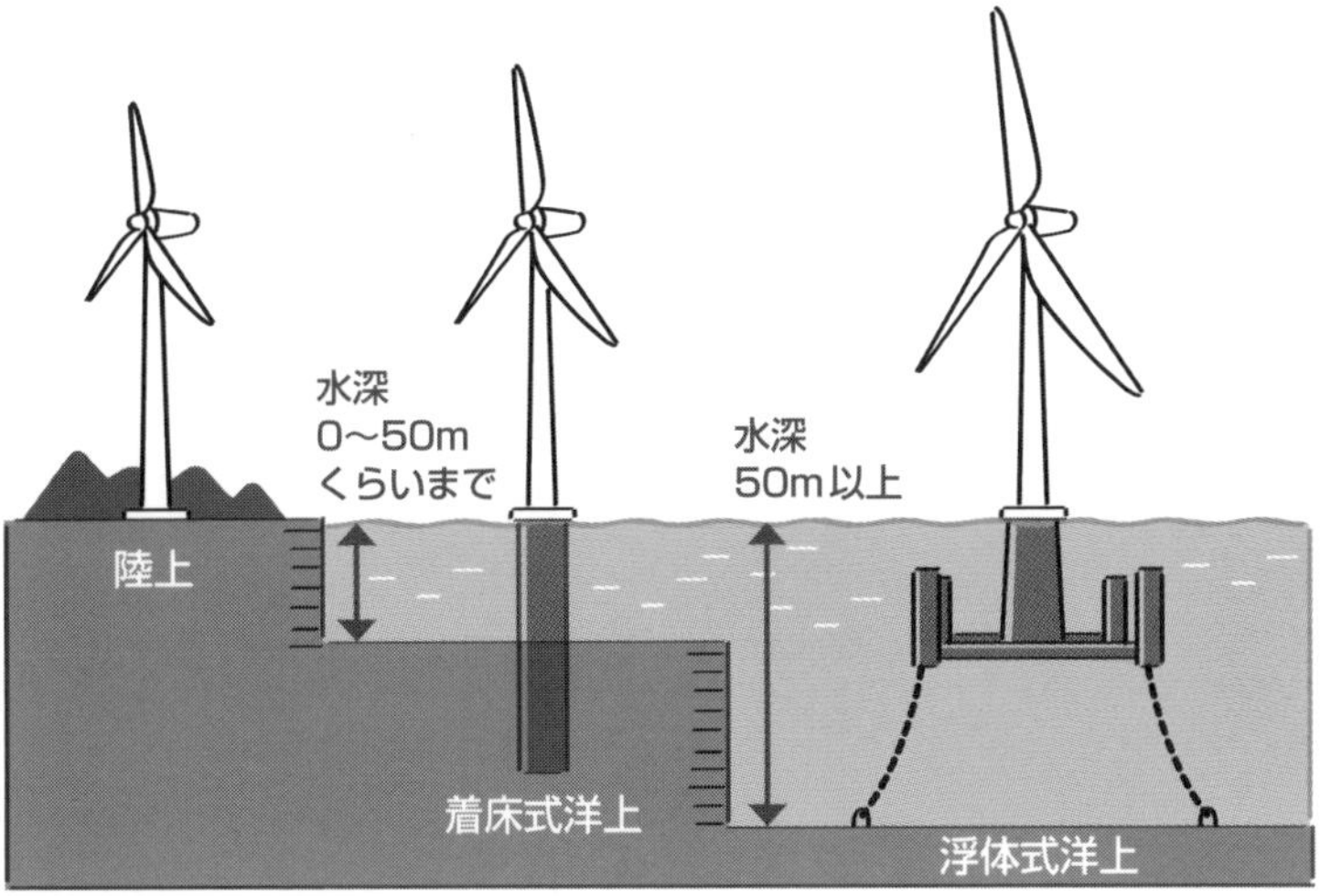
水深
0～50m
くらいまで
水深
50m以上
陸上
着床式洋上
浮体式洋上

洋上風力発電の大型化

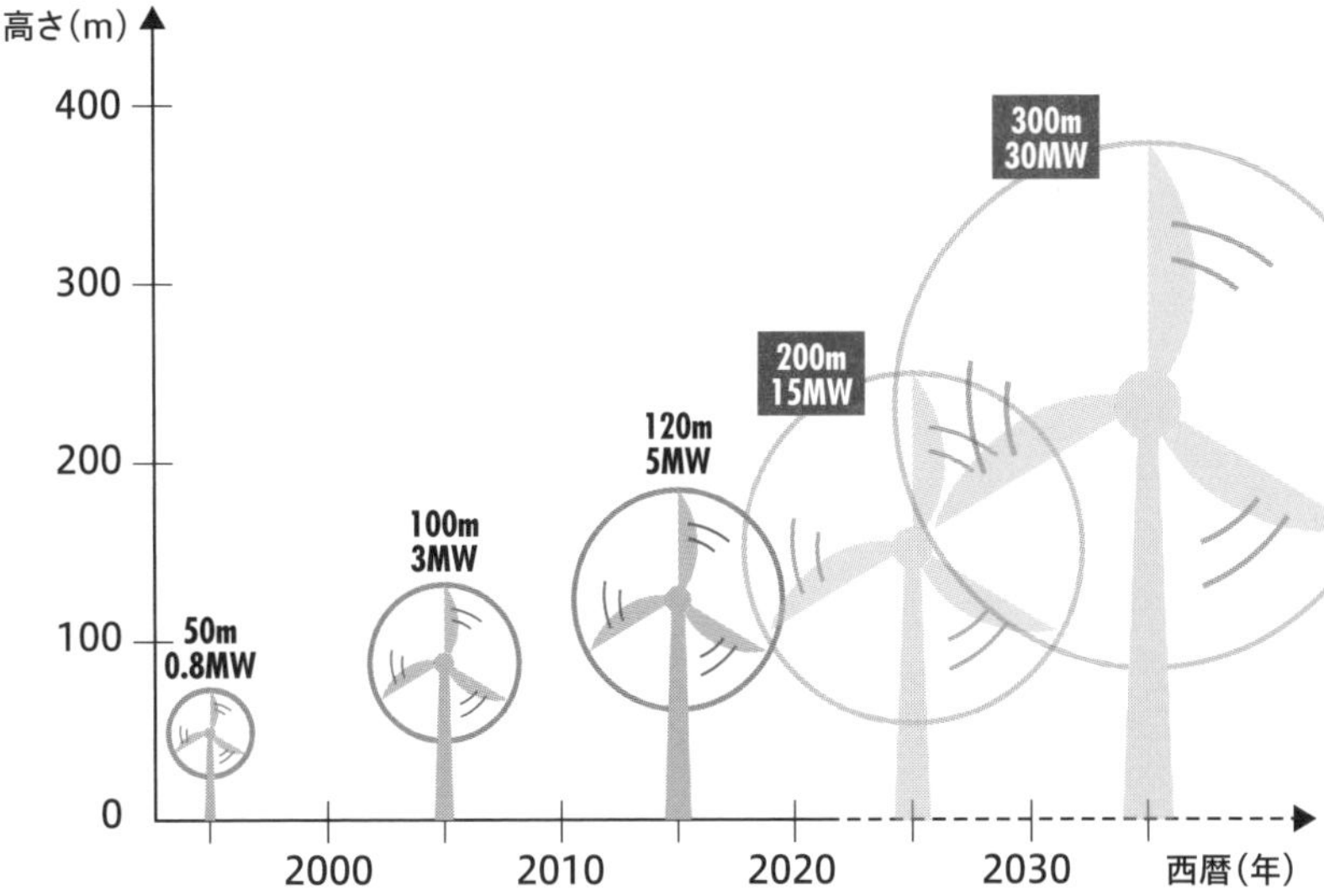
高さ(m)
400
300
200
100
0
50m
0.8MW
100m
3MW
120m
5MW
200m
15MW
300m
30MW
2000
2010
2020
2030
西暦(年)

比出力(specific power)=出力をロータの円面積で割った値洋上 350～400 W/m^2　(参考)陸上 250～300 W/m^2

33 海洋エネルギーの魅力

潮汐、波力、海洋温度差

海洋エネルギーは、潮流、海流や波力のような力学的エネルギーや、海洋温度差のような熱エネルギーなど、いろいろな形で存在します。

海洋の流れ（**上図**）は大気と同様に規則的な変動が見られます。しかし、大気と異なり1000年以上の長い期間の変動（例えば、深層水の動き）があります。「エルニーニョ」と呼ばれる数年に1回ほどの現象もあります。これは、ペルー沖の海洋で温度が異常に上昇する現象であり、異常気象の原因のひとつと考えられています。エルニーニョはスペイン語で「神の子」を意味します。クリスマス頃によく起こるため、キリスト降臨になぞらえてこう呼ばれるようになりました。

海洋の流れに関連して、波によって海面が上下するエネルギーを用いる方式は波力発電と呼ばれます（**下図上**）。押し出される空気でタービンを回して発電する方式であり、発電効率は10％程度です。小型のものとしては航路表示用のブイに使われています。

海洋の温度は赤道付近の海水表面では26℃ですが、水面下400〜500mの深層水では7℃程度です。海洋温度差発電はこの温度差を利用してアンモニアなどの熱媒体を循環させ、液体から気体へ相転移して膨張する時の圧力で発電を行う方式です（**下図左下**）。

潮流は月や太陽からの重力（引力）により引き起こされます。月と太陽とが一直線に並んだ時（新月や満月のとき）には「大潮」が起こり、太陽が月と直角の位置にあるときには（上弦や下弦の月のとき）地球に近い月の引力が主となって「小潮」となります。この潮の干満の水位のエネルギー差を利用して潮汐発電（潮力発電とも言う）が可能です。水力発電と同じ原理であり、干潮時と満潮時に発電が可能です（**下図右下**）。

以上の海洋エネルギーは天候に左右されない利点がありますが、エネルギー密度が低くて効率が悪く、かつ小型の設備しか作れず、経済的にも課題があります。

要点BOX

- 波力発電は海面の上下の空気を利用
- 海洋温度差発電は海水面と深層との温度差利用
- 潮汐発電は潮の干満の水位のエネルギー差利用

海流の循環

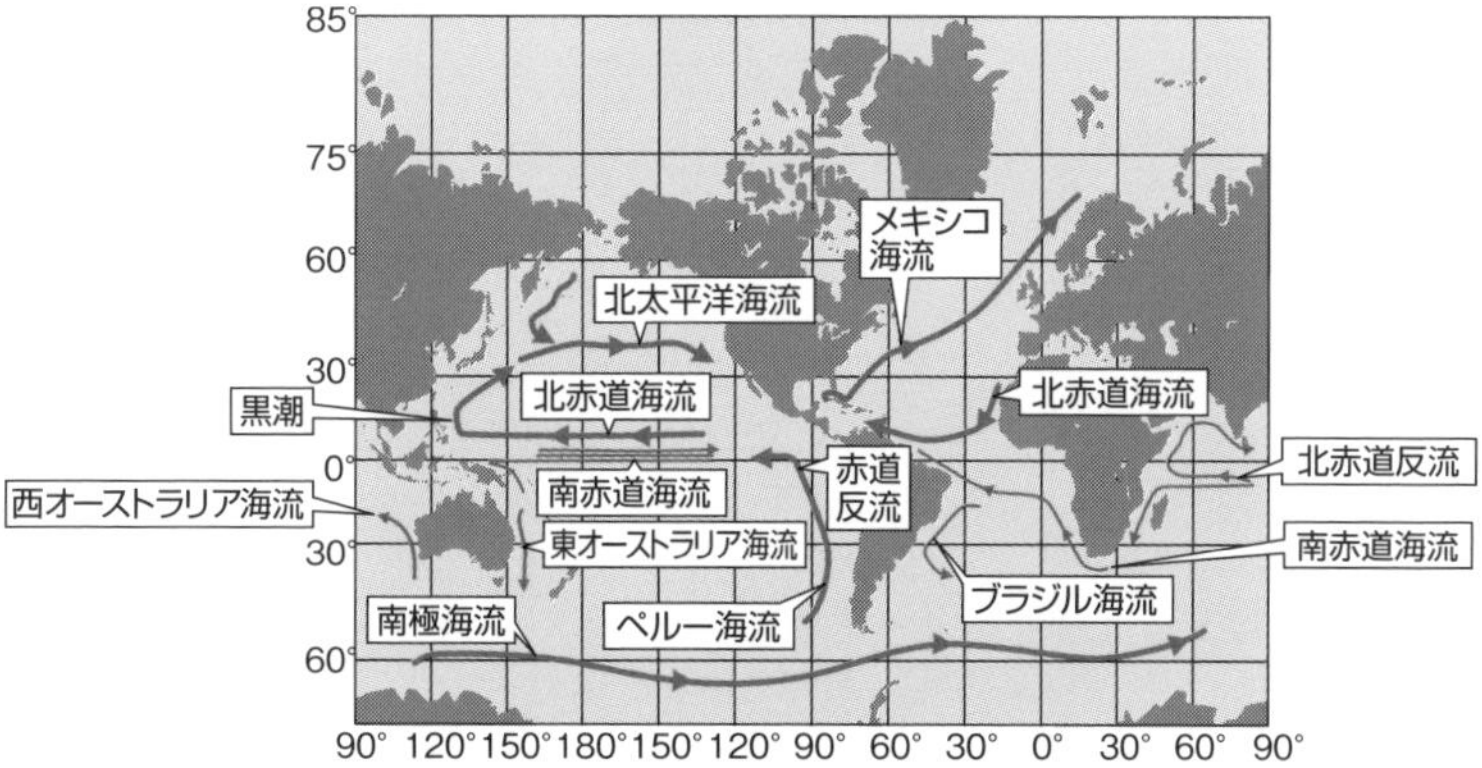
85°
75°
60°
30°
0°
30°
60°
メキシコ海流
北太平洋海流
北赤道海流
北赤道海流
黒潮
南赤道海流
赤道反流
北赤道反流
西オーストラリア海流
東オーストラリア海流
南赤道海流
ブラジル海流
南極海流
ペルー海流
90° 120° 150° 180° 150° 120° 90° 60° 30° 0° 30° 60° 90°

海洋エネルギーによる発電

波力発電

水弁集約式波力発電システムの原理

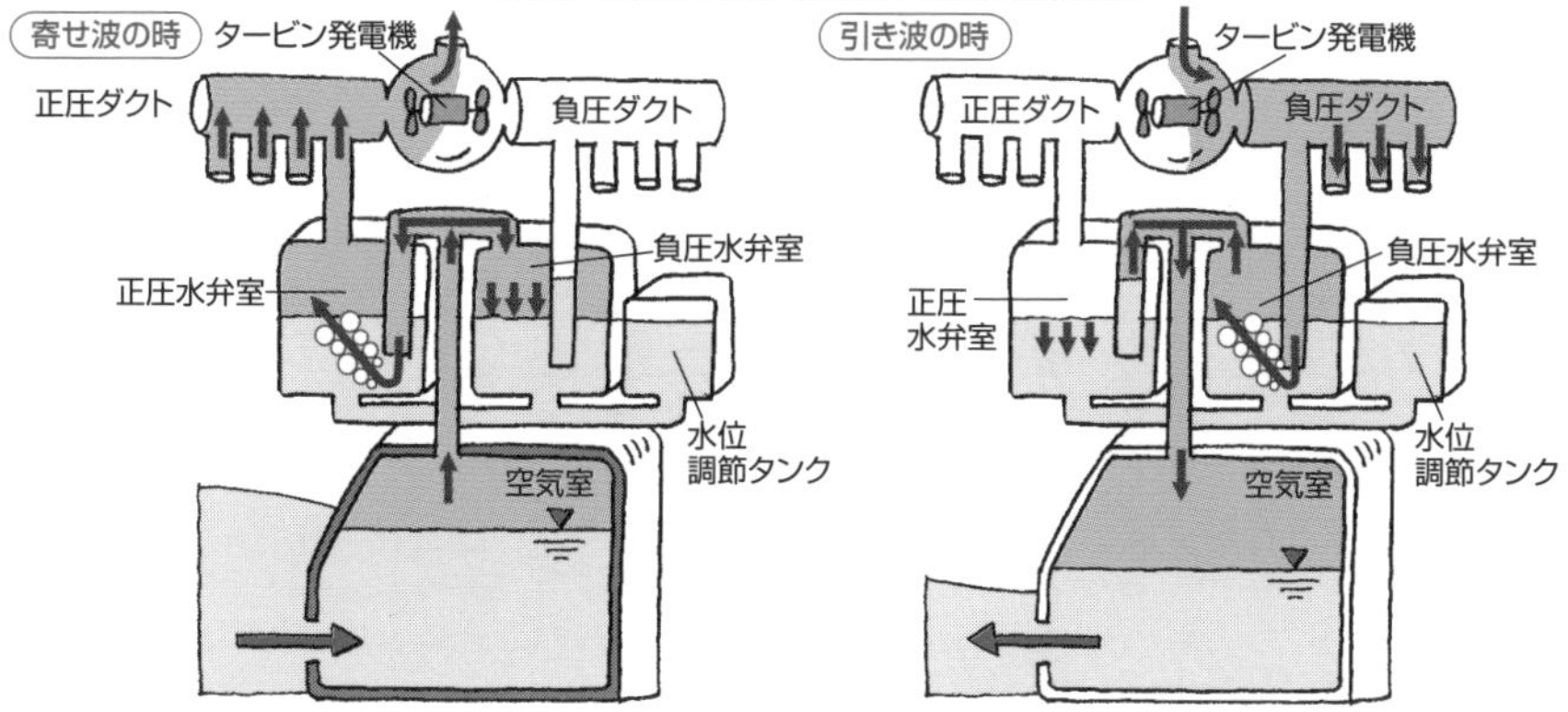
寄せ波の時
タービン発電機
正圧ダクト
負圧ダクト
負圧水弁室
正圧水弁室
水位調節タンク
空気室
引き波の時
タービン発電機
正圧ダクト
負圧ダクト
負圧水弁室
正圧水弁室
水位調節タンク
空気室

海洋温度差発電

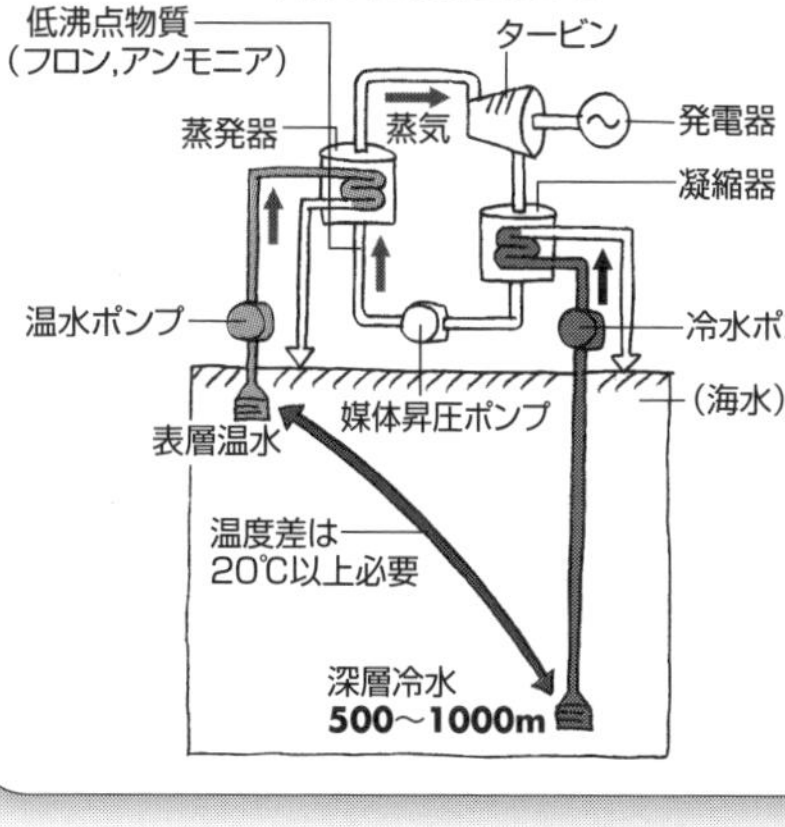
低沸点物質
(フロン,アンモニア)
タービン
蒸発器
蒸気
発電器
凝縮器
温水ポンプ
冷水ポンプ
媒体昇圧ポンプ
(海水)
表層温水
温度差は20℃以上必要
深層冷水
500〜1000m

潮汐発電

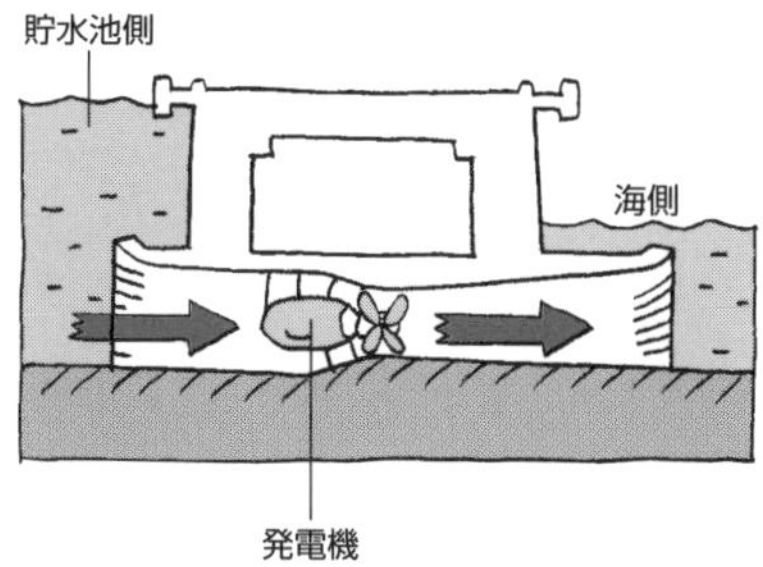
貯水池側
海側
発電機

34 地熱の積極的利用

熱水発電と高温岩体発電

日本は火山の多い国であり、温泉や地熱の積極的な利用が可能です。地熱は国産エネルギーとして主に発電用に用いられています。地熱発電所は20ヶ所以上、総容量は54万キロワットで、全体の0・2%です。

地球は、45億年前に単一の固体に多くの隕石が衝突して重力圧縮を繰り返し、放射性崩壊熱で中心部分が溶融して、今から22億年前以前の太古代に核とマントルが分離してマントルの上に地殻が形成された、と考えられています。地殻はマントルの岩石よりも軽いので、マントルの海に浮いている板切れに例えられます。地球の地殻の厚さは海洋で5キロメートル、大陸では30〜40キロメートルです。熱は地球誕生のころから内部に蓄積された熱と、地殻の岩石に含まれる放射線物質の崩壊による熱とが考えられます。前者を利用しているのが通常の地熱発電やマグマ発電であり、後者の利用が高温岩体発電です。

地熱発電では、地下の温度が十分高く、多量の水が蓄えられ水脈により補給があることが発電可能の条件です。地下深部で熱せられた200〜300℃の高圧熱水を地上に導き、減圧気化させて蒸気タービンにより発電します（熱水発電）。蒸気を取り出す代わりに、地下に熱交換器を設置して、沸点の低いフロンやアンモニアなどの液体を蒸発させてガスタービンを回すバイナリーサイクル発電方式もあります。この方式は新エネルギー法で開発促進が期待されています。

マグマの熱を直接利用して発電するというアイディアがマグマ発電です。マグマは地下の岩盤が溶融した1000℃以上の高温状態ですので、エネルギー量は膨大ですが、技術や安全上の解決すべき課題が多くあります。当面はマグマ近くの岩盤の450〜650℃の地熱の利用が提案されています。高温の岩盤があるところに人工的に割れ目を作り、水を注入して戻りのパイプから蒸気や熱水を取り出してタービンによる発電を行う方式（高温岩体発電）も行われています。

要点BOX

- ●地殻はマントルの海に浮いている板切れ
- ●地熱発電には、熱水発電、マグマ発電、高温岩体発電がある

地球内部とマグマの熱エネルギー

セパレーター
火山
噴気
生産井
還元井
発電所
冷却塔
雨水
冷水の流れ
熱水の流れ
マグマだまり
基盤岩

地熱発電のしくみ

[蒸気発電]　熱水発電　[バイナリーサイクル発電]

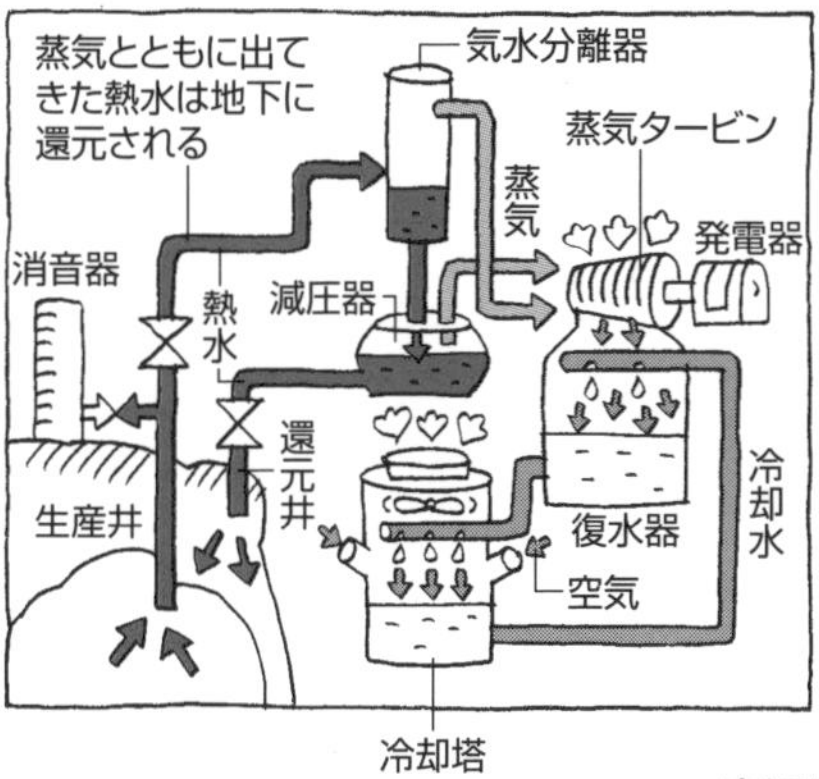
蒸気とともに出てきた熱水は地下に還元される
気水分離器
蒸気タービン
蒸気
発電器
消音器
熱水
減圧器
還元井
生産井
冷却水
復水器
空気
冷却塔

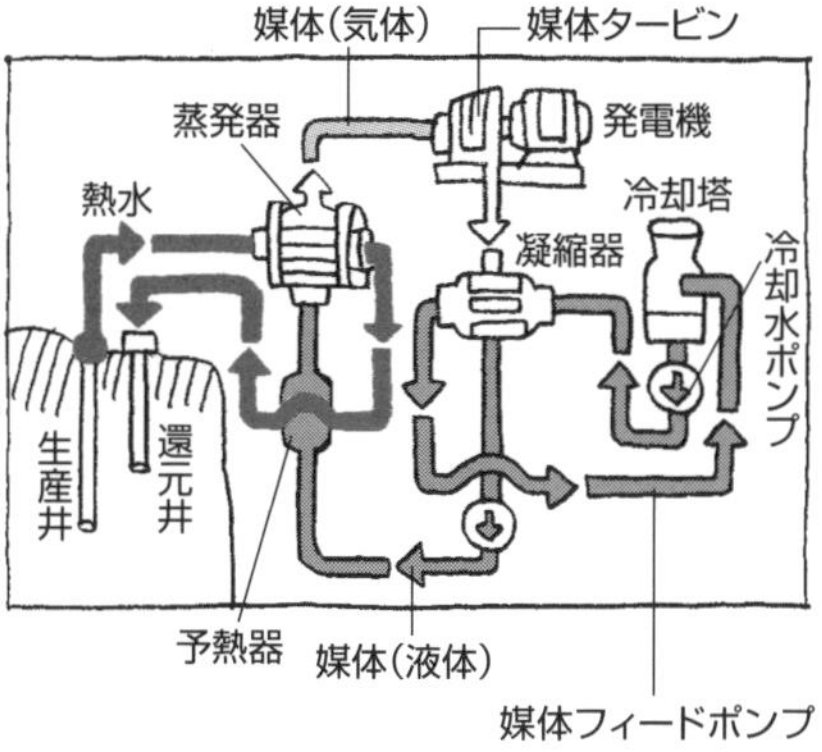
媒体(気体)
媒体タービン
蒸発器
発電機
熱水
冷却塔
凝縮器
冷却水ポンプ
生産井
還元井
予熱器
媒体(液体)
媒体フィードポンプ

高温岩体発電

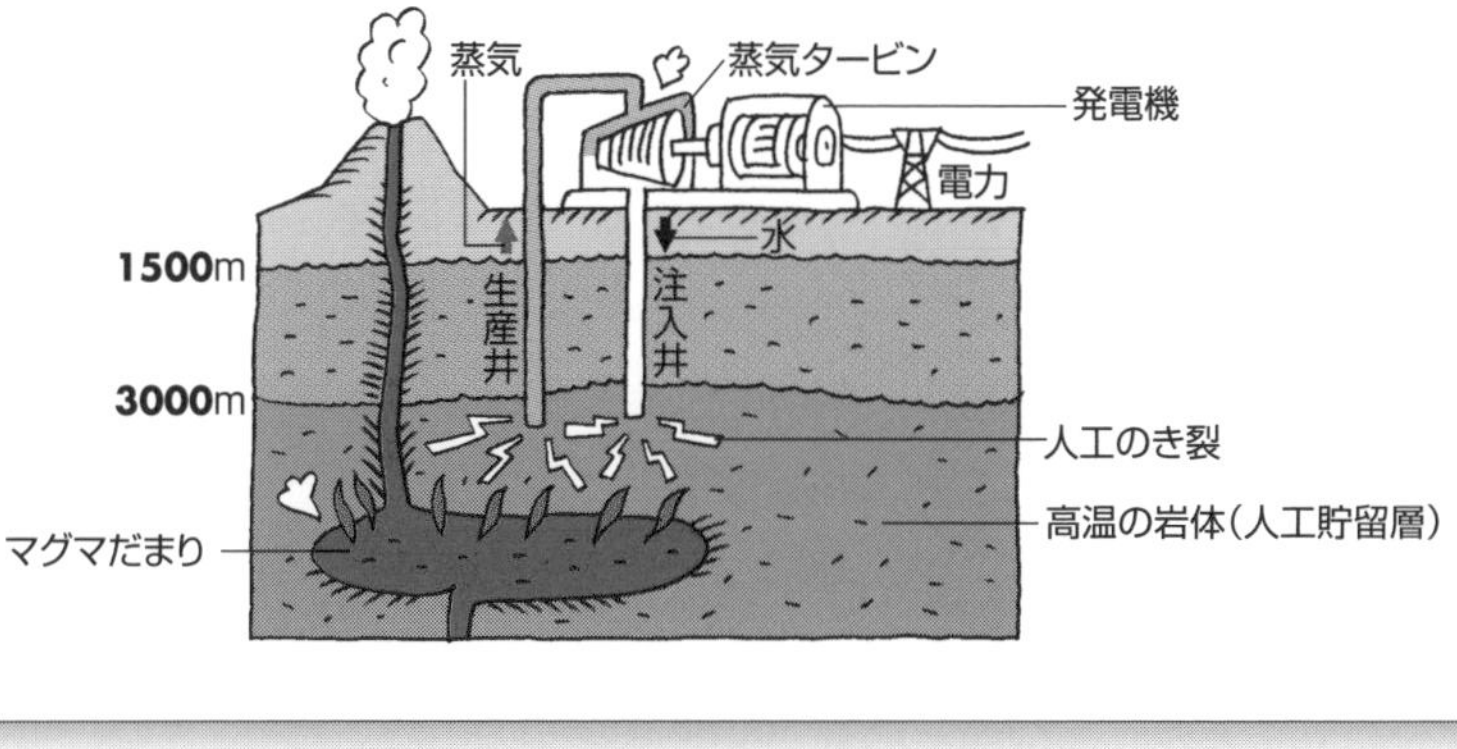
蒸気
蒸気タービン
発電機
電力
水
1500m
3000m
生産井
注入井
人工のき裂
高温の岩体(人工貯留層)
マグマだまり

35 生体に蓄積された太陽エネルギー

バイオマス発電、熱利用、燃料製造

生物をエネルギー・原材料・食料などの資源と考えたときに有機物で構成されている植物等の生物体をバイオマスと呼びます。バイオマスとしての植物は光合成で太陽エネルギーを体内に貯蔵させています。動物の排泄物や遺骸も生物起源物質としてバイオマスと呼ばれています。化石燃料も生物起源物質ですが、再生できないのでバイオマスとは呼ばれません。

石炭が登場する18世紀の産業革命以前では、木を直接燃やす薪や、空気を断って木を熱分解して作った炭のバイオマスが主要エネルギーとして用いられていました。現在は、地球環境保全の点から、バイオマスの多様な利用が進められています。

バイオマスは、燃焼させることにより発電や熱利用のエネルギー源として利用できます。固体燃料、液体燃料、気体燃料に変化させ、利用することもできます。木くずや廃材から木質系固形燃料を作ったり、さとうきびからメタノールなどの液体燃料を作ったり、家畜の糞尿などからメタンガスを多く含むバイオガスなどの気体燃料を作ったりします。バイオマスを各種の燃料に加工することで、保存や運搬が容易になります。

バイオマスを燃やせば二酸化炭素が出ます。しかし、植物などのバイオマスは、もともと大気中にあった二酸化炭素を光合成によって体内に固定化したものなので、その利用により再び大気中に二酸化炭素が放出されたとしても、利用した分を植林で補えば、大気中の二酸化炭素濃度のバランスを保つことができます。二酸化炭素と水から、植物の葉緑体での光合成でブドウ糖と酸素が作られ、逆の反応として燃焼反応が可能です。光合成の効率（太陽エネルギーに対するブドウ糖エネルギー生成率）は理論的には8％と言われています。

また、植林によってエネルギーを蓄えることができる特徴もバイオマスにはあり、環境にやさしい未来のエネルギーとして期待されています。

要点BOX

- ●バイオマスには栽培植物系と廃棄物系がある
- ●バイオマスは大気のバランスを守る再生可能なエネルギー

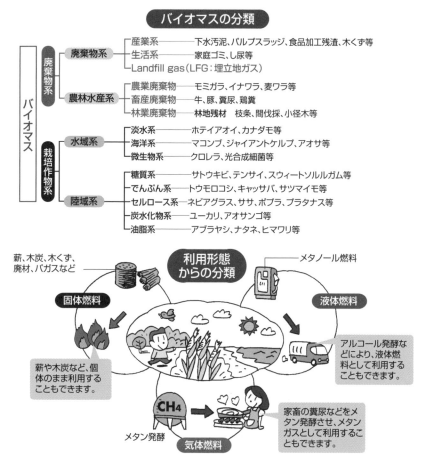

バイオマスエネルギーの利用

バイオマスエネルギー利用の概念

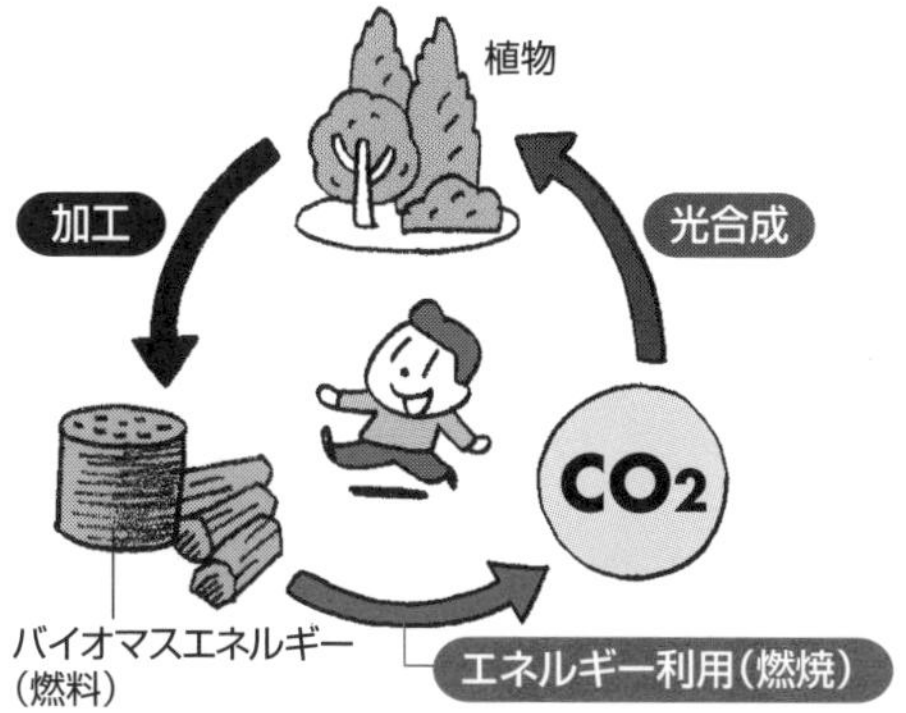
植物
加工
光合成
CO2
バイオマスエネルギー
（燃料）
エネルギー利用（燃焼）

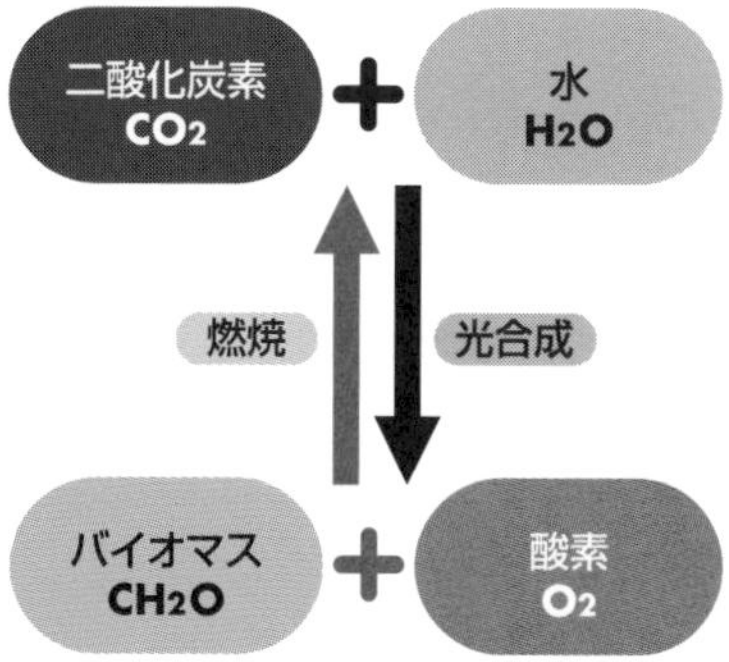
二酸化炭素
CO2
水
H2O
燃焼
光合成
バイオマス
CH2O
酸素
O2

バイオマスの分類

- バイオマス
  - 廃棄物系
    - 廃棄物系
      - 産業系――下水汚泥、パルプスラッジ、食品加工残渣、木くず等
      - 生活系――家庭ゴミ、し尿等
      - Landfill gas（LFG：埋立地ガス）
    - 農林水産系
      - 農業廃棄物――モミガラ、イナワラ、麦ワラ等
      - 畜産廃棄物――牛、豚、糞尿、鶏糞
      - 林業廃棄物――林地残材　枝条、間伐採、小径木等
  - 栽培作物系
    - 水域系
      - 淡水系――ホテイアオイ、カナダモ等
      - 海洋系――マコンブ、ジャイアントケルプ、アオサ等
      - 微生物系――クロレラ、光合成細菌等
    - 陸域系
      - 糖質系――サトウキビ、テンサイ、スウィートソルルガム等
      - でんぷん系――トウモロコシ、キャッサバ、サツマイモ等
      - セルロース系――ネピアグラス、ササ、ポプラ、プラタナス等
      - 炭水化物系――ユーカリ、アオサンゴ等
      - 油脂系――アブラヤシ、ナタネ、ヒマワリ等

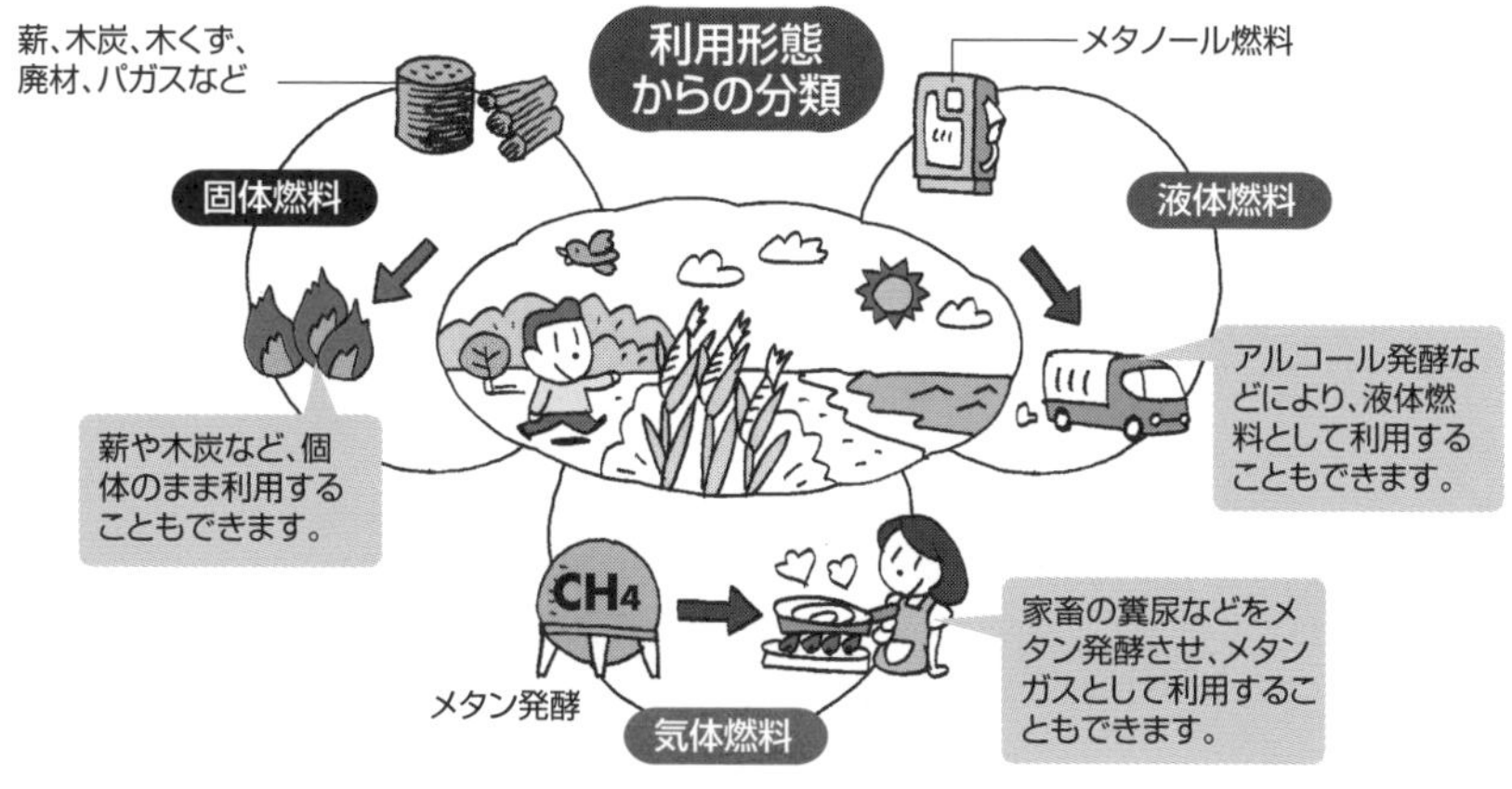
利用形態
からの分類
薪、木炭、木くず、
廃材、バガスなど
固体燃料
薪や木炭など、個
体のまま利用する
こともできます。
メタノール燃料
液体燃料
アルコール発酵な
どにより、液体燃
料として利用する
こともできます。
CH4
メタン発酵
気体燃料
家畜の糞尿などをメ
タン発酵させ、メタン
ガスとして利用するこ
ともできます。

36 持続可能な航空燃料

飛行機の燃料にはガソリン系とケロシン系（灯油系）があり、一般のジェット旅客機の場合にはケロシン系のジェット燃料が用いられます。ケロシンは、灯油に似ていますが純度が高くて、地上よりも50℃ほど低い上空1万メートルでも凍らない燃料です。

ジェット燃料としては重量エネルギー密度が高いことが必要ですが、脱炭素化の電気などのエネルギー媒体に代替することが困難です。代替航空燃料として合成燃料やバイオ燃料があり、SAF（サフ、持続可能な航空燃料）と呼ばれて注目されています（上図）。

合成燃料として有名なのは、石炭や天然ガスから合成して気体のメタンをつくる「メタネーション」があります。液体としてのメタノールも合成でき、分子としてもっと炭素を多く結合させた炭化水素にすることで、液体燃料ができます。欧米で注目されている「イーフュエル」などがその例です。これは、フィッシャー・トロプシュ（FT）合成技術で生成され、合成ガスから触媒を用いて液状炭化水素が合成されます。

木質系バイオマスからメタンやエタノールなどのバイオ燃料をつくることもできますが、もう1つの方式はミドリムシ（ユーグレナ）などの微細藻類を利用する方法です。ミドリムシは体長わずか約0・05ミリメートルという小さな微生物（藻の一種）です。髪の毛の典型的な太さ（およそ0・07ミリ）よりも小さく、その全貌を見るには顕微鏡が必要であり、5億年以上前に原始の地球で誕生した生き物です。動物と植物の両方の特徴を持ったミドリムシは、淡水で育ち、和名と異なり「ムシ」ではなくワカメやコンブと同じ「藻」の仲間です。光合成によって二酸化炭素を固定して成長する時、油脂分を作り出すので、抽出・精製されたオイルが軽質であるため、ジェット燃料に適しています（下図）。光合成で炭化水素を生成する微細藻類ボツリオコッカス・ブラウニーもSAFとして注目されています。

要点BOX

- 代替航空燃料としてのSAF
- FT合成による液体燃料や微細藻類としてのユーグレナなどの油脂燃料

ジェット燃料としての化石燃料とSAF

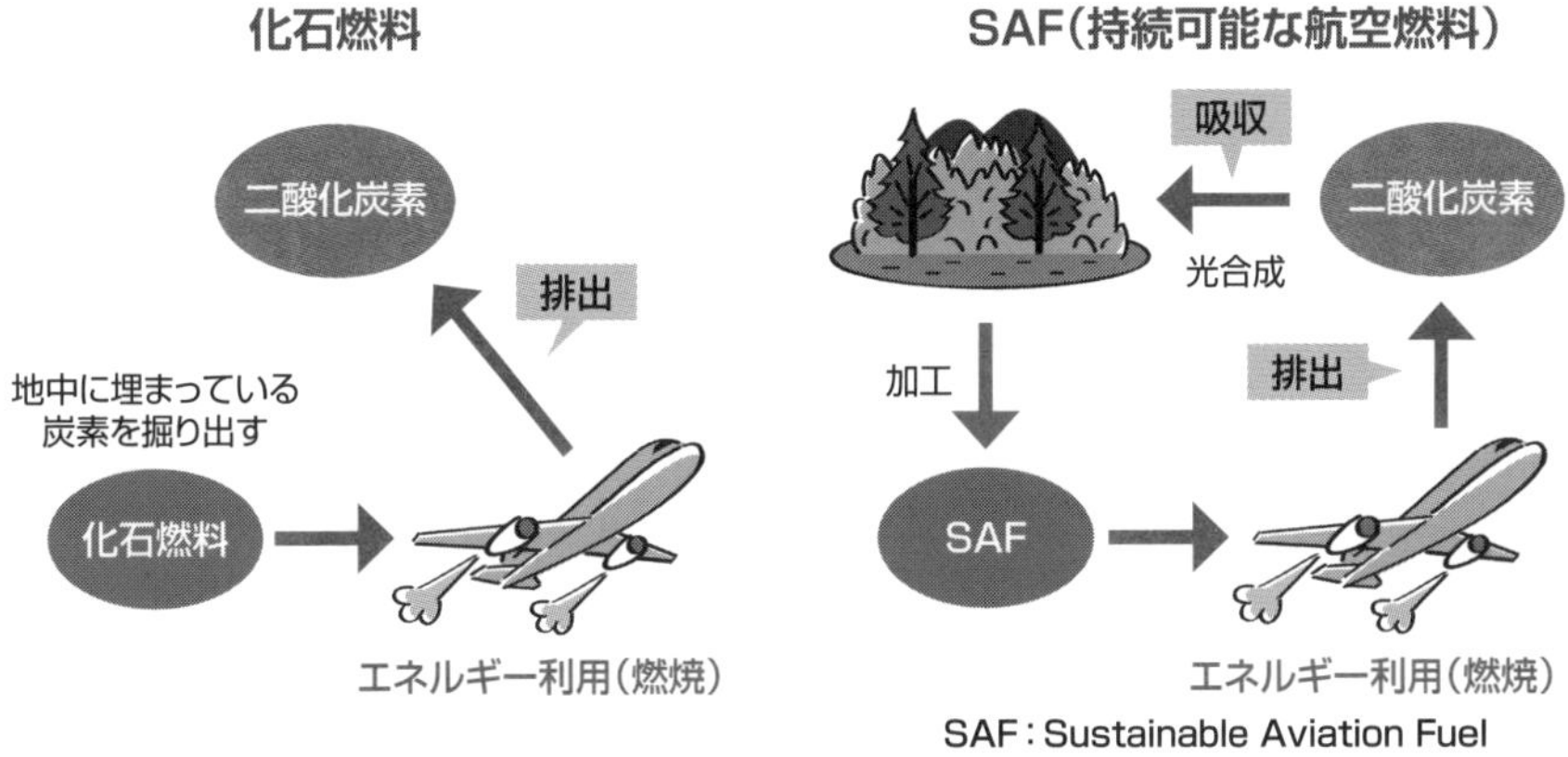
化石燃料
SAF(持続可能な航空燃料)
二酸化炭素
排出
地中に埋まっている
炭素を掘り出す
化石燃料
エネルギー利用(燃焼)
吸収
二酸化炭素
光合成
加工
排出
SAF
エネルギー利用(燃焼)
SAF : Sustainable Aviation Fuel

SAFとしての認証(2020年現在)は、
FT合成灯油50%利用、廃食油など50%利用、
微細藻類からの油脂10%利用、
などの7種類あります。

ミドリムシを用いたバイオ燃料

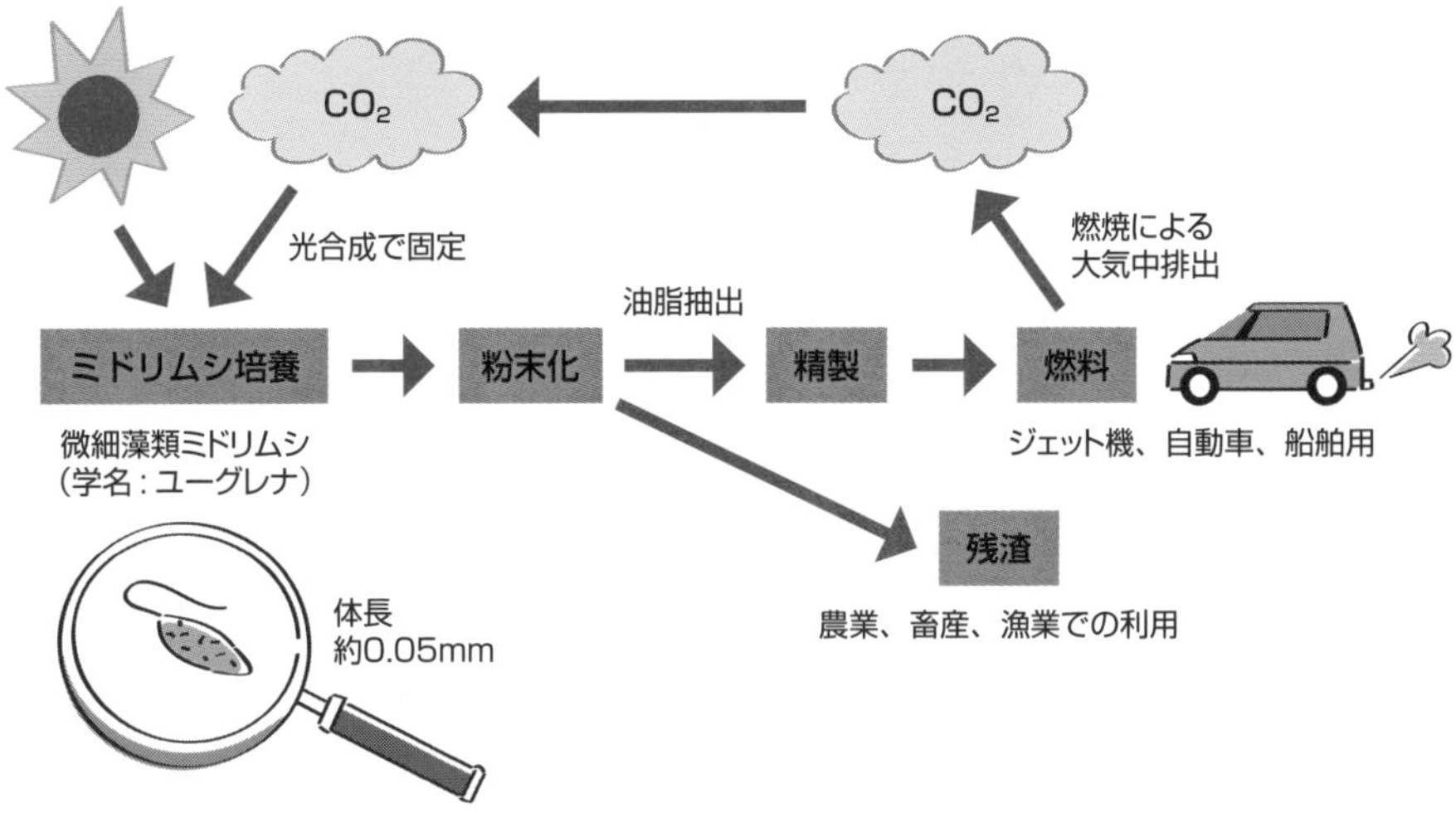
CO_2
CO_2
光合成で固定
燃焼による
大気中排出
油脂抽出
ミドリムシ培養
粉末化
精製
燃料
微細藻類ミドリムシ
(学名 : ユーグレナ)
ジェット機、自動車、船舶用
残渣
農業、畜産、漁業での利用
体長
約0.05mm

37 二酸化炭素削減の切り札は？

ネガティブエミッション技術、BECCS

カーボンニュートラルの維持だけでは、大気中の二酸化炭素濃度を低減させることは困難です。より積極的にネガティブエミッションの技術が必要となってきています。

カーボンニュートラルはゼロエミッション（零排出）とも呼ばれています。排出に比べて、吸収や貯留が多くて、大気中の二酸化炭素濃度が減少する場合がネガティブエミッション（負排出）です。具体的には、工場排気と植林回収との釣り合いでのゼロエミッション状態で、さらに、工場排気の二酸化炭素の回収・貯留（CCS）を行うことで、ネガティブエミッションが達成されます（**上図**）。

自然プロセスを人工的に加速したり、人為プロセスを誘起したりする様々なネガティブエミッション技術が検討されてきています（**下図**）。「バイオマス利用」の具体例として、新規植林や再生林、土地の再生と土壌への炭素貯留（自然分解による二酸化炭素発生を防止）、バイオマスを炭化して炭素の固定、などがあります。「回収・貯留」として、バイオエネルギー利用による二酸化炭素の回収・貯留（BECCS）と二酸化炭素の直接空気回収・貯留（DACまたはDACCS）。「風化利用」では、玄武岩などの粉砕・散布による風化促進、並びに「海洋利用」として、海洋への養分散布による海洋植物の生育促進、アルカリ性物質散布による海洋吸収の促進、などが挙げられます。

これらの技術は、その完成度や費用などで大きく異なっています。2050年での植林では二酸化炭素1トン削減あたり3千円ほど、BECCSでは1万5千円、DACCSでは2万円ほどと予想されています。ちなみに、2050年の炭素税のIEA（国際エネルギー機関）の想定価格は1トンあたり2万5千円です。2050年には年間5百億トンの二酸化炭素の削減が目標とされており、そのうちの70億トンが分離回収による削減が想定されています。

要点BOX
- ●CO_2零排出からネガティブエミッションへ
- ●バイオエネルギー利用のBECCS、直接空気回収・貯留のDACCS

ネガティブ・エミッションのイメージ

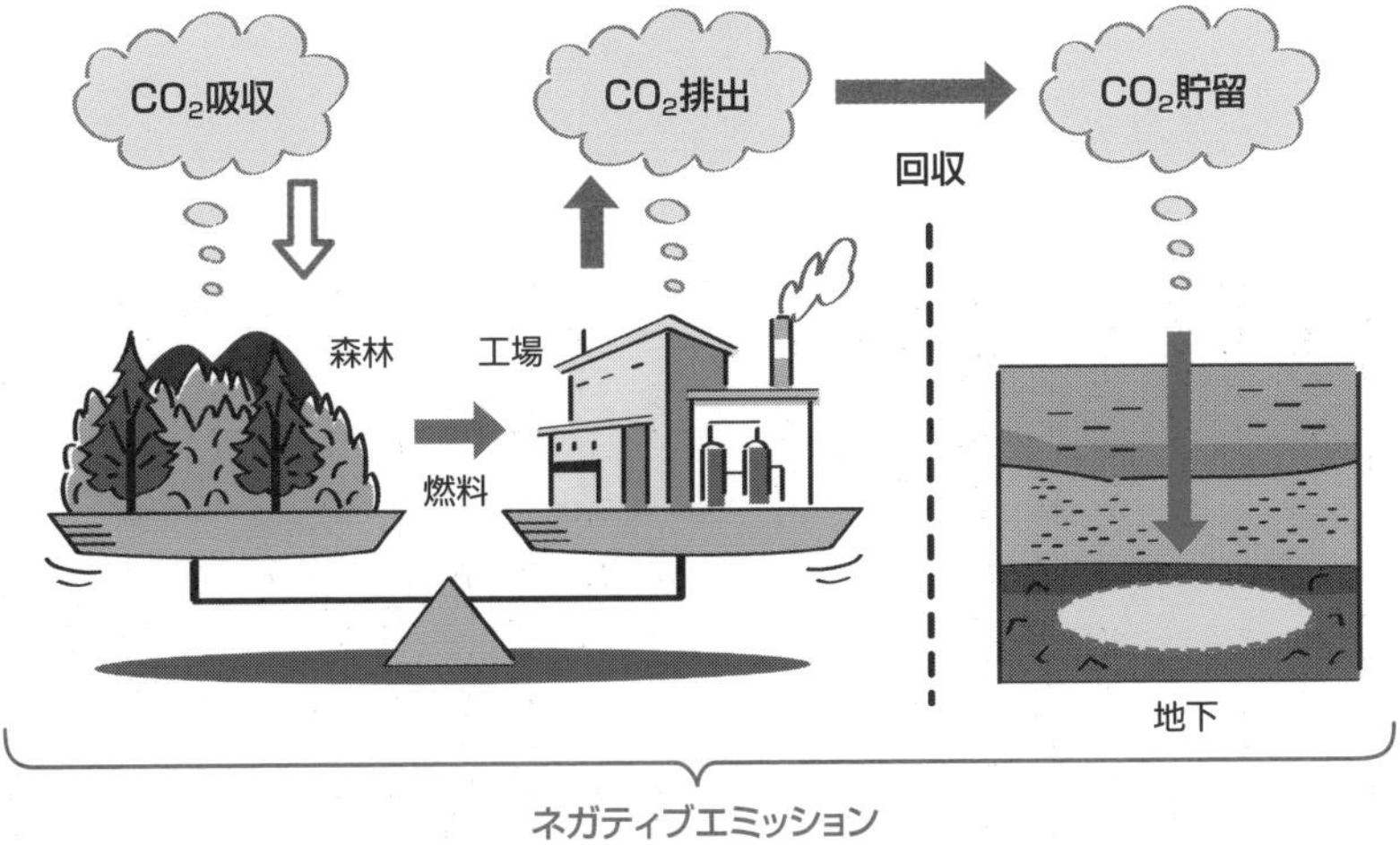

温室効果ガスの排出（エミッション）が、
正味として負（ネガティブ）になること。

ネガティブエミッション技術（NETs）

NETs：Negative Emissions Technologies

バイオ利用

植林・再生林（グリーンカーボンの吸収・固定）
土壌炭素貯留（自然分解によるCO_2発生を防止）
バイオ炭（バイオマスを炭化して炭素を固定）

回収貯留

BECCS（バイオエネルギーと二酸化炭素回収貯留の組み合わせ）
DAC（空気中の二酸化炭素の直接回収）

BECCCS：Bioenergy with Carbon Capture and Storage
DAC：Direct Air Capture

風化利用

風化促進（玄武岩などの風化プロセスでの
炭酸塩化によるCO_2吸収）

海洋利用

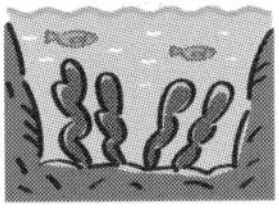

海洋肥沃・生育促進（ブルーカーボンの吸収・固定化）
植物残渣海洋隔離（自然分解によるCO_2発生を防止）
海洋アルカリ化（自然の炭素吸収を促進）

Column

エネルギーと環境政策は？
（環境税、排出量取引とFIP、GX）

温室効果ガスの排出を抑制・緩和するための政策として、環境税（地球温暖化対策税）と排出量取引による「カーボンプライシング（CP）」があります。また、再生可能エネルギー促進のためにFITからFIP制度が活用されており、2023年にはGX推進法やGX脱炭素電源法が成立し、経済社会変革の「グリーントランスフォーメーション（GX）」が試みられています。

「地球温暖化対策税」では、石炭・石油・ガスなどのすべての化石燃料の利用に対し、二酸化炭素排出の環境負荷に応じて広く薄く公平に国民に負担を求められています。二酸化炭素排出原単位を用いて、それぞれの二酸化炭素排出量1トンに対して289円の温暖化対策税が、従来税に上乗せされています。これは、一種の「炭素税」ですが、欧州（排出1トンあたりスウェーデンの1万4400円、フランスの5500円など）に比べて税率が低いのが課題です。

「排出量取引」に関しては、企業に温室効果ガスの排出枠としての限度（キャップ）を設け、余剰排出量や不足排出量を排出枠として取引（トレード）することを認める制度です。排出枠を超えて二酸化炭素量を排出せざるをえない会社が、排出枠に満たない他社からの余剰分枠を購入して埋め合わせることができる制度です。

再生可能エネルギーの促進のために、FIT（フィードイン・タリフ、直訳は供給・関税）として、2012年から電力会社による固定価格買取りの制度を定めています。太陽光、風力、中小水力、地熱、バイオマスからの電力が対象です。10年後の2022年度からは固定価格のFIT制度から売電市場価格に連動したFIP（フィードイン・プレミアム、直訳：供給・割増金）制度が導入されて課金は比較的少ない額になり、国民の負担も小さくなっています。

2023年のGX推進法では、省エネルギー、再生可能エネルギーに加えて、原子力エネルギーの活用が明記されています。

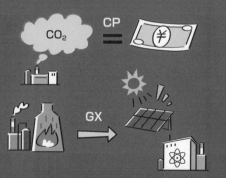

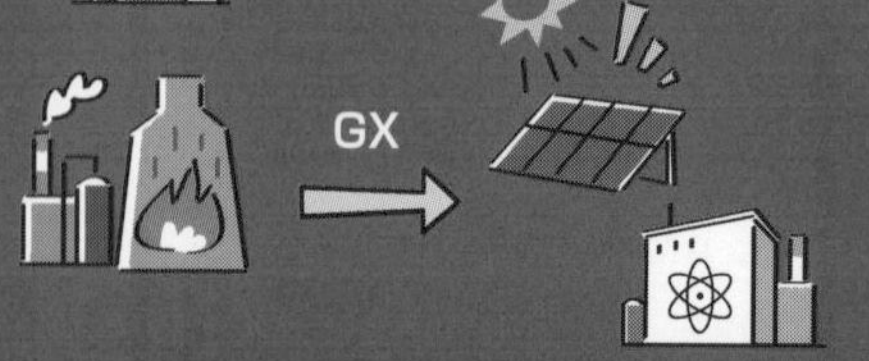

第5章

安全に! 核エネルギー

38 核エネルギーの課題と可能性

原子爆弾と原子力発電

人類による核（原子力）エネルギーの解放の歴史は、1905年のアルベルト・アインシュタインの質量とエネルギーの等価理論と、1942年のエンリコ・フェルミによるシカゴ大学での初の原子炉臨界実験から始まりました。アインシュタインの各種の理論を記念して、国連では2005年を「世界物理年」と設定しました。

宇宙では太陽や星のエネルギーは巨大な天然核融合炉です。一方、地球上には20億年前にできた天然核分裂炉（天然原子炉）がありました。アフリカのガボン共和国オクロ地区で、約60万年もの長い間核分裂の連鎖反応が続けられていたことがわかっています（上図）。

日本にとっての核エネルギーとの出会いは、1945年8月の広島・長崎での原子爆弾という不幸な出来事です。原子爆弾ではウラン235の濃縮率をほぼ100%にして連鎖反応を起こさせます。最初の点火は火薬によりウランを合体させることで瞬時に臨界爆発をさせます。広島ではウラン爆弾が、長崎ではプルトニウム爆弾が投下されました（下図左）。一方、原子炉では燃料に用いるウラン235の濃縮率は3～5%と低く、制御棒などによる制御が行われます（下図右）。

日本での原子力エネルギーによる発電は、1963年（昭和38年）の10月26日に日本原子力研究所の動力試験炉（JPDR）によりなされました。これを記念して10月26日を「原子力の日」としています。

2011年の震災以前には、日本の電力のほぼ3分の1が原子力発電によりまかなわれていました。原子力大国は、アメリカとフランスです。アメリカでは電力の原子力依存は20%弱ですが、ほぼ日本全体の電力量に相当します。フランスでは電力の80%近くが原子力です。

原子力エネルギーの利用は人為的なミスをも含めて両刃の剣として慎重にかつ有効に利用していかなければなりません。原子炉の安全性と放射性廃棄物処理問題に対してのパブリックアクセプタンス（社会受容性）の獲得が最重要課題です。

要点BOX

- ●アインシュタインの相対性理論とフェルミの原子炉臨界実験が核エネルギーの始まり
- ●フランスの電力のほぼ8割が原子力発電

天然の原子炉

ガボン共和国とオクロ

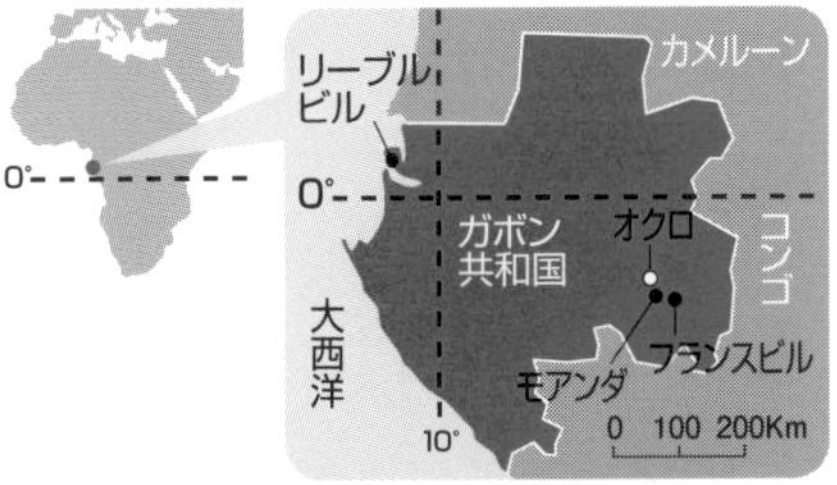
0°
リーブルビル
カメルーン
0°
ガボン共和国
オクロ
コンゴ
大西洋
フランスビル
モアンダ
10°
0 100 200Km

オクロ原子炉跡

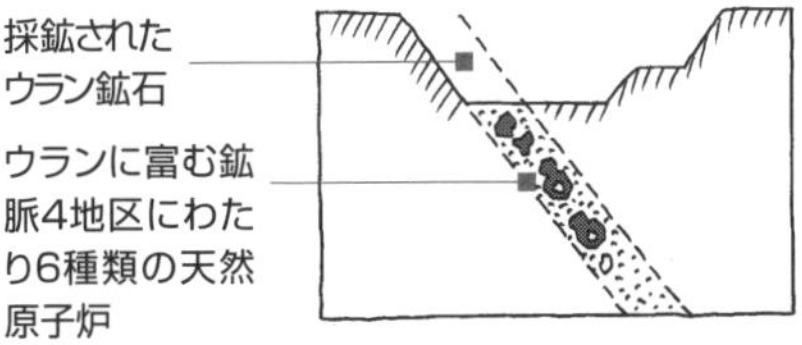
採鉱されたウラン鉱石
ウランに富む鉱脈4地区にわたり6種類の天然原子炉

ここには6カ所の天然原子炉炉心が4つの反応帯(上図で黒の部分)に分かれて存在します。

原子爆弾の原理しくみ

原子爆弾の場合

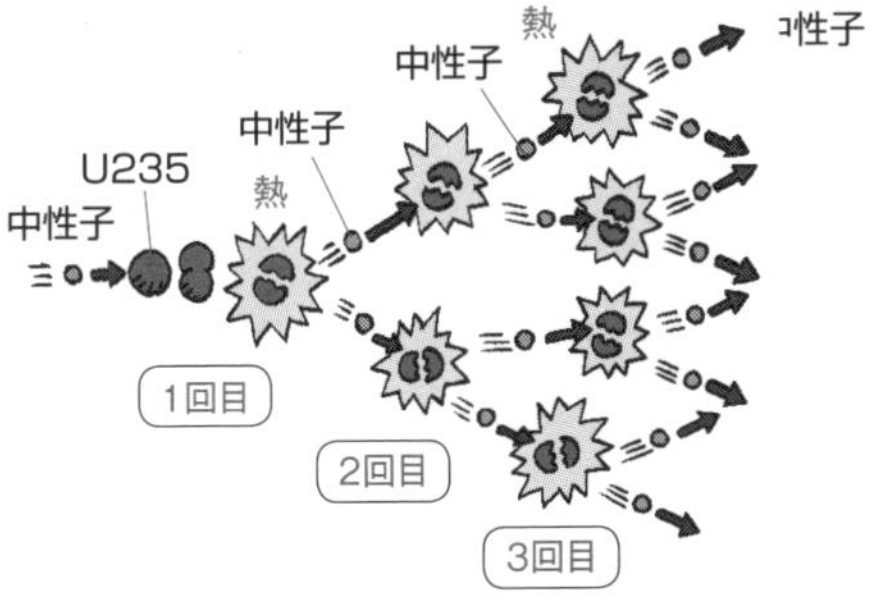
中性子
U235
熱
中性子
中性子
熱
性子
1回目
2回目
3回目

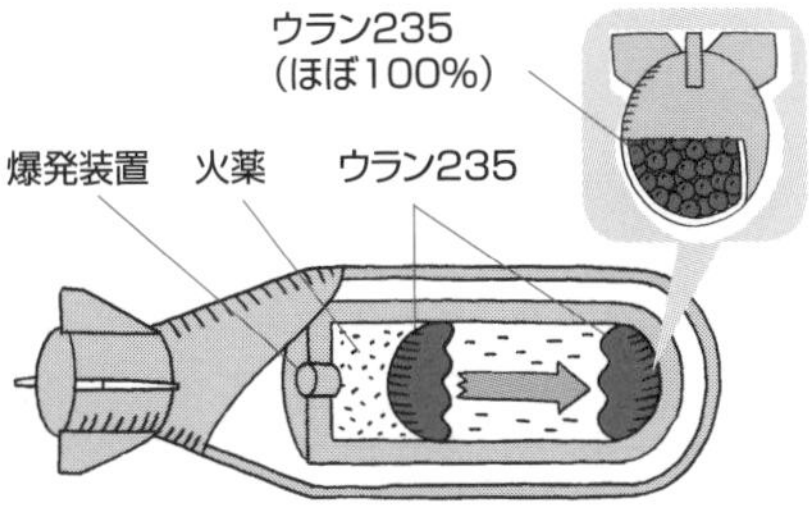
ウラン235
(ほぼ100%)
爆発装置
火薬
ウラン235

リトル・ボーイ(広島型)

長さ:約3メートル、重さ:約4トン、
直径:約0.7メートル、主体:ウラン235

長崎型はプルトニウム239主体の丸型爆弾で「ファットマン」と呼ばれています。

原子炉のしくみ

原子力発電の場合

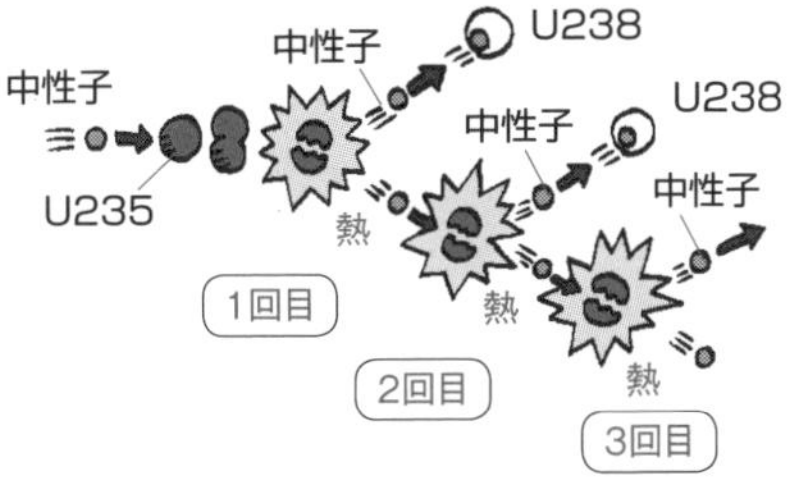
中性子
U235
中性子
U238
U238
中性子
中性子
熱
熱
熱
1回目
2回目
3回目

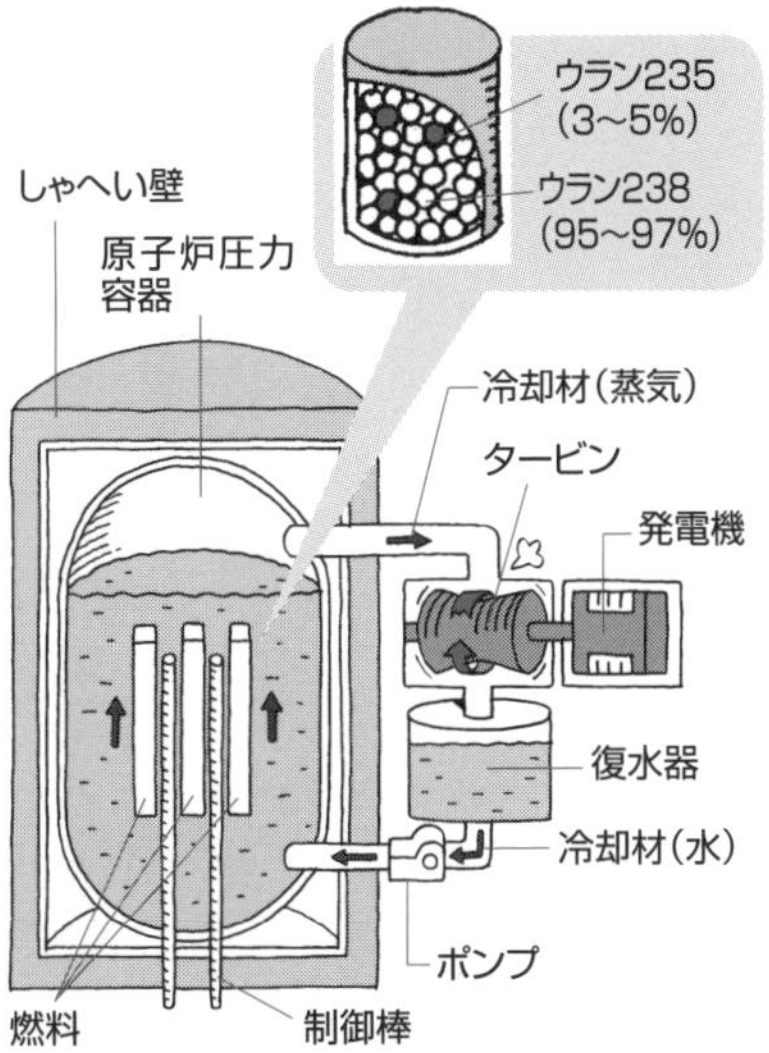
ウラン235
(3~5%)
ウラン238
(95~97%)
しゃへい壁
原子炉圧力容器
冷却材(蒸気)
タービン
発電機
復水器
冷却材(水)
ポンプ
燃料
制御棒

39 核燃料と濃縮

同位元素とウラン濃縮

原子核は陽子と中性子から成り立っていますが、ウランには、92個の陽子と146個の中性子からなる質量数が238の「ウラン238」と、中性子が143個で質量数が235の「ウラン235」があります。これらを同位体（同位元素）と呼びます。天然のウランはウラン238が99・3%で、核分裂を起こすウラン235が0・7%です。ウラン235の濃度を高めることをウラン濃縮と呼びます。核分裂の連鎖反応が始まる臨界質量は濃縮度に依存します（上図）。

現在広く使用されている原子炉（軽水炉）の燃料には、ウラン235の比率を3～5%程度に高めた低濃縮ウランが利用されています。世界中の発電用原子炉の約80%以上がこの低濃縮ウランを利用しています。

天然ウランはウラン鉱石として掘り出され、精錬工場でイエローケーキ（酸化ウラン）が作られ、転換工場では六フッ化ウランに変えられます。ウラン濃縮を行うには、化学的性質が同じである同位元素の質量のわずかな違いを利用した分離方法が必要であり、低温（64℃）でも気体である六フッ化ウランを使います。

ウラン濃縮にはいくつかの方法があります（下図）。ガス拡散法では、軽い物質のほうが隔膜を通りやすいことを利用するもので、数百回から数千回隔膜を通過させます。遠心分離法は、高速で回転する円筒中に六フッ化ウランを入れる方法であり、重いウラン238が側壁で多くなり、中心では軽いウラン235の比率が高まり濃縮が可能です。その他、原子レーザー法や分子レーザー法もあります。濃縮された六フッ化ウランは、再転換・加工工程で酸化して固体にもどし、さらに焼き固めてセラミックス（焼結二酸化ウラン）とし、原子炉用の燃料ペレットに加工されます。

1999年9月に東海村JCOで臨界事故が起こりました。19%の濃縮度の高速増殖実験炉用の燃料を加工する際、ウラン硝酸溶液の取り扱いの規則違反により臨界質量超過が起こり、2名が犠牲になりました。

要点BOX

- ●ウラン濃縮はウランの同位体分離
- ●ウラン濃縮法として、ガス拡散法、遠心分離法、原子レーザー法、分子レーザー法がある

ウラン濃縮度と臨界量

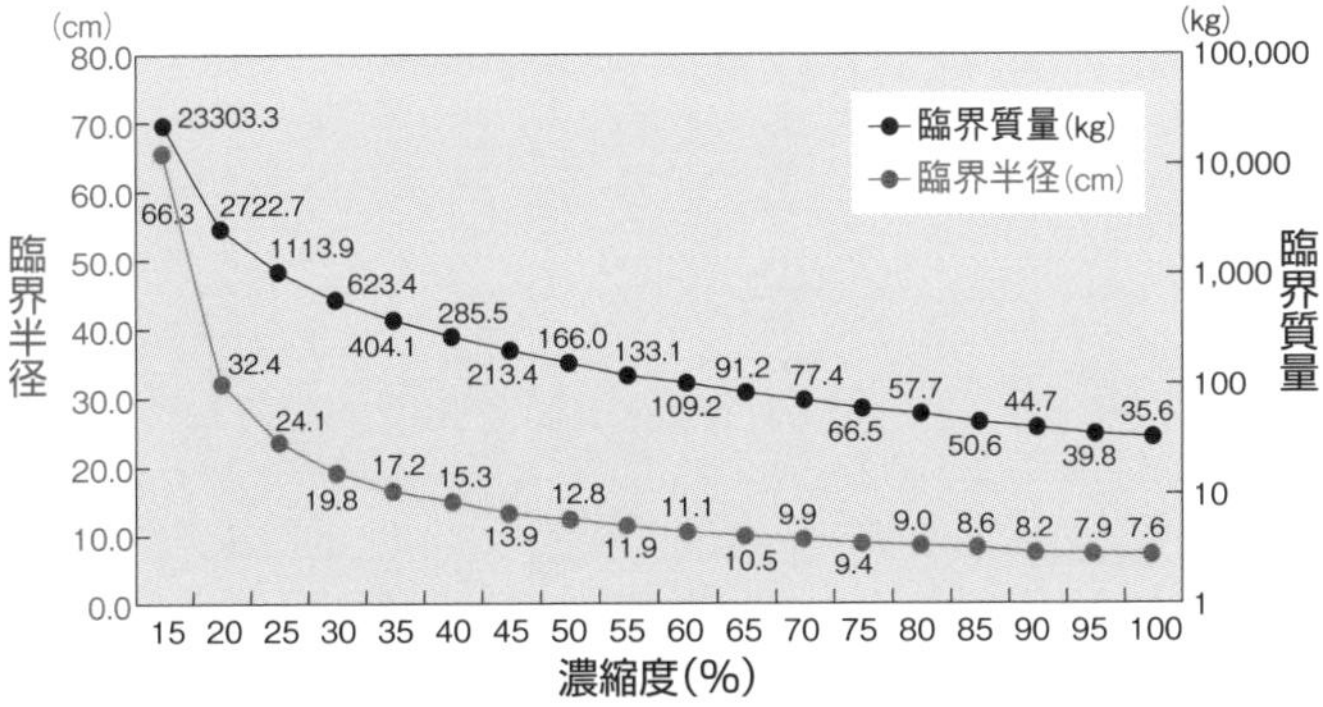

ウラン濃縮度と臨界質量および臨界半径

［出所］日本原子力研究所、核データセンター：情報の索引、Uranium、Plutonium、http://wwwndc.tokai.jaeri.go.jp/webindex.html

核分裂の臨界量はウランの濃縮度に依存します。濃縮度を極端に高めて100%にした場合には、重さ40kg以下で半径10cm以下のウランの球で臨界となり、これが原子爆弾です。

いろいろなウラン濃縮法

ガス拡散法

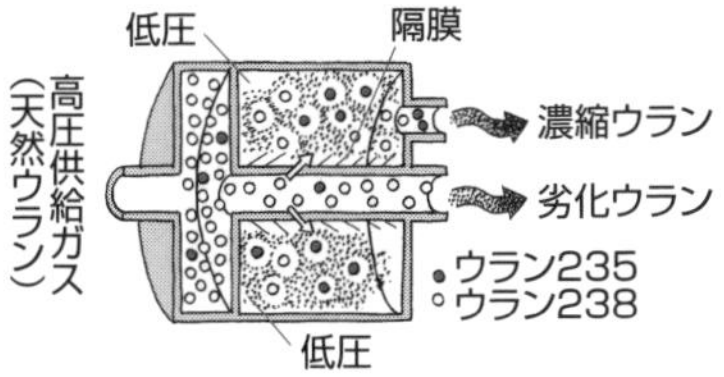

遠心分離法

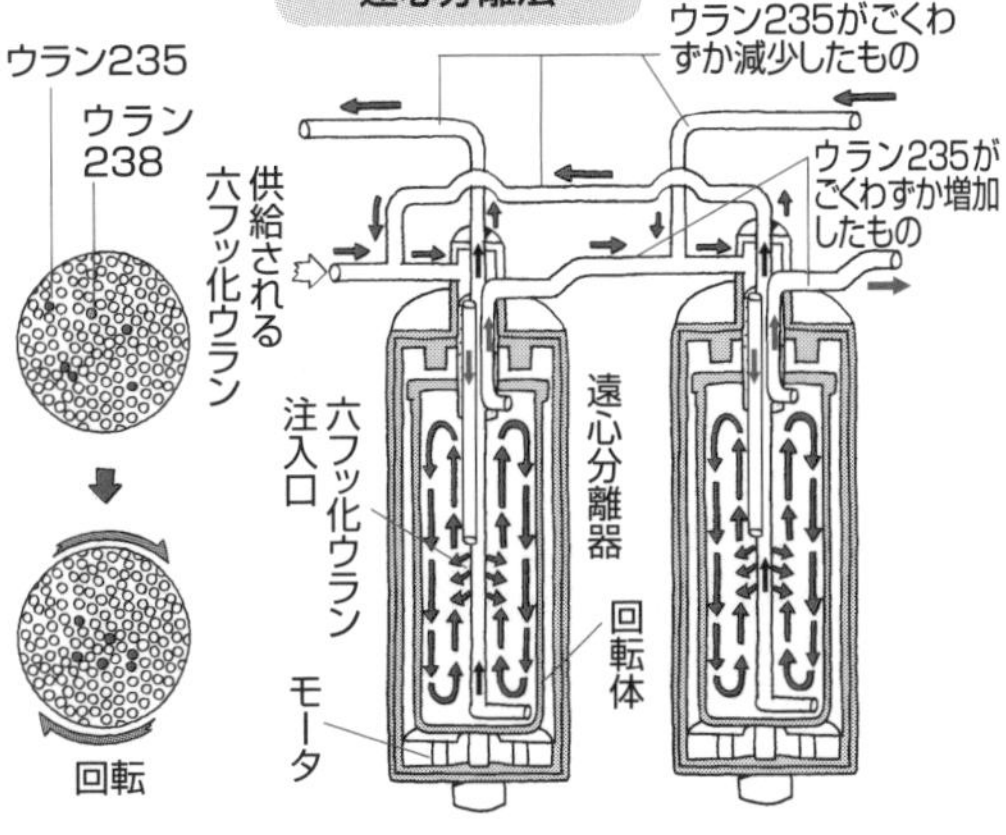

原子レーザー法

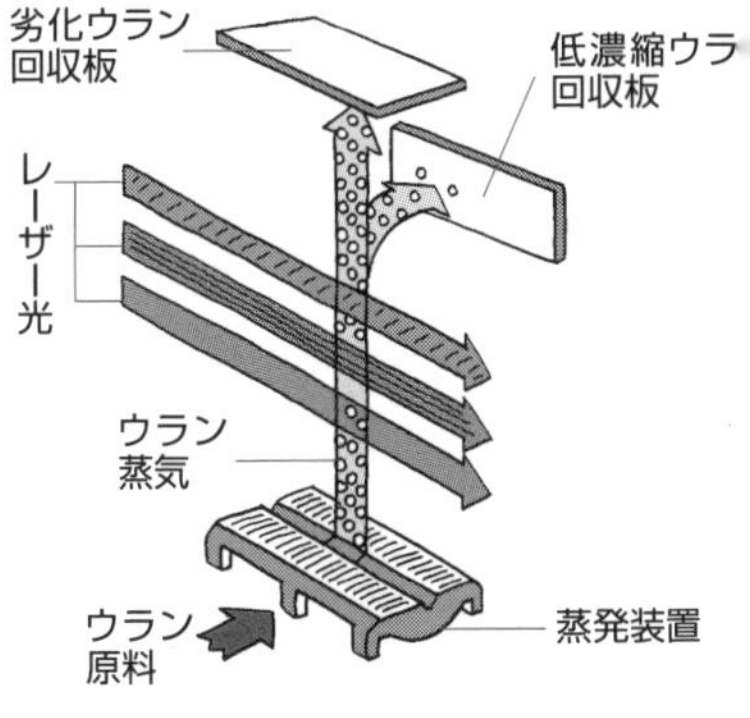

分子レーザー法

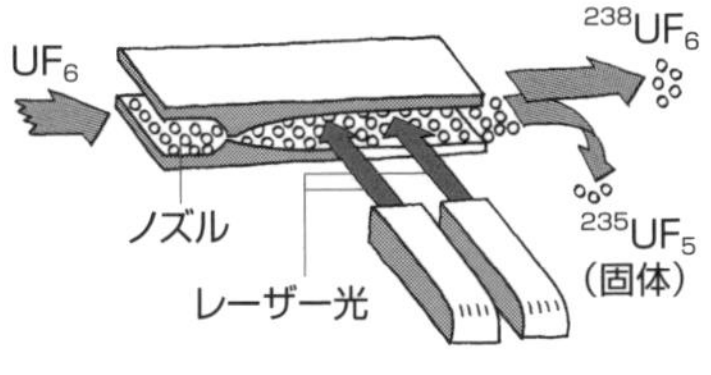

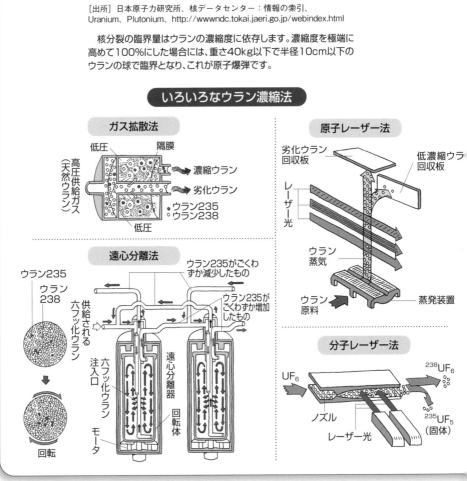

40 軽水炉の原理は?

BWRとPWR

原子炉では「核燃料」に中性子1個が当たると1個以上（ウラン235では平均2・5個）の中性子が放出され減速されて、もう一度核燃料物質に吸収されて反応が持続し、臨界に達します。中性子を吸収して反応を制御するための「制御棒」、中性子のエネルギーを下げるための「減速材」、熱を取り出すための「冷却材」とそれらを囲む「原子炉圧力容器」から成り立っています。原子炉の型は用いる減速材・冷却材により分類され（**上図**）、軽水炉、黒鉛減速・重水炉、ガス冷却炉、などがあります。軽水炉としては沸騰水型炉BWR(Boiling Water Reactor)と加圧水型炉PWR(Pressurized Water Reactor)があります。

水は1気圧では100℃で沸騰しますが、BWRでは容器内の圧力を70気圧に止め、285℃で沸騰させ蒸気を直接タービンに送り発電します（**中図左**）。一方、PWRは160気圧の高圧にして325℃の高温水（1次系）を作り、蒸気発生器部分で熱交換して55気圧で270℃の飽和蒸気（2次系）を作って発電します。放射能を帯びた1次系と放射能のない2次系が分離できる特徴があります（**中図右**）。

軽水炉には「出力係数」が負となる固有の安全性が備わっています（**下図**）。例えば、核分裂が増えて温度が上がったとすると、水の密度が下がり中性子の減速が悪くなってウラン235への吸収・核分裂が抑制されます（ボイド効果）。また、ウラン238の共鳴幅が大きくなりウラン238が中性子を吸収することになり、核分裂が減少します（ドップラー効果）。一方、チェルノブイリ型の原子炉では出力の小さな領域で出力係数が正になるのですが、不幸にして、不適切な運転で大事故につながってしまいました。

安全性の確保には、この原子炉の自己制御性の他に、非常用炉心冷却装置（ECCS）、と5重の障壁（燃料ペレット、燃料被覆管、原子炉圧力容器、原子炉格納容器、原子炉建屋）が施されています。

要点BOX

- ●軽水炉は沸騰水型(BWR)と加圧水型(PWR)
- ●軽水炉にはボイド効果とドップラー効果による固有の安全性がある

原子炉の種類

	原子炉の種類	減速材	冷却材	燃料
軽水炉	軽水炉(BWR,PWR)	軽水	軽水	濃縮ウラン
	RBMK炉(チェルノブイリ型)	黒鉛	軽水	濃縮ウラン
重水炉	CANDU炉	重水	重水	天然ウラン、他
	新型転換炉(ATR,ふげん)	重水	軽水	濃縮ウラン 天然ウラン、他
ガス炉	マグノックス炉(コルダーホール型)	黒鉛	炭酸ガス	天然ウラン
	改良型ガス炉(AGR)	黒鉛	炭酸ガス	微濃縮ウラン
	高温ガス炉(HTGR)	黒鉛	ヘリウム	濃縮ウラン
	高速増殖炉(FBR,もんじゅ)	なし	ナトリウム ナトリウム・カリウム合金	濃縮ウラン プルトニウム

原子力発電(軽水炉)のしくみ

沸騰水型炉(BWR)

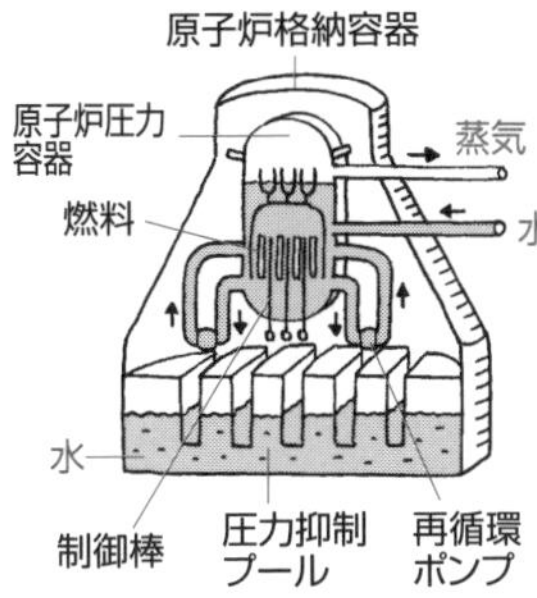
原子炉格納容器
原子炉圧力容器
蒸気
燃料
水
水
制御棒
圧力抑制プール
再循環ポンプ

加圧水型炉(PWR)

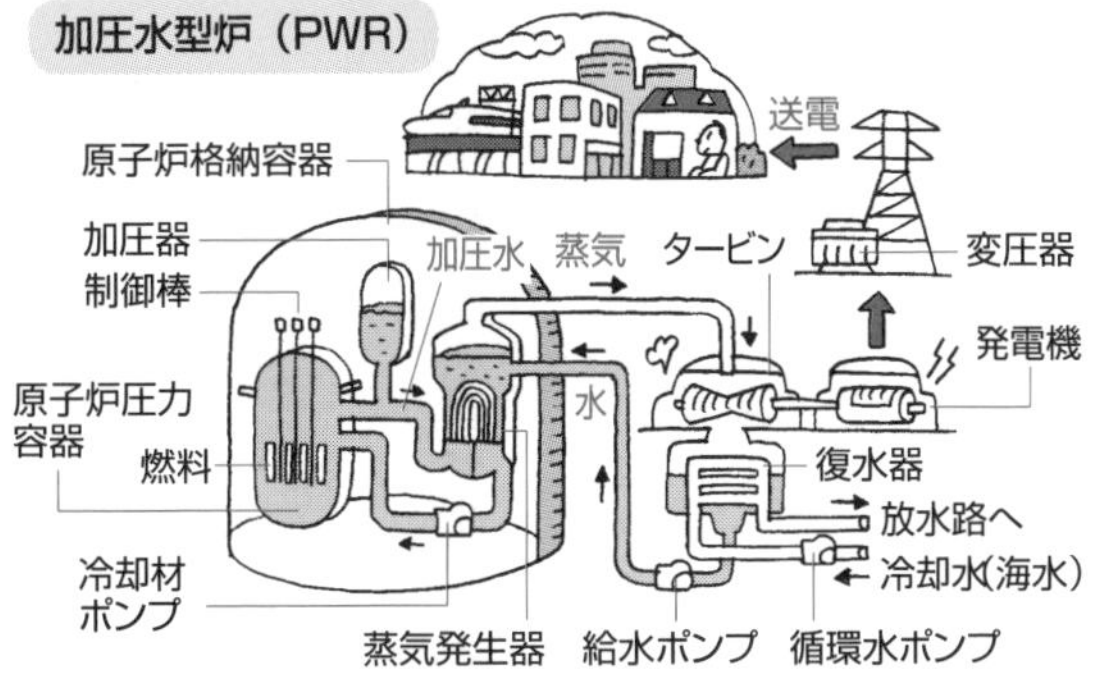
送電
原子炉格納容器
加圧器
制御棒
加圧水
蒸気
タービン
変圧器
発電機
水
原子炉圧力容器
燃料
復水器
放水路へ
冷却水(海水)
冷却材ポンプ
蒸気発生器
給水ポンプ
循環水ポンプ

軽水炉の固有安全性

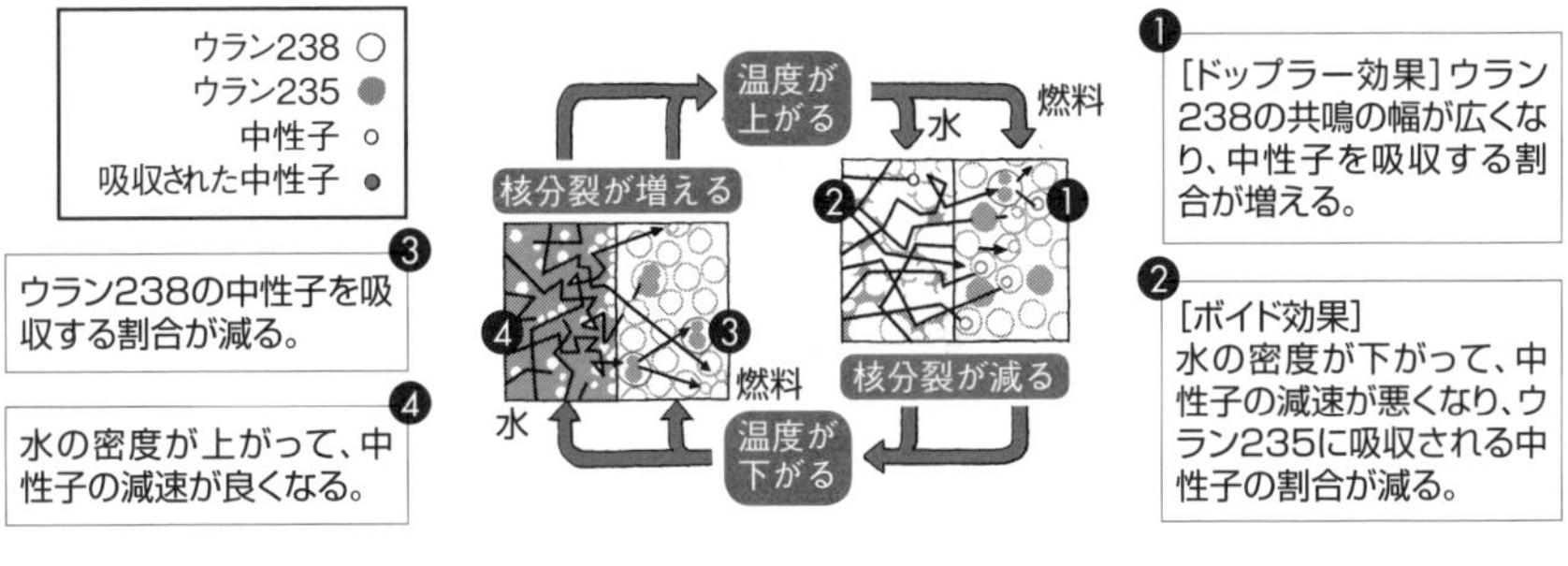
ウラン238
ウラン235
中性子
吸収された中性子
温度が上がる
燃料
水
核分裂が増える
核分裂が減る
燃料
水
温度が下がる
❶ [ドップラー効果]ウラン238の共鳴の幅が広くなり、中性子を吸収する割合が増える。
❷ [ボイド効果]
水の密度が下がって、中性子の減速が悪くなり、ウラン235に吸収される中性子の割合が減る。
❸ ウラン238の中性子を吸収する割合が減る。
❹ 水の密度が上がって、中性子の減速が良くなる。

41 原発の安全審査と今後の電源計画

ＧＸ脱炭素電源法

東日本大震災に伴う福島原発事故の教訓を踏まえて、今後のエネルギーをどのように確保・推進していくかが問われ、これまでのエネルギー基本計画を白紙から見直す契機となりました。未来に向けての４つの挑戦（原子力エネルギーの安全性、化石エネルギーの環境性、自然エネルギーの実用性、省エネルギーの可能性）に期待がかかっています。

国の原子力利用の基本方針は「原子力政策大綱」で定められていましたが、それを廃止し、経済産業省がまとめる「エネルギー基本計画」で原子力政策を位置づけることとなりました。経済産業省から安全規制部門を分離し、環境省の外局組織として、２０１２年９月に政府から独立した「原子力規制委員会」が発足しました。福島のような事故を再び起こさないように、２０１３年７月に導入されたのが新しい原子炉規制基準です。例えば、非常用の電源を複数準備するなど、かつては電力会社の自主的な取り組みにとどめていた過酷事故への備えを義務づけました。最大級の津波規模を考え、必要な場合には防潮堤をつくるなどの対策や、テロ対策も義務づけられています（上図）。

日本での原子力による電源供給は、東日本大震災の前では全体の４分の１ほどでしたが、現在では４％ほどであり、天然ガスが不足分を補ってきました。将来目標として、日本政府が提唱する２０３０年の電源構成は、再生可能エネルギーと原子力エネルギーとの合計で全電力のほぼ半分をまかなう計画です（下図）。

２０２３年にはＧＸ（グリーントランスフォーメーション）推進法として、再生可能エネルギーの他に原子力エネルギーの利用推進が明記されています。ＧＸ脱炭素電源法では、60年越えの原子力発電所の運転延長認可制度も設けられています。現在のロシアのウクライナ侵攻によるエネルギー危機と二酸化炭素排出増加による影響もあり、欧州でも原子力発電の重要性が再認識されています。

要点BOX

- 新規制基準では、テロ対策、過酷事故対策、地震・津波・火災対策強化や電源・冷却の多重化
- 2030年の原子力の電源割合の目標は20〜22%

原子力発電所の新規制基準

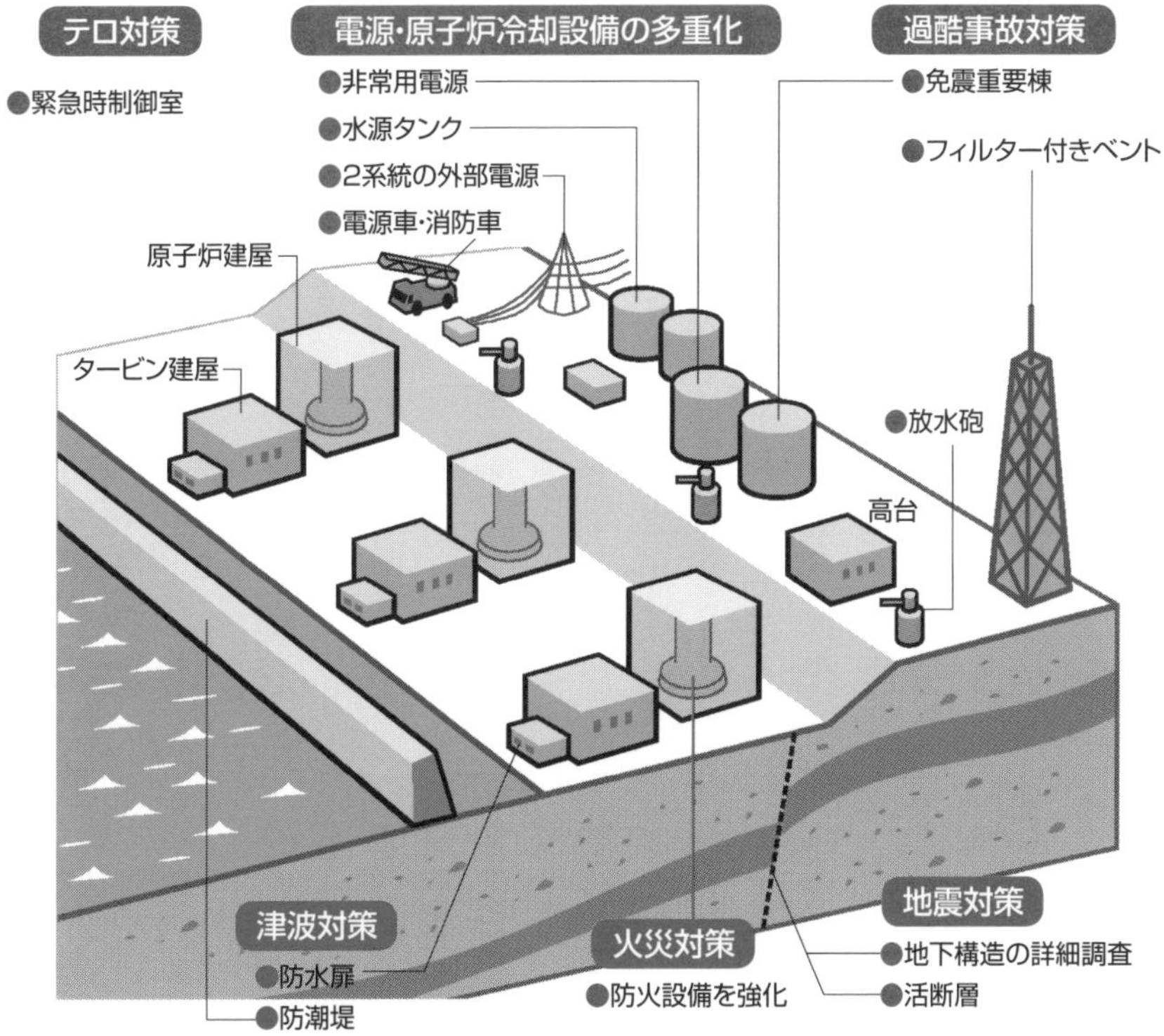

日本の電源構成の実績と予測

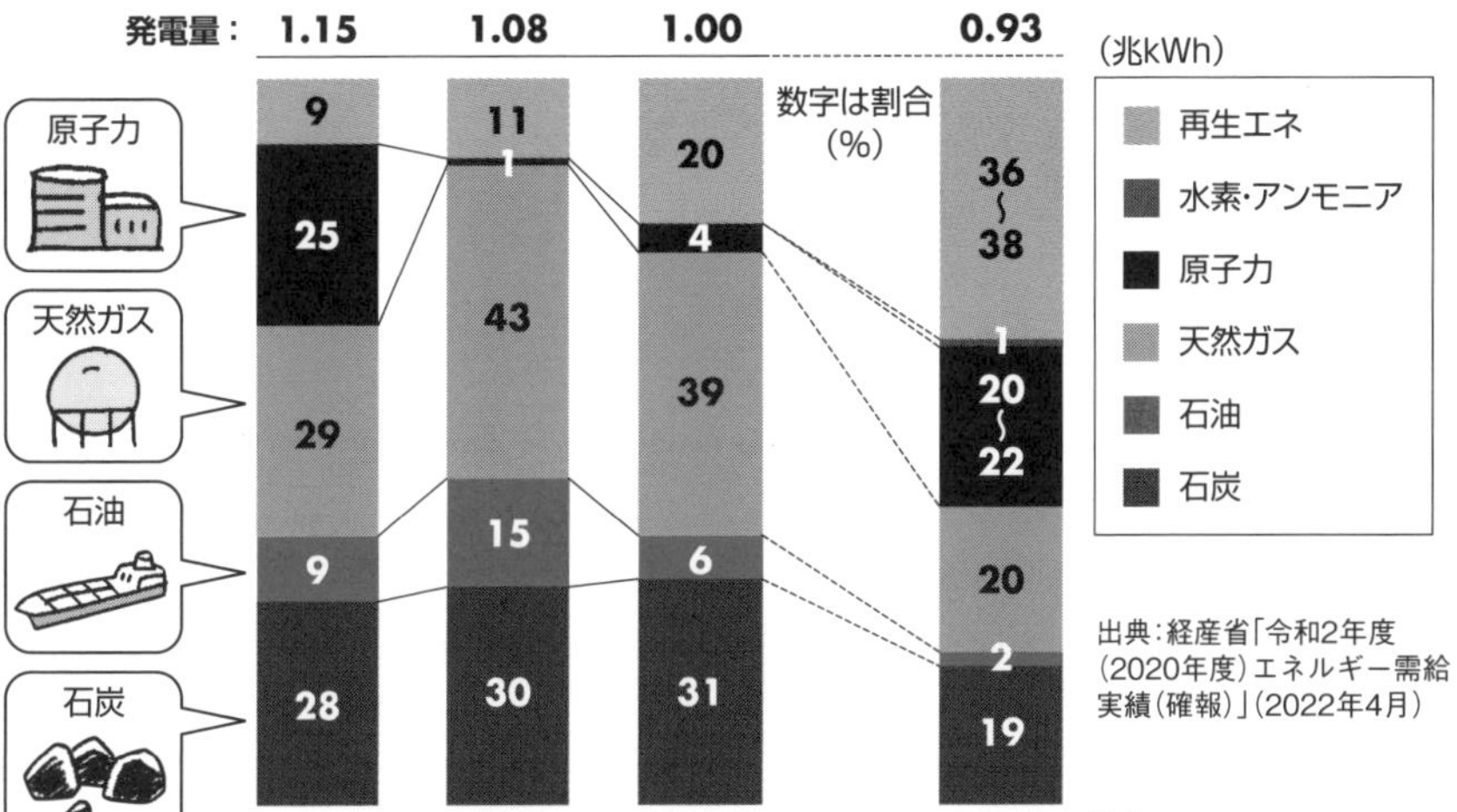

出典：経産省「令和2年度(2020年度)エネルギー需給実績(確報)」(2022年4月)

42 小型原子炉と高温ガス炉

安全性・経済性向上と多目的利用

従来の原子炉の問題点としては安全性と多数建設の困難さがあり、それを克服する原子炉として、小型モジュール原子炉や高温ガス炉の開発が進められています。

通常の原発は電気出力が百万キロワットで、原子炉格納容器は30～50メートル程ですが、小型モジュール原子炉（SMR）では30万キロワット以下で5～15メートルに小型化された原子炉です。モジュール化されていて工場での製作が可能で、増設も容易となり建設コスト削減が期待できます。また、小型化により出力の小さな格納容器ごとにプールに入れて運転するので、自動で安全に停止が可能とされています。

一例として、米国のニュースケール社のSMRが注目されています（**上図**）。1モジュールとしての原子炉格納容器は高さ20メートル余りで、出力は8万キロワット近くです。12基並べて運転することで、従来の100万キロワット近くの原子炉になります。

高温ガス炉（HTGR）は「次世代原子炉」と呼ばれていますが、1960～80年代に開発が進められてきた歴史ある炉型です。大型の軽水炉の高効率化や経済性に押されて、開発が停滞してきました。炉心の炉安全性が重要視されてきた現在、再び注目を浴びています。

高温ガス炉では、炉内構造物として熱容量の大きな炭素が使われており、冷却材としてのヘリウムガスが喪失しても、自然の放熱により燃料溶融事故にならず安全です。

高温ガス炉が注目されているのは、安全性向上の他に、高温のガスにより発電と同時に水素製造が期待できるからです（**下図**）。炉心からは千度近くの1次ヘリウムガスが得られ、その高温の熱エネルギーは水素製造や化学コンビナートなどに用いられます。さらに、高温ヘリウムにより発電して、その後の低温ヘリウムの熱は地域暖房や海水の淡水化などで利用できます。

要点BOX

- 小型モジュール炉（SMR）は、安全性向上と経済性向上に期待
- 高温ガス炉は、安全性向上と多目的利用に期待

小型モジュール炉(SMR)

（米国ニュースケール社）

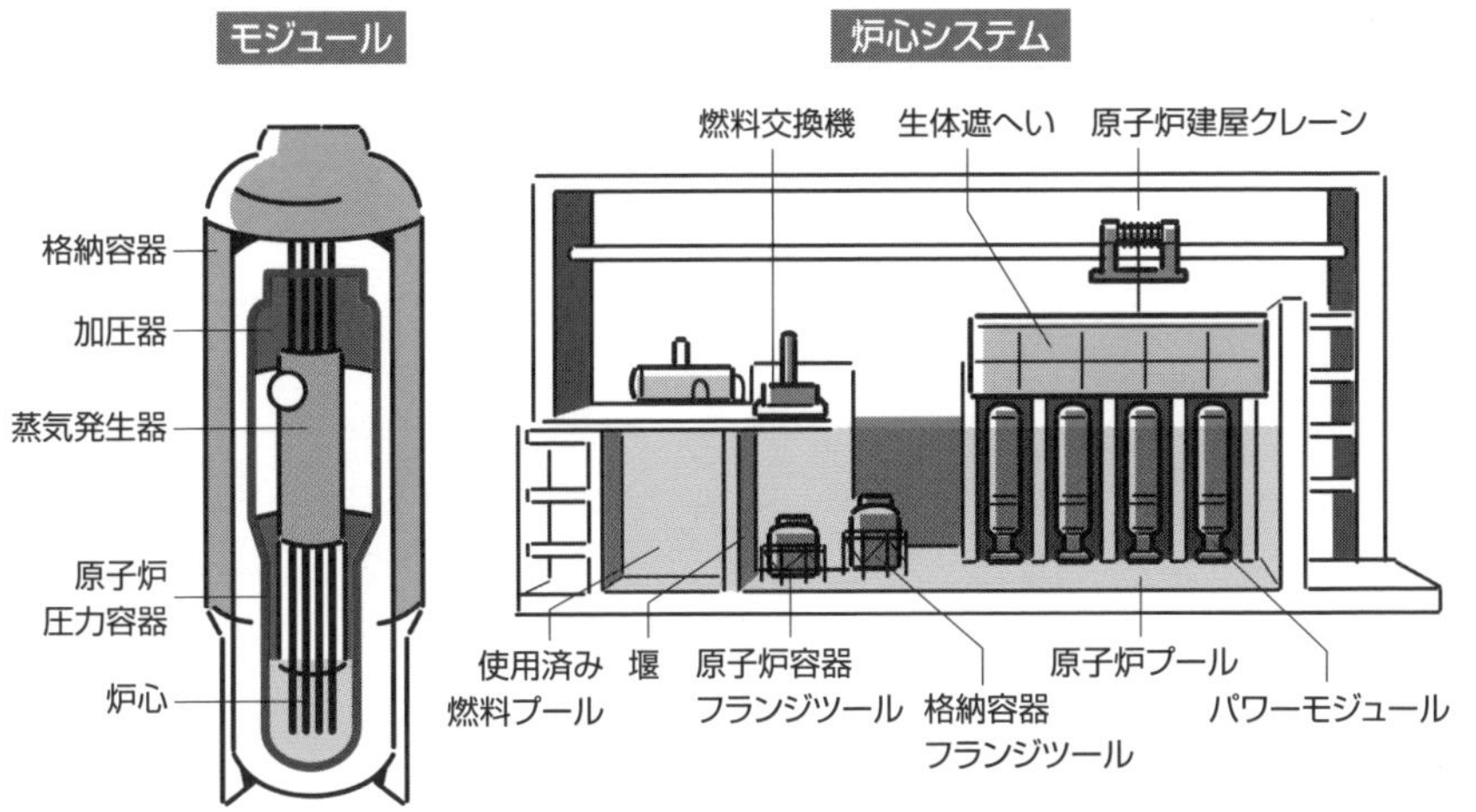
モジュール
格納容器
加圧器
蒸気発生器
原子炉
圧力容器
炉心
炉心システム
燃料交換機
生体遮へい
原子炉建屋クレーン
使用済み
燃料プール
堰
原子炉容器
フランジツール
格納容器
フランジツール
原子炉プール
パワーモジュール

出典：　https://www.nuscalepower.com/

高温ガス炉(HTGR)のしくみ

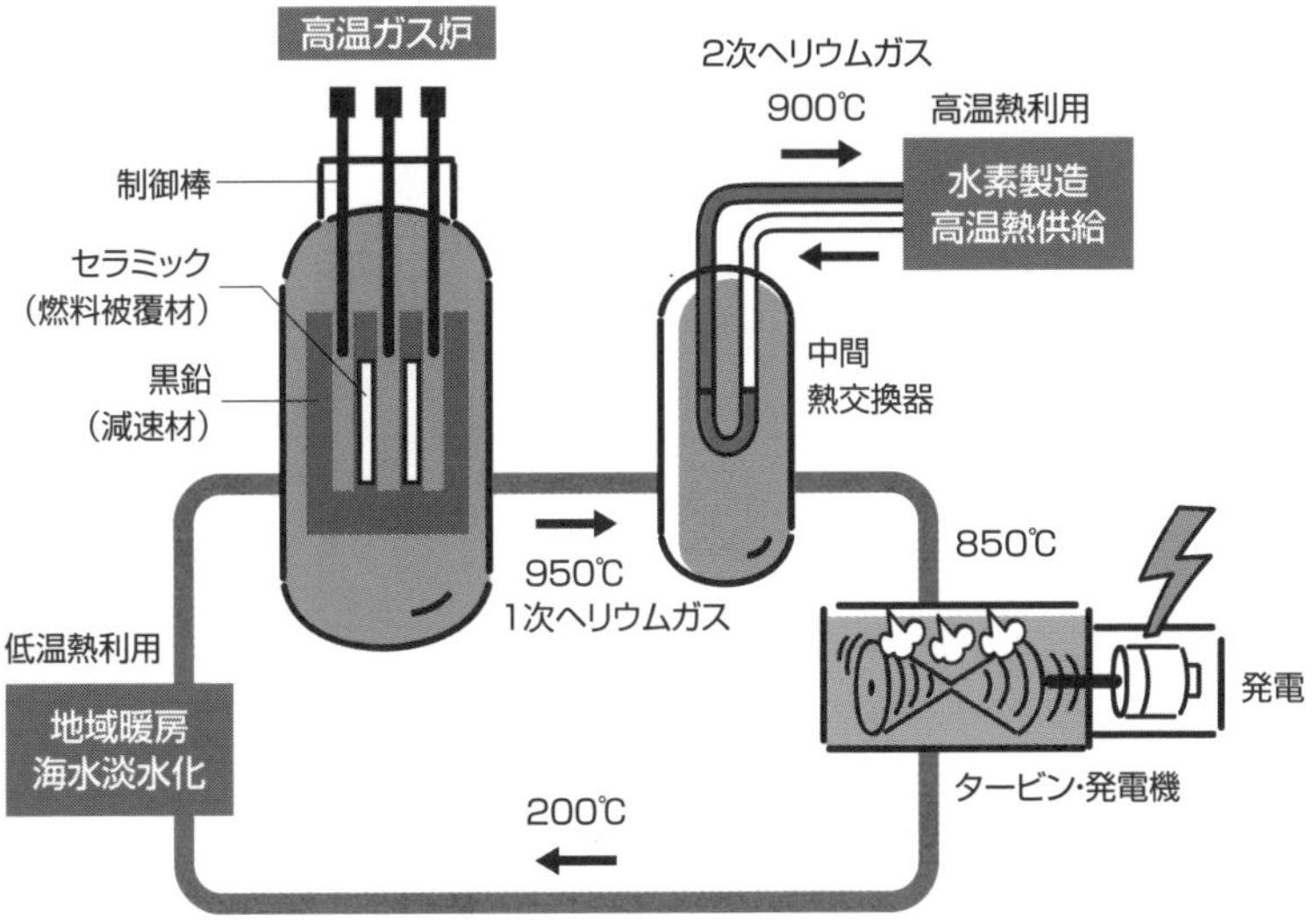
高温ガス炉
制御棒
セラミック
（燃料被覆材）
黒鉛
（減速材）
2次ヘリウムガス
900℃
高温熱利用
水素製造
高温熱供給
中間
熱交換器
950℃
1次ヘリウムガス
850℃
発電
タービン・発電機
低温熱利用
地域暖房
海水淡水化
200℃

出典；日本原子力研究開発機構
ホームページの資料より著者作成

43 核燃料サイクルをどうする?

核燃料サイクルとワンス・スルー方式

高速増殖炉では燃料転換比（燃料増殖比）は1・2ですが、軽水炉でも転換比は0・6であり、使用済み燃料にも貴重な核燃料が溜まっています。資源の有効利用と放射性廃棄物低減の観点から、使用済み燃料から有効利用成分（ウラン235、プルトニウム）を回収・再利用し、放射性廃棄物は処分することが計画されています。この再処理を含めた循環する輪を「核燃料サイクル」と言います（**上図**）。原子炉で利用するまでの燃料工程（ウラン採掘・製錬～ウラン濃縮～燃料成型加工）を「フロントエンド」、原子炉での利用後の工程（再処理、放射性廃棄物の処理処分など）を「バックエンド」と言います。

原子炉の燃料は酸化ウランのペレットをジルカロイの被覆管に入れて燃料棒を作り燃料集合体を作ります（**中図**）。再処理では、燃料棒を切断して硝酸に溶解させてウラン、プルトニウム、核分裂生成物に抽出分離します。現在、アメリカではこの方法を採用せず、使用済み燃料を再利用しないでそのまま処分する直接処分方式（ワンス・スルー方式）がとられています。

放射性廃棄物の処分（**下図**）は、隔離する、遮蔽する、減衰を待つの3原則に従って行います。低レベル放射性廃棄物では、濃縮した廃液などをセメントやアスファルトで固化して銅製のドラム缶に収納して浅地層処分を行います。一方、高レベル放射性廃棄物は使用済み燃料を硝酸で溶解・再処理してウランとプルトニウムを抽出しますが、そのとき核反応生成物を含む廃棄物が排出されます。これをホウケイ酸ガラスに固化してステンレス鋼の容器に入れ30～50年ほど冷却のために貯蔵して、その後に、地下数百メートルの安定な地層岩盤中に深地層処分を行う計画です。数千年以上にわたって放射性核種が人間の生活圏に出てこないように、岩盤・地質環境による「天然バリア」と、ガラス固化・ステンレス容器による「人工バリア」との「多重バリア」の技術開発が行われています。

要点BOX

- ●使用済み核燃料は核燃料サイクル（再処理）またはワンス・スルー方式（直接処分方式）
- ●高レベル放射性廃棄物は地下数百メートル処分

核燃料のサイクル

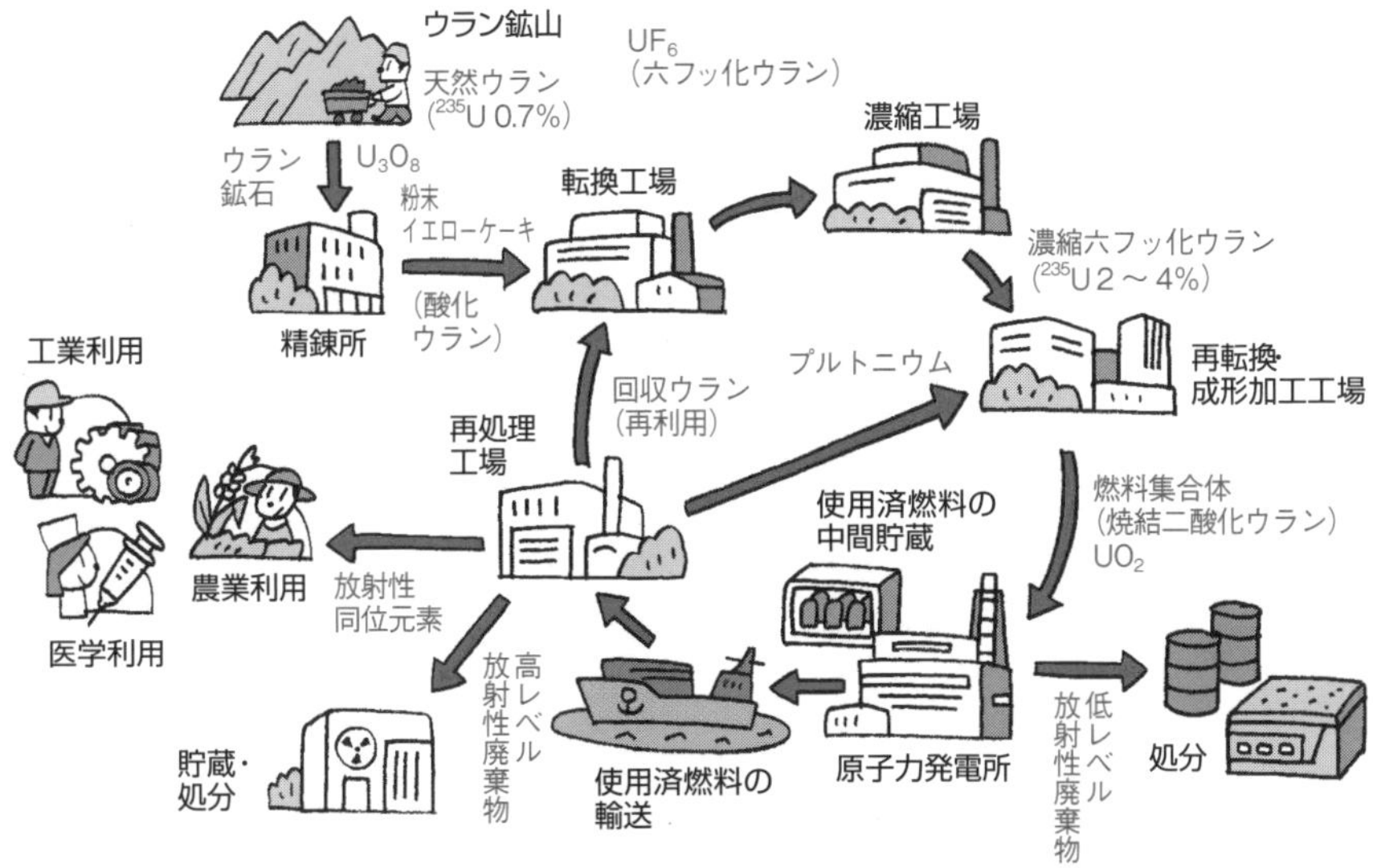

ウラン鉱山
天然ウラン
(^{235}U 0.7%)
ウラン
鉱石
U_3O_8
精錬所
粉末
イエローケーキ
(酸化
ウラン)
UF_6
(六フッ化ウラン)
転換工場
濃縮工場
濃縮六フッ化ウラン
(^{235}U 2～4%)
再転換・
成形加工工場
プルトニウム
回収ウラン
(再利用)
再処理
工場
工業利用
農業利用
医学利用
放射性
同位元素
燃料集合体
(焼結二酸化ウラン)
UO_2
使用済燃料の
中間貯蔵
原子力発電所
使用済燃料の
輸送
高レベル
放射性廃棄物
貯蔵・
処分
低レベル
放射性廃棄物
処分

燃料棒の構造

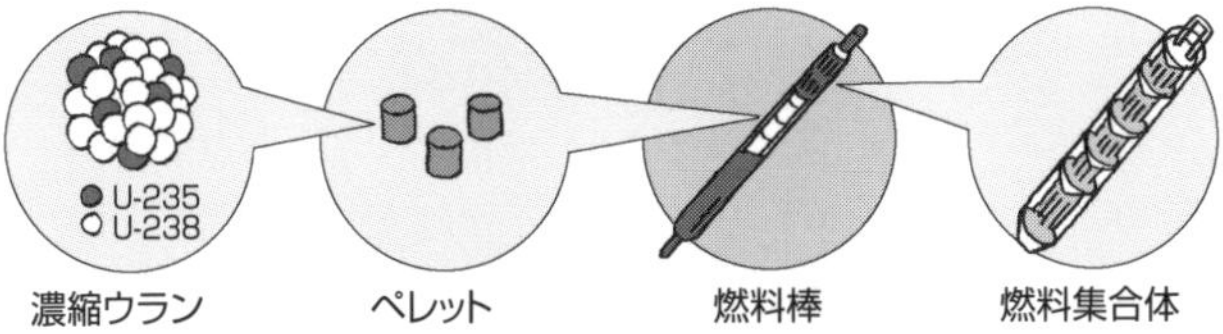

● U-235
○ U-238
濃縮ウラン
ペレット
燃料棒
燃料集合体

放射性廃棄物の処分方法

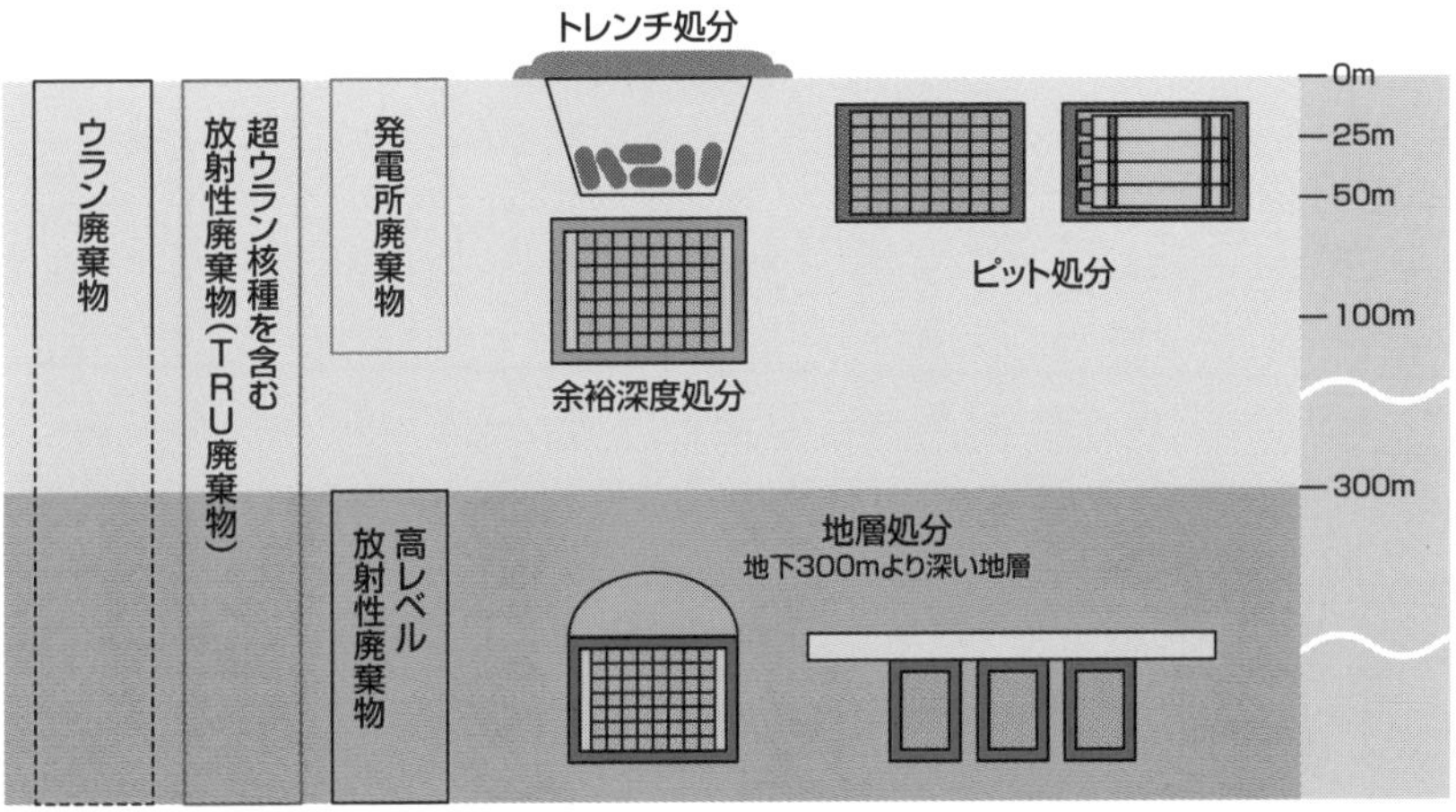

トレンチ処分
0m
25m
50m
100m
300m
ウラン廃棄物
超ウラン核種を含む
放射性廃棄物(TRU廃棄物)
発電所廃棄物
高レベル
放射性廃棄物
ピット処分
余裕深度処分
地層処分
地下300mより深い地層

44 革新エネルギー 核融合の利用

磁場核融合と慣性核融合

地球上の生物は、母なる太陽からの熱、光等のエネルギーの恩恵を受けて進化・発展してきました。自然エネルギーのほとんどがこの太陽のエネルギーが源です。太陽は主に水素の「プラズマ」で構成されていて、巨大な天然の核融合炉です。これを地上で実現させるために核融合の研究開発が進められています。

核融合を起こさせるためにはプラズマを高温・高密度にして長時間閉じ込める必要があります。太陽では、自分自身の大きな重力によりプラズマが閉じ込められています。核融合エネルギーを地上で生成するためには、磁場による核融合プラズマの閉じ込めか、レーザーによる慣性閉じ込めの方式が用いられます（**上図**）。

原子力発電では、ウランなどの核燃料が分裂するときの核分裂エネルギーを利用するのに対して、核融合発電では、重水素などの燃料同士が融合し合う時に発生する核融合エネルギーを利用します（**中図**）。これらの核エネルギーを熱に変換して蒸気タービンを回し発電する方式は両者とも同じであり、二酸化炭素を発生しないので、地球の温暖化や酸性雨被害を起こさない長所があります。理論上は燃料1グラムから石油8トン分の膨大なエネルギーが得られます。

核融合炉の中心のプラズマから核融合エネルギーを発生させます。磁場核融合ではプラズマの保持のための超伝導コイルが不可欠です。生成される中性子は炉心をとりまくブランケットで熱エネルギーに変換されます。高温の冷却水は熱交換器を介して蒸気を発生させ、蒸気タービンによる発電を行います（**下図**）。

原子炉と比較して核融合炉発電は、燃料が海水中に無尽蔵にあること、核暴走がなく安全性・環境保全性が高いこと、放射性廃棄物も少ないこと、などの魅力がたくさんあり、「夢の原子炉」とも呼ばれています。現在は国際熱核融合実験炉（ITER：International Thermonuclear Engineering Reactor）を国際協力で推進中であり、2050年頃の実用化を目指しています。

要点BOX

- **太陽は重力閉じ込め、地上の太陽は磁場閉じ込め、または、慣性閉じ込め**
- **核融合炉は燃料が無尽蔵、核暴走がない**

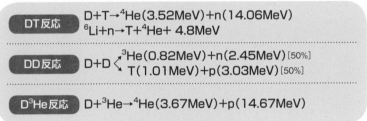

自然の太陽と人工太陽

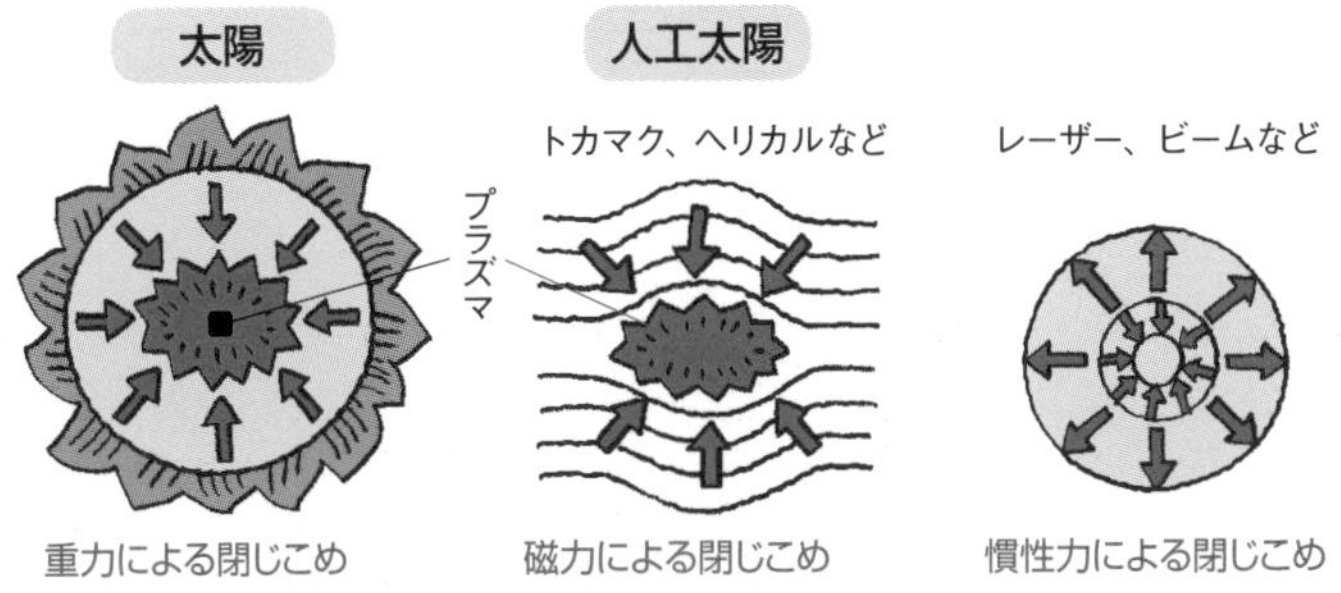
太陽
人工太陽
トカマク、ヘリカルなど
レーザー、ビームなど
プラズマ
重力による閉じこめ
磁力による閉じこめ
慣性力による閉じこめ

各種の核融合反応

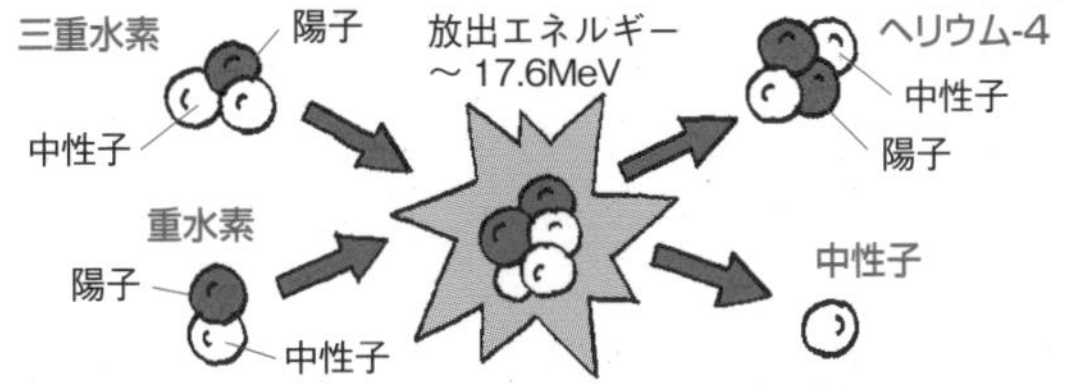
三重水素
陽子
中性子
重水素
陽子
中性子
放出エネルギー
～17.6MeV
ヘリウム-4
中性子
陽子
中性子

DT反応	$D+T \to {}^{4}He(3.52MeV)+n(14.06MeV)$ ${}^{6}Li+n \to T+{}^{4}He+4.8MeV$
DD反応	$D+D \to {}^{3}He(0.82MeV)+n(2.45MeV)$ [50%] $D+D \to T(1.01MeV)+p(3.03MeV)$ [50%]
$D^{3}He$反応	$D+{}^{3}He \to {}^{4}He(3.67MeV)+p(14.67MeV)$

1MeV ～ 100 億度

核融合炉のしくみ

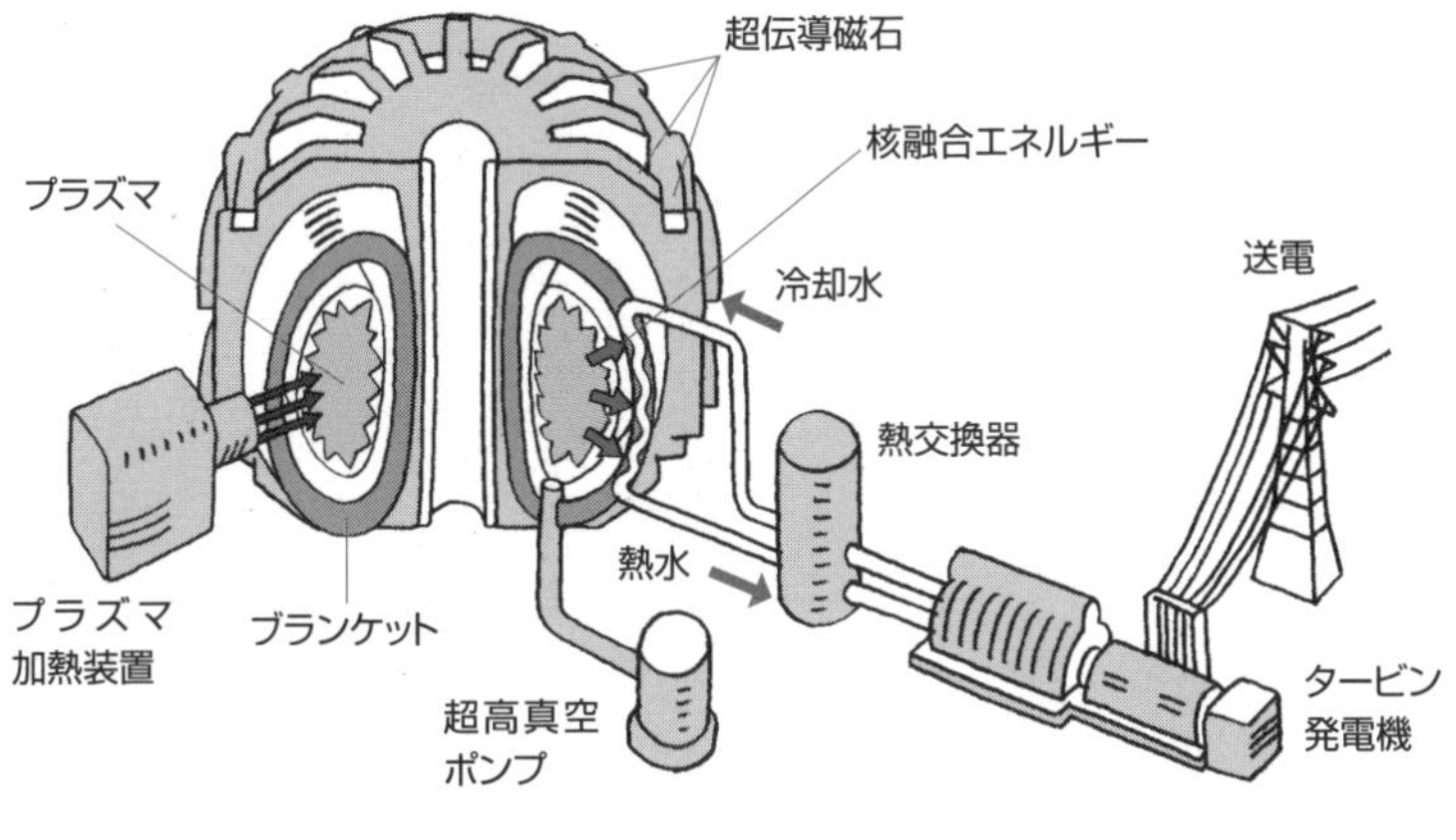
超伝導磁石
核融合エネルギー
プラズマ
冷却水
送電
熱交換器
熱水
プラズマ
加熱装置
ブランケット
超高真空
ポンプ
タービン
発電機

Column

エネルギーの乱雑度と有効度とは?
(エンタルピー、エントロピー、エクセルギーとアネルギー)

生物はエネルギーを使って生活しています。エネルギーは生命の源ですが、エネルギーには量と同時に質にもこだわる必要があります。全エネルギーを表す量は「エンタルピー」、質的な乱雑度を表す量が「エントロピー」であり、有効度を表す量が「エクセルギー」です。

全エネルギー量を表すのには、系の「内部エネルギー」に「圧力と体積の積」の値を加えた量「エンタルピー」を定義します。体積が一定の変化の場合には内部エネルギーが周辺からの流入熱量と等価になりますが、圧力が一定の変化の場合にはエンタルピーの増加量が流入熱量と等価です。

冷たい水と温かい水を混ぜ合わせた場合に平均の温度の水が作られますが、その逆に、冷たい水と温かい水に分離するのは不可能です。それを「エントロピー（乱雑さの度合い）増大の法則」として表します。エントロピーは、吸収した熱量Qをその系の温度Tで割った値（Q／T）で記述されます。熱は必ず高温部から低温部に流れること、仕事が熱に変わる場合は非可逆的であることが、熱力学の第二法則として示されています。これは物質の中の膨大な量の分子の統計的な物理現象として理解されています。空想の「マクスウェルの悪魔」であればエントロピーを低くすることが可能ですが、人間は自分や周りのエントロピーを上げることでエントロピーの低い高度な文明社会を作ってきています。

熱力学を理解するには以上のエンタルピーとエントロピーが不可欠ですが、「エクセルギー（有効エネルギー）」の定義も有用です。これは、全エネルギー（エンタルピー）から物質の温度と環境温度で決まる平衡状態量「アネルギー（無効エネルギー）」を差し引いたものです。エクセルギーはその物体がする仕事であり、可逆変化として取り出せて力学エネルギーや電磁エネルギーに変換できる最大エネルギーに対応します。

エネルギー利用では、熱力学第一法則に基づく「エンタルピー収支」と熱力学第二法則に基づく「エクセルギー損失」を評価してエネルギー効率を高める必要があります。

第6章

がんばろう!
エネルギー有効利用

45 エネルギーの有効利用とは?

2次エネルギーと省エネルギー

エネルギー源としての必要要素は、①取得しやすいこと（安価・大量・安定供給）、②利用しやすいこと（利便性とネットワーク）、③受入れやすいこと（環境保全と安全性）の3つが重要です。また、このエネルギー源を効率よく供給・利用できることも重要です。

エネルギー源は1次エネルギー（石油、石炭、天然ガス、バイオマスを含む自然エネルギー、原子力など）から利用形態や輸送方式に即して2次エネルギー（液体燃料、ガス燃料、燃料電池、電気、熱など）に変換され、最終エネルギーの形態（民生、輸送、産業など）で消費されます（**上図**）。特に上記の②の観点からは、2次エネルギーとして家庭用には主に電気や液体燃料としてのガソリン（原油からの加工）に変換されて利用されています。

省エネルギーのためには、（1）化石燃料の節約等の省資源、（2）高効率発電等によるエネルギー供給の効率化、（3）未利用エネルギーの活用等のエネルギー利用の効率化が必要です。これらのためには、エネルギー変換効率を向上させる必要があります。1次エネルギーを100%とすると、現状では電気利用の場合は発電・輸送を考えて変換効率は約38%であり、電気自動車では動力効率70%を掛けて約27%と考えられます。一方、ガソリンの生成の変換効率は84%で、ガソリン車の動力効率18%を考えると最終的な効率は低く15%に相当します（**中図**）（詳細は第51項参照）。

第1次石油危機後、日本では、省エネルギー対策を徹底的に進め成果を上げてきました。**下図**に示したように、日本は主要先進国の中でも効率的にエネルギーを使用している国です。**図**では、エネルギーの消費量を実質的なGDP（国内総生産）で割った値を日本の値を1として比較しています。数値が低いほうが効率よくエネルギーを利用していると言えますが、産業構造の変化、外貨の変動、震災以降の火力発電所の稼働などから、他国との差が小さくなってきています。

要点BOX

- 一次エネルギーを100%として電気利用の変換効率は38%で、電気自動車は27%
- ガソリン生成は84%で、ガソリン車は15%

エネルギー供給の効率化

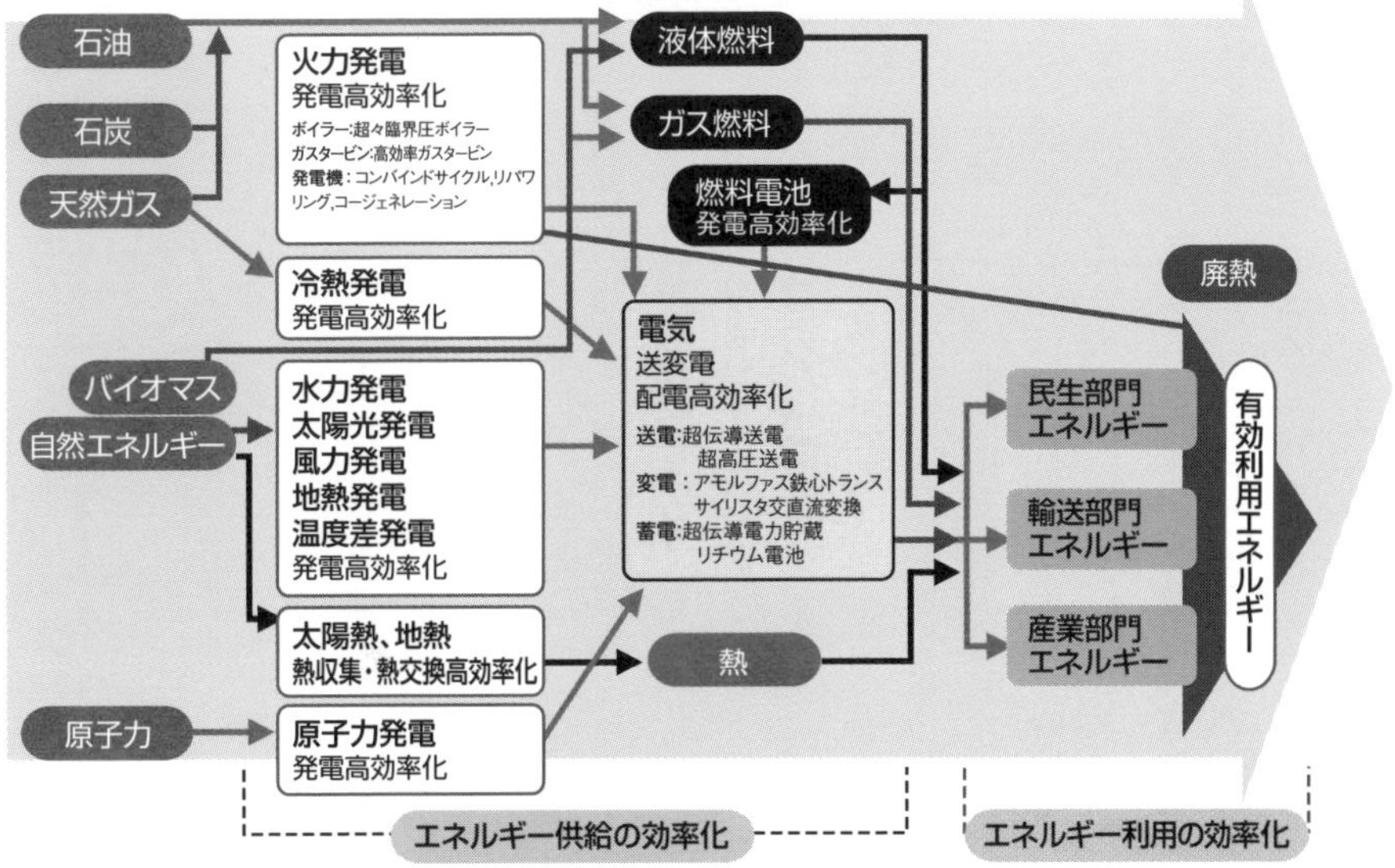

エネルギー変換効率の比較

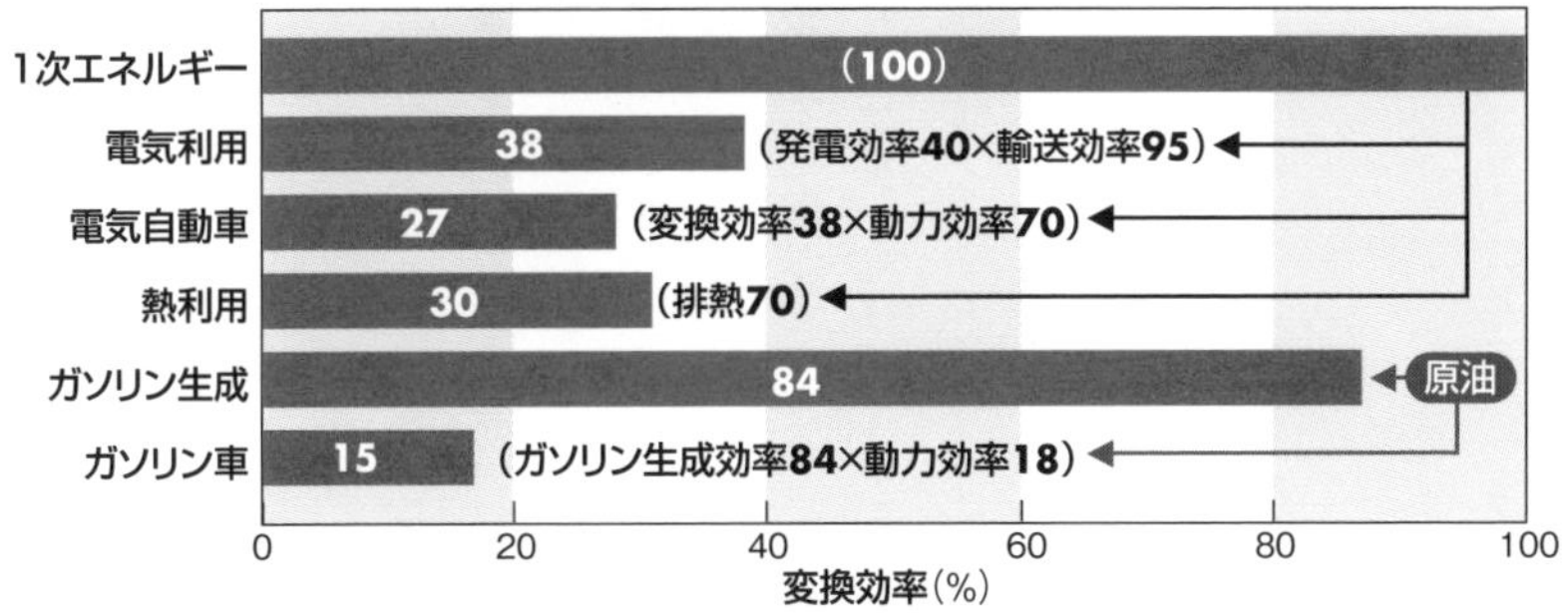

エネルギー消費効率の国際比較(2020年)

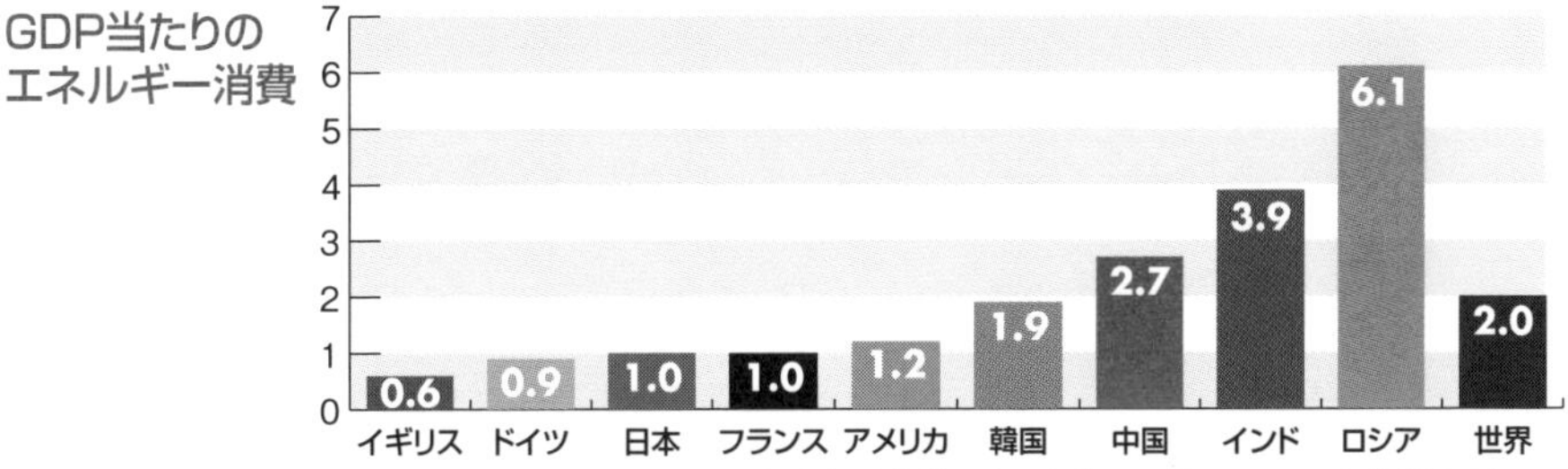

エネルギー消費量(石油換算トン)/実質GDP(米ドル、2015年基準)を日本=1として換算

出典:「エネルギー白書 2023」(p.76)

46 電気エネルギーと効率

発電効率とカルノーサイクル

真夏の暑い時にはクーラーが私たちの生活を快適にしてくれます。2次エネルギーとしての電気エネルギーは安全でクリーンであり、かつ使いやすいこともあり、電力使用量は増える一方です。最終エネルギー消費のうち電力消費量の割合を「電力化率」と呼ばれますが、日本の場合には電力化率は1970年には12・7%ほどでしたが、2020年度には27・2%であり、年間9千百億kW時の電力が消費されています（上図）。世界全体でも1970年には10%でしたが2020年には20%と2倍に増加しています。便利な電化製品の普及が主な原因です。電力化率は1人当たりのGDPとの相関が見られ、経済水準の高まりが利便性のよい電力への需要が高まることが示されています。

日本では火力、水力、原子力など電源構成の多様化がなされてきました。2020年の日本の発電電力量の割合は、天然ガスが39%、石炭は31%、石油は6%、水力は8%、原子力が4%であり、新エネルギーなどが12%となっています。

発電の効率を上げる試みも行われています。現在の発電は蒸気タービンなどの熱機関を用いて熱から力学的エネルギーへの変換により行われています。効率は低温と高温との温度差の比で決まり、理想的なカルノーサイクルの効率〔η_c=1－（低温度／高温度）〕が上限です。高温部を300℃（573K）の蒸気として、低温部を100℃（373K）とすると理想効率は35%です。500℃まで上げると50%となり、高温化の技術開発が進められています。蒸気タービンとガスタービンの高効率複合発電も進められています（中図）。最近は「オール電化」として、利便性、クリーン性などから電力への依存度がますます大きくなってきています。

電力料金の単純な国際比較は困難ですが、日本は他国に比べて比較的高価であり、環境税などにより格差は縮まっています（下図）。

要点BOX

- ●最終エネルギー消費のうち電力消費量の割合を電力化率と呼び、日本では27%、世界で20%
- ●熱機関の蒸気高温化による発電効率を向上

電力化率の推移（1965－2021）

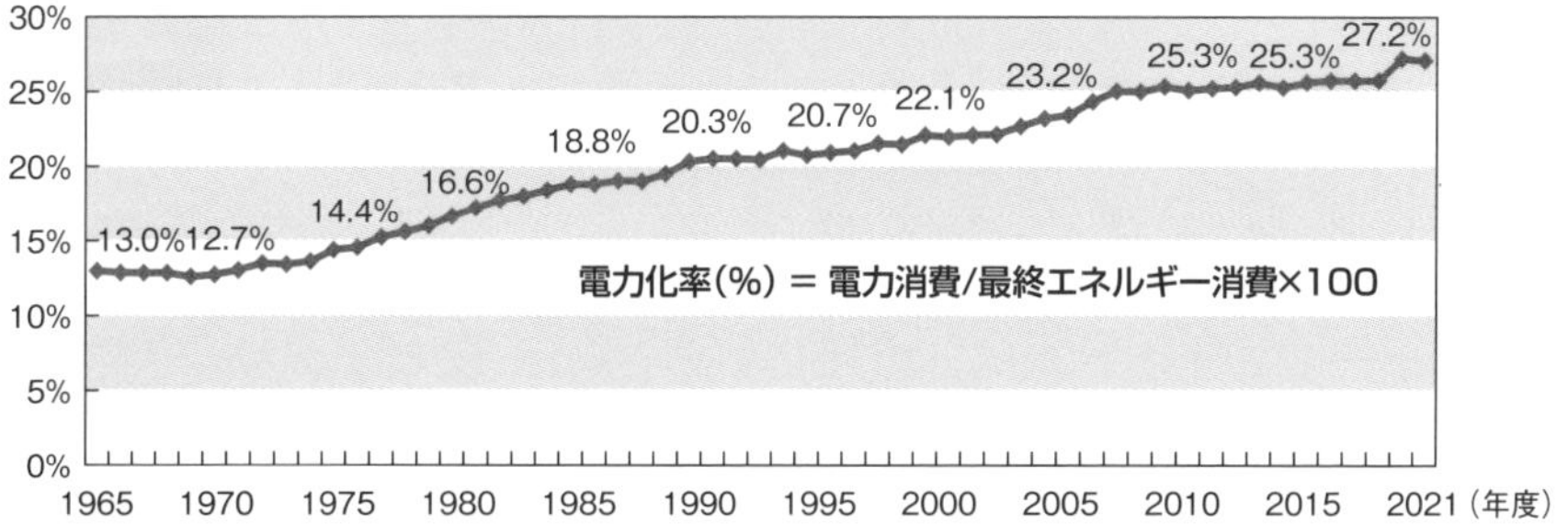
30%
25%
20%
15%
10%
5%
0%
13.0%
12.7%
14.4%
16.6%
18.8%
20.3%
20.7%
22.1%
23.2%
25.3%
25.3%
27.2%
電力化率（%）＝電力消費/最終エネルギー消費×100
1965
1970
1975
1980
1985
1990
1995
2000
2005
2010
2015
2021
（年度）

出典：「エネルギー白書 2023」（p.77）

発電効率の比較

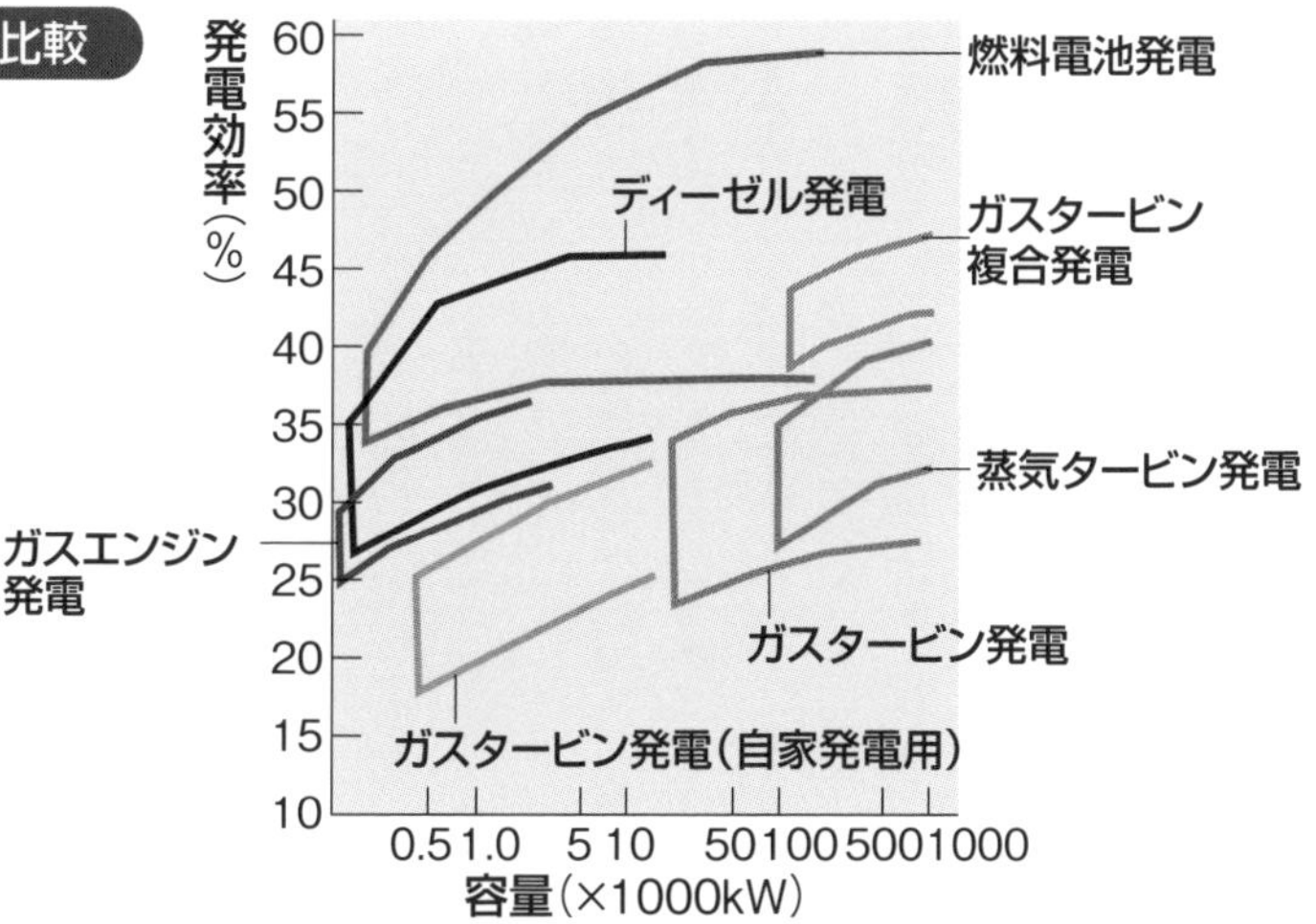
発電効率（%）
60
55
50
45
40
35
30
25
20
15
10
燃料電池発電
ディーゼル発電
ガスタービン複合発電
蒸気タービン発電
ガスエンジン発電
ガスタービン発電
ガスタービン発電（自家発電用）
0.5
1.0
5
10
50
100
500
1000
容量（×1000kW）

電気料金の国際比較（2020年）

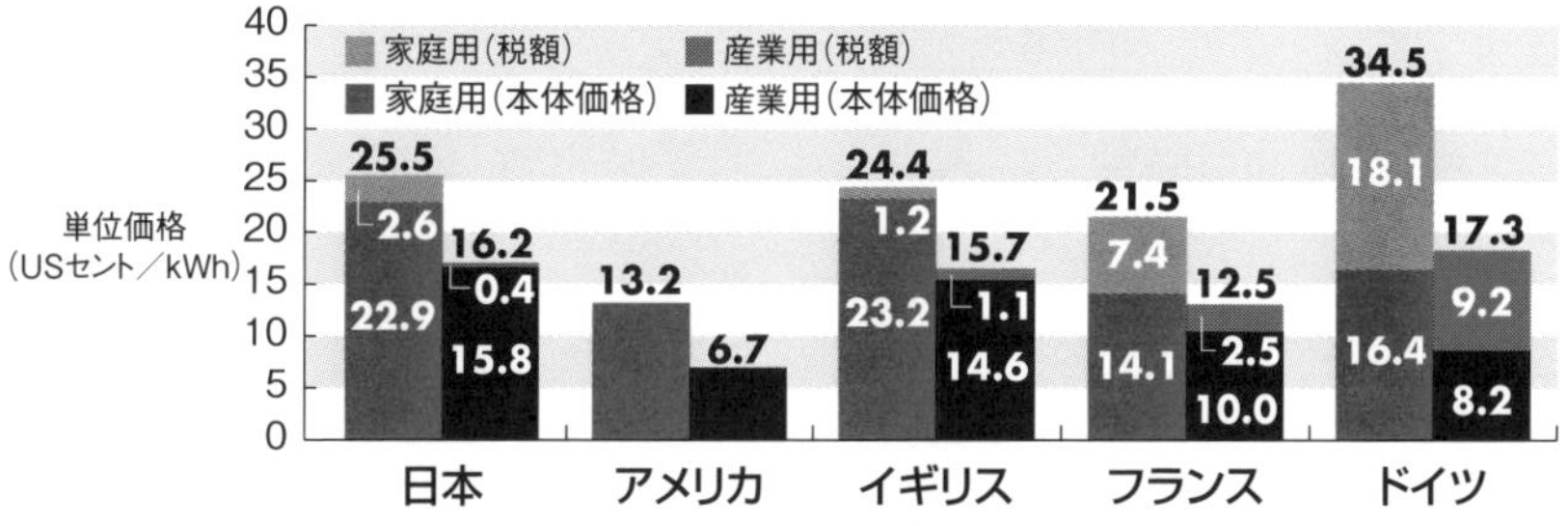
40
35
30
25
20
15
10
5
0
単位価格（USセント／kWh）
家庭用（税額）
産業用（税額）
家庭用（本体価格）
産業用（本体価格）
25.5
2.6
22.9
16.2
0.4
15.8
13.2
6.7
24.4
1.2
23.2
15.7
1.1
14.6
21.5
7.4
14.1
12.5
2.5
10.0
34.5
18.1
16.4
17.3
9.2
8.2
日本
アメリカ
イギリス
フランス
ドイツ

出典：エネルギー白書 2022（p.148）より作成

47 水素エネルギー社会

水素の製造法

　電気エネルギーとともに水素エネルギー（化学エネルギーの1種）は未来の2次エネルギー源として期待が寄せられています。水素は燃やしても水しかできなく炭素や硫黄を含まないのでクリーンです（上図）。しかし、水素製造には何らかのエネルギーが必要です。

　水素は1次エネルギー源を用いて製造し、液体水素をタンカーやパイプラインで輸送し、電力製造、熱源、動力源として幅広い利用が可能です。液化しにくく爆発の危険もあり、輸送・貯蔵などに留意すべき点もありますが、「エネルギーの十字路」に位置する有望な燃料と考えられています。現在ではロケットの燃料として一部実用化されていますが、石油やガソリンに変わる液体燃料としての経済的で効率的な水素の製造が必要です。

　水素の製造にはいくつかの方法があります。水は水素と酸素でできているので、水を分解すると水素ができます。原子力や化石燃料、新エネルギーなどからの電気を利用した電気分解法や、原子力、太陽熱などの高温の熱の利用で水分子をバラバラにする熱分解法などが考えられています。石炭や重質油のガス化による水素製造もありますし、天然ガス（メタン）や軽質油の改質化（中図）により水素を取り出す方法もあります。さらには、生物反応利用の方法も考えられています。

　地球環境問題から、クリーンな再生可能エネルギーの利用が期待されていますが、この再生可能エネルギーを一度別の形（2次エネルギー）に変えることで、地球規模で効率的に利用する方法が考えられています。その2次エネルギーとして水素を利用することが推進されてきています。日本では2017年に「水素基本戦略」が策定され、2023年に改訂されて、水素社会の到来をめざして毎年水素閣僚会議も開催されてきています。燃料電池車などで、水素エネルギーはますます重要になってきています（下図）。

要点BOX

- ●水素はクリーンな未来の2次エネルギー源
- ●水素製造は、水の電気分解法・熱分解法、石炭のガス化、天然ガスの改質、生物反応利用など

水素エネルギー

水素には
次のような特徴があります

1 無色、無臭である
2 自然発火しにくい
3 最も軽い気体である
4 液体水素は−253℃と極低温である
5 燃焼温度が3000℃と高い
6 火炎が見えない
7 燃えても炭酸ガス、硫黄酸化物などが出ずクリーン

地球規模でのエネルギー資産の再配分

- **化石燃料有効利用**
  - **従来利用技術**：効率向上、石炭有効利用
- **未利用カーボンフリーエネルギーの利用拡大**
  - **水力**：包蔵水力の利用、国際河川の開発
  - **太陽・風力等の自然エネルギー**：利用拡大に向けた技術開発（技術・経済性の確保）
  - **原子力**：立地の推進
- **電力による地域内融通**：北米・欧州他
- **電力以外の媒体による地域間輸送**：水素→液体水素、アンモニア、メタノール

水素の発生法

●水の電気分解　●石炭、重質油のガス化
●天然ガス（メタン）または軽質油の改質化（下図）
●生物反応

メタン → 脱硫化水素 → 一次改質 → 二次改質 → 脱炭酸 → 水素の分解精製 → 純水素

- 脱硫化水素：有機硫黄などの存在時は、あらかじめ硫化水素に転換
- 一次改質 ← 水蒸気
- 二次改質 ← 空気、酸素
- 水素の分解精製 → 二酸化炭素

水素エネルギーと社会

砂漠
水素飛行機
水素リアクター
水素基地
家庭廃水からの水素生産
バイオマス
H_2
海水
材料等の補給
水素タンカー
水素自動車
水素タンカーから
バイオマス廃水
ロケット燃料
海上リアクター

48 エネルギーを蓄える

蓄電、蓄熱、蓄燃料

真夏の暑い昼間に電力のピークが来ることはよく知られています。電力の負荷変動は年々厳しくなってきています。対策として、夜間に生成されるエネルギーを貯蔵して昼のピーク時に使われています。

エネルギーの貯蔵はこの電力負荷の一様化のほかに、変動が激しい自然エネルギーの最適利用、電気と熱を同時に利用するコージェネレーションシステムでの補助蓄エネルギー装置の利用、などが考えられています。

エネルギー貯蔵の方法としては、①力学的貯蔵、②化学的貯蔵、③電磁気的貯蔵（蓄電）、④熱的貯蔵（蓄熱）、などがあります（**上図**）。

力学エネルギー利用の典型がフライホイールエネルギー貯蔵（FWES）です（**中図**）。はずみ車（フライホイール）を電気で回すことで回転エネルギーとして電気を蓄えて、大電力を供給します。フライホイール効果の身近な例として陶磁器製作用の「ろくろ」があります。圧縮空気貯蔵（CAES）では、深夜電力を利用して空気を圧縮・貯蔵し、負荷ピーク時にガスタービンに供給することで電力利用の平坦化を可能にするものです（**下図左**）。昼の負荷ピーク時対策用の揚水発電も力学エネルギーを利用しています。化学エネルギーを利用した新型電池電力貯蔵（BES）、化学蓄熱もあります（**下図右**）。電気分解による水素製造は化学的エネルギーの貯蔵の代表例です。電磁気利用の超伝導エネルギー貯蔵や、熱的貯蔵システムとしての水・氷蓄熱（クラスレート蓄熱）もあります。

非常時に備えての石油備蓄も蓄エネルギー（化学エネルギーの貯蔵）の1つの形態（蓄燃料）と考えられます。日本の石油備蓄は8千万キロリットルであり、日本の石油消費の約200日分に相当します。国家備蓄と民間備蓄とは各々半分のおよそ100日分に相当します（22節参照）。備蓄基地としては、地上タンク方式のむつ小川原基地、地中タンク方式の秋田基地、洋上備蓄の上五島基地などがあります。

要点BOX

- **エネルギー貯蔵目的は、電力負荷の一様化、自然エネルギーの最適利用、電気と熱の同時利用**
- **力学的、化学的、電磁的、熱的、などの貯蔵法**

エネルギーの貯蔵方法

力学的エネルギー貯蔵
- フライホイール(FWES)
- 圧縮空気貯蔵(CAES)
- 揚水発電(海水揚水、地下揚水を含む)

化学的エネルギー貯蔵
- 新型電池電力貯蔵(BES)
- 化学蓄熱(ケミカルヒートポンプ)
- 水素エネルギー貯蔵
- 石油備蓄

電磁的エネルギー
- 超伝導エネルギー貯蔵(SMES)
- コンデンサ電気貯蔵

熱的エネルギー貯蔵
- 水・氷蓄熱(クラスレート蓄冷熱)

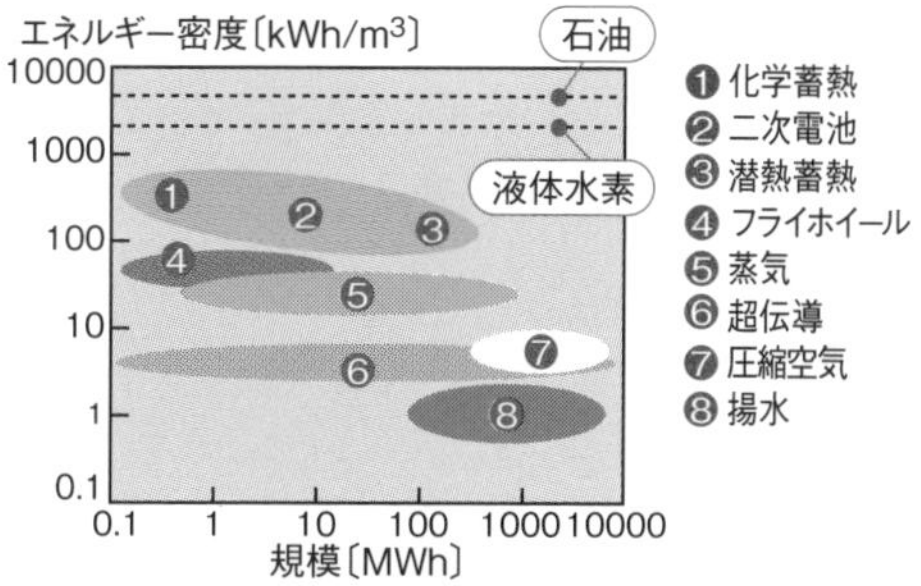
エネルギー密度〔kWh/m³〕
石油
液体水素
10000
1000
100
10
1
0.1
0.1 1 10 100 1000 10000
規模〔MWh〕
❶化学蓄熱
❷二次電池
❸潜熱蓄熱
❹フライホイール
❺蒸気
❻超伝導
❼圧縮空気
❽揚水

フライホイールエネルギー貯蔵
(FWES:Fly-Wheel Energy Storage)

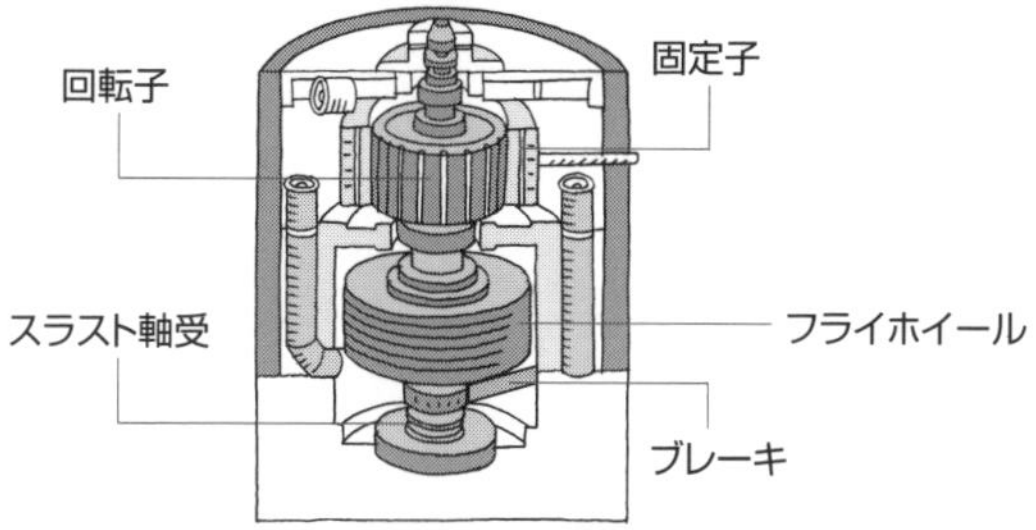
回転子
固定子
スラスト軸受
フライホイール
ブレーキ

圧縮空気(エネルギー)貯蔵
(CAES : Compressed Air Energy Storage)

普通のガスタービン発電

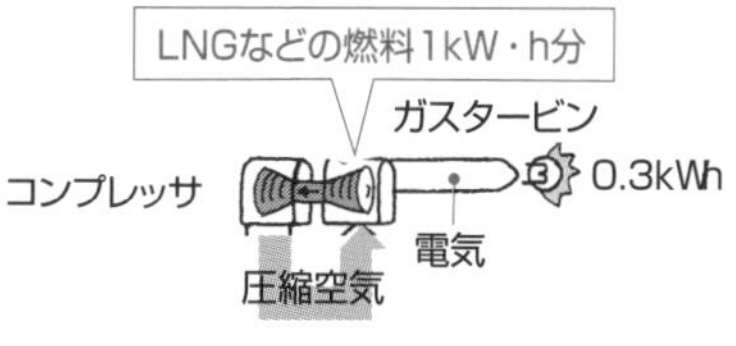
LNGなどの燃料1kW・h分
ガスタービン
コンプレッサ
0.3kWh
電気
圧縮空気

圧縮空気貯蔵発電

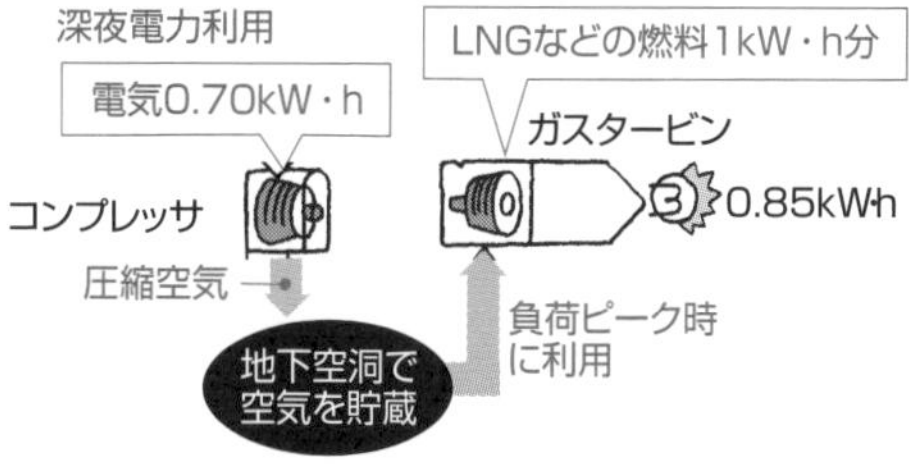
深夜電力利用
電気0.70kW・h
LNGなどの燃料1kW・h分
ガスタービン
コンプレッサ
0.85kWh
圧縮空気
負荷ピーク時
に利用
地下空洞で
空気を貯蔵

電池電力貯蔵
(BES : Battery Energy Storage)

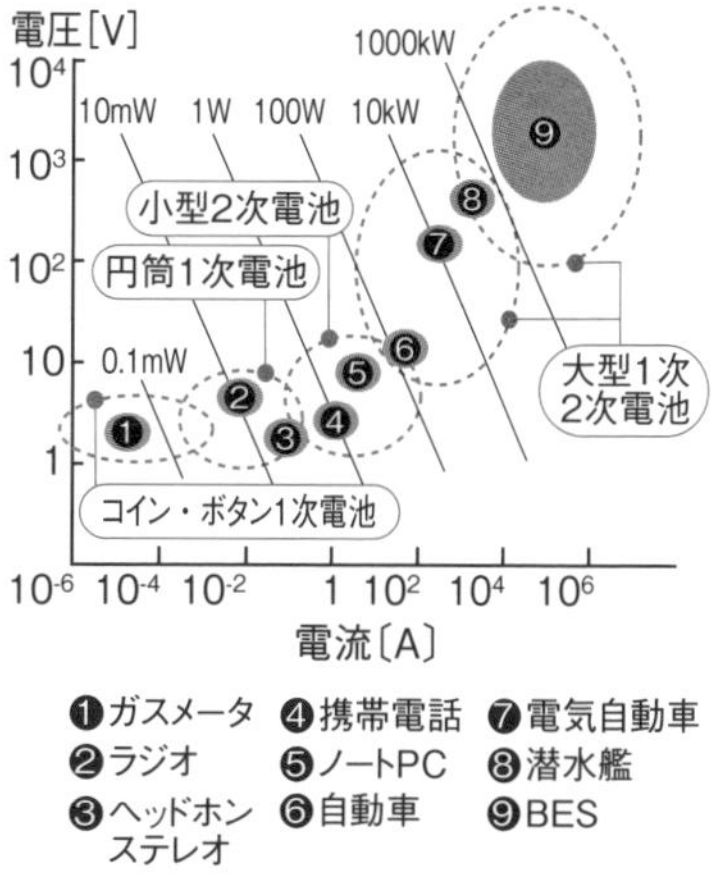
電圧[V]
10⁴
10³
10²
10
1
1000kW
10mW 1W 100W 10kW
0.1mW
小型2次電池
円筒1次電池
大型1次
2次電池
コイン・ボタン1次電池
10⁻⁶ 10⁻⁴ 10⁻² 1 10² 10⁴ 10⁶
電流〔A〕
❶ガスメータ
❷ラジオ
❸ヘッドホン
ステレオ
❹携帯電話
❺ノートPC
❻自動車
❼電気自動車
❽潜水艦
❾BES

49 期待される全固体電池

バルク型と薄膜型

一般的に、光、熱などの物理反応や、電解質中での化学反応などにより、エネルギーを電気に変換する装置を「電池」と呼びます。電池には、化学電池、物理電池、生物電池などがあります。化学電池には、アルカリ乾電池などの1次電池と、充電式蓄電池としてのリチウムイオン電池などの2次電池、そして、水素などを利用した固体高分子型などの燃料電池があります（上図）。

現在、重量当たりのエネルギー密度が最も高くて高性能な蓄電池はリチウムイオン電池です。電池の正極にリチウム（元素記号：Li）を含んだ金属化合物を、負極にはリチウムイオンの貯蔵ができる黒鉛を使用します。リチウムイオンは電解質を通じて電極間を移動します。液体の電解質を使っているので、負極（カーボン）と正極（酸化物）が触れ合わないようにセパレータが必要で、かつ、液漏れ対策に丈夫な容器が必要となります（下図左）。リチウムイオン電池はカドミウムや鉛などの有害物質を含まないので、環境にも優しい電池ですが、小型・軽量化には改良が必要です。

固体電解質を使う全固体電池では、固体電解質がセパレータの役割を果たします。セパレータや厚いケースが不要となり、多層化により小型化や大容量化が可能となります（下図右）。特に、現在の電気自動車（EV）の電池では航続距離や充電時間に課題があるため、EVの航続距離を延ばすために、安全性が高くて長寿命、高速充電が可能で、小型で軽量の蓄電池としての全固体開発が進められてきています。安価な全固体電池の開発の可否がEVの成功の鍵を握っています。

全固体電池にはバルク型と薄膜型があります。バルク型では、一般的なリチウムイオン電池と構造的には似ており、導電率の高い固体電解質を使います。薄膜型では、スパッタ法、真空蒸着法、パルスレーザー堆積法などの気相法を用いて薄膜を積層させて、作製される電池です。

要点BOX

- ●リチウムイオン電池は高性能だが、液漏れ対策、重量エネルギー密度向上、小型化開発が必要
- ●全固体電池はリチウムイオン電池の改良型

電池の種類

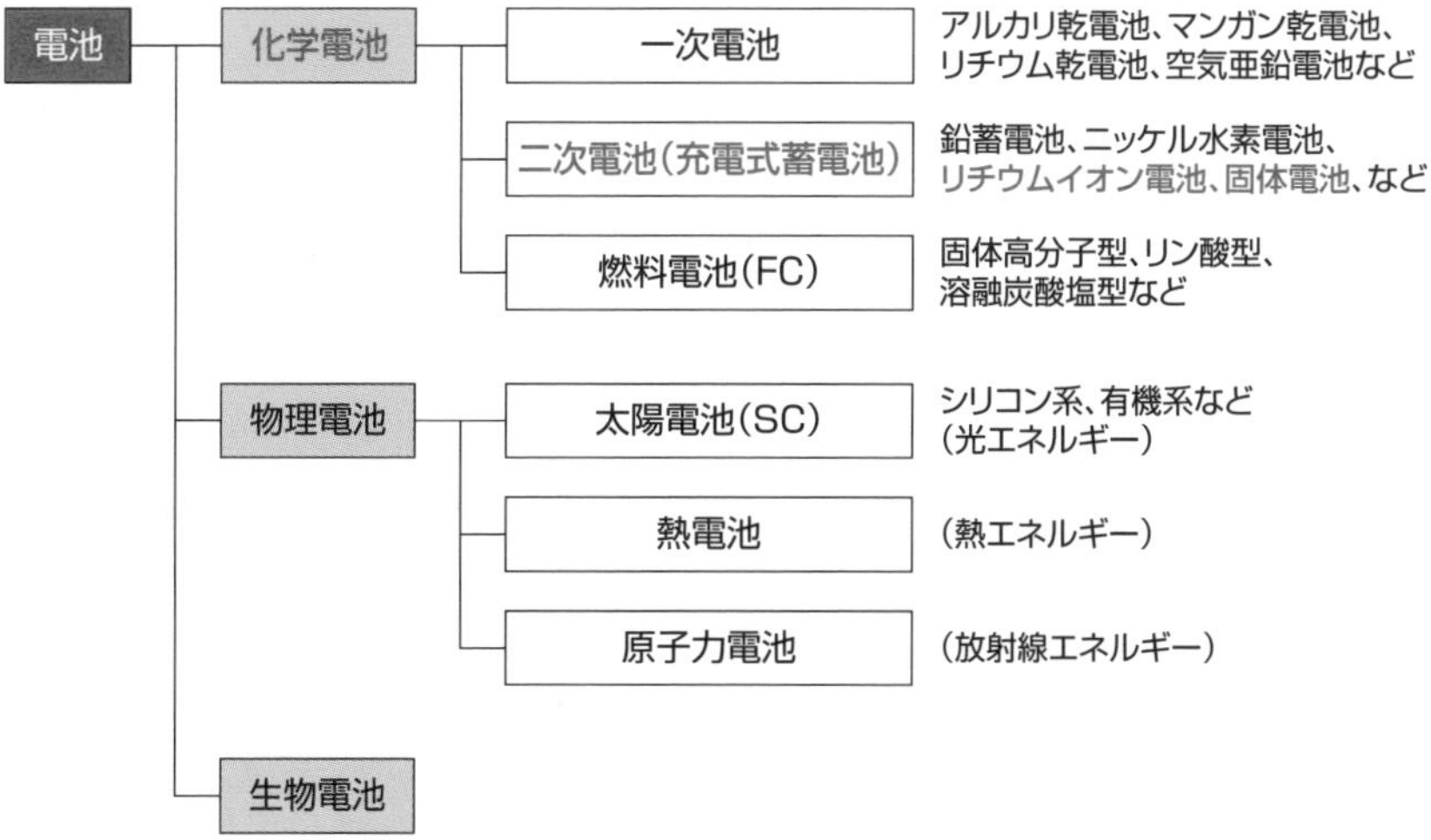

電池
化学電池
一次電池
アルカリ乾電池、マンガン乾電池、
リチウム乾電池、空気亜鉛電池など
二次電池（充電式蓄電池）
鉛蓄電池、ニッケル水素電池、
リチウムイオン電池、固体電池、など
燃料電池（FC）
固体高分子型、リン酸型、
溶融炭酸塩型など
物理電池
太陽電池（SC）
シリコン系、有機系など
（光エネルギー）
熱電池
（熱エネルギー）
原子力電池
（放射線エネルギー）
生物電池

リチウムイオン電池と全固体電池

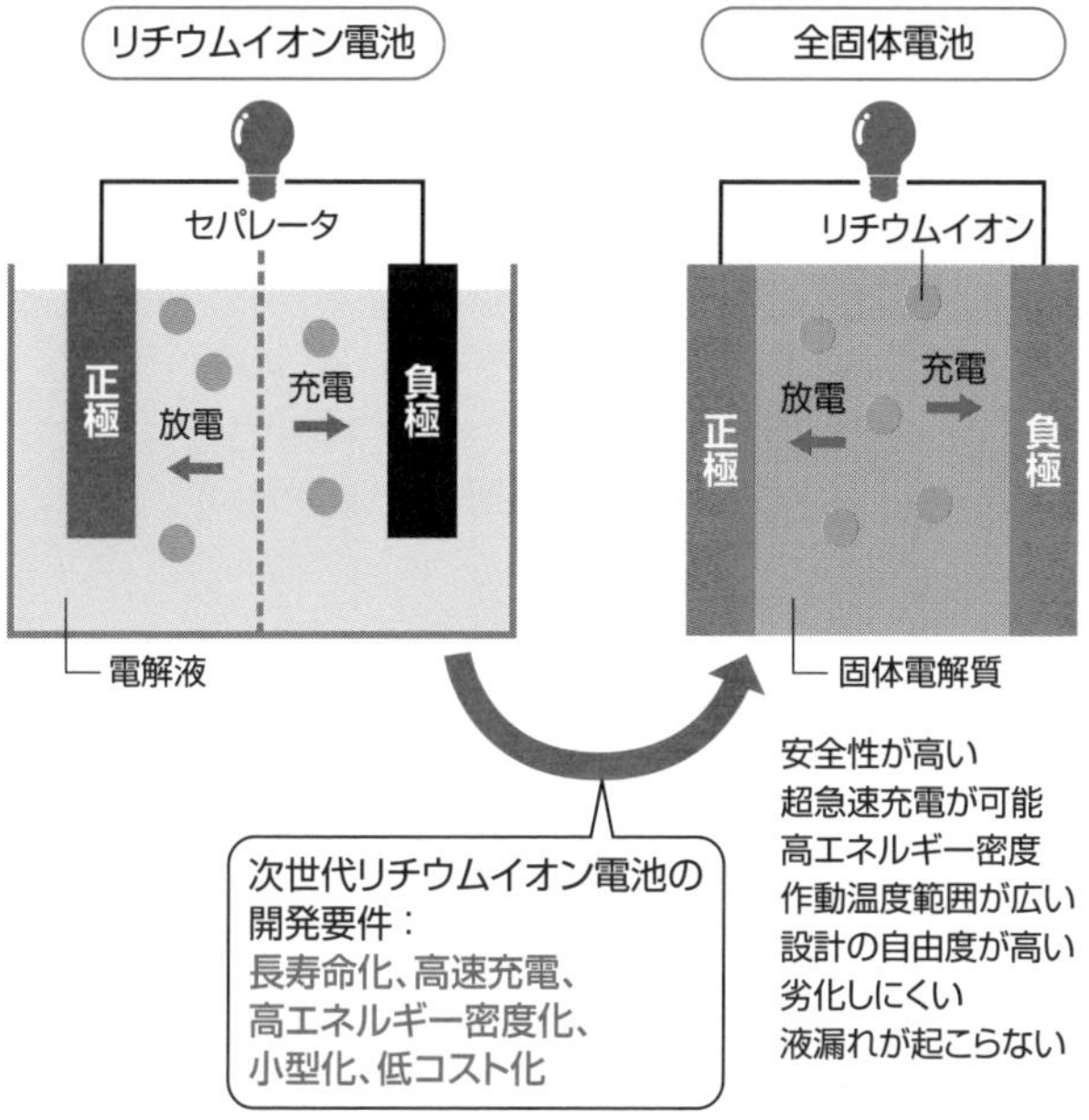

リチウムイオン電池
セパレータ
正極
放電
充電
負極
電解液
全固体電池
リチウムイオン
放電
充電
正極
負極
固体電解質
安全性が高い
超急速充電が可能
高エネルギー密度
作動温度範囲が広い
設計の自由度が高い
劣化しにくい
液漏れが起こらない
次世代リチウムイオン電池の
開発要件：
長寿命化、高速充電、
高エネルギー密度化、
小型化、低コスト化

50 超伝導の電力応用

超伝導電力貯蔵

超伝導（超電導）は1911年にオランダのカマリン・オンネスにより水銀の電気抵抗が絶対零度近くでどうなるかを測定していて発見されました。1986年にはベドノルツとミューラーにより、酸化物超伝導体が発見され、次々と高い超伝導転移温度をもつ超伝導体が発見されてきています。物質の電気抵抗がなくなるという性質を利用して、大量の電気を効率よく運ぶことや、高速・省エネルギー型の電子デバイスの製作の面からも注目されています。

低温を表すには、通常使われるセ氏温度（℃）の代わりに絶対温度（K）が用いられます。絶対温度でゼロ（0K、マイナス273℃）は、物質の究極の最低温度です。従来の超伝導は液体ヘリウム温度（4・2K）で用いられており、最近の高温超伝導では臨界温度（T_c）を液体窒素温度（77・3K）よりも高くすることができています（**上図左**）。

超伝導の特徴には、電気抵抗がゼロになること、強い磁場を発生できること、磁場を排除する完全反磁性の性質を有すること、高速スイッチングなどでの量子物理効果が期待できることが挙げられます（**上図右**）。特に、電気工学では電気抵抗がゼロである性質が多く利用され、物理学で用いられる用語「超伝導」の代わりに「超電導」が用いられています。

この超伝導コイルを用いて電力を貯蔵する計画を超伝導磁場エネルギー貯蔵（SMES）と呼びます（**下図**）。電気のエネルギーを磁場のエネルギーに変換して貯蔵する方式です。電力を交流から直流に変えて、冷凍機で冷やされた超伝導コイルに電流をゆっくりと蓄えます。定格電流になった時点で永久電流スイッチ（PCSW）を閉じてクライオスタット内のコイルに磁気エネルギーを貯蔵します（永久電流モード）。異常時のための放電用保護スイッチや直流しゃ断スイッチも設置されています。**下図右**には10万キロワット出力の中規模SMESの概念図を示します。

要点BOX

- 超伝導利用には、電気抵抗がゼロ、強い磁場発生、完全反磁性、量子物理効果を用いる
- SMESでは永久電流による磁気エネルギー貯蔵

超伝導(超電導)の性質と利用

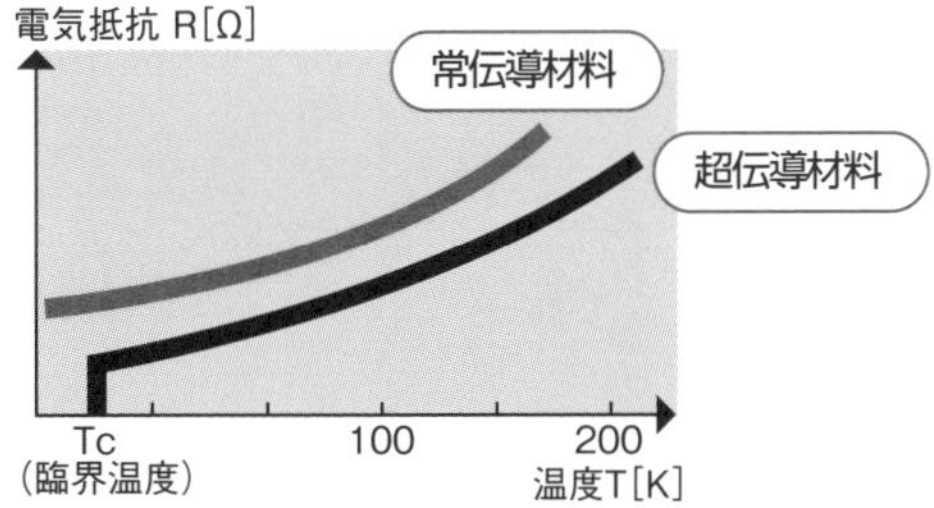
電気抵抗 R[Ω]
常伝導材料
超伝導材料
Tc
(臨界温度)
100
200
温度T[K]

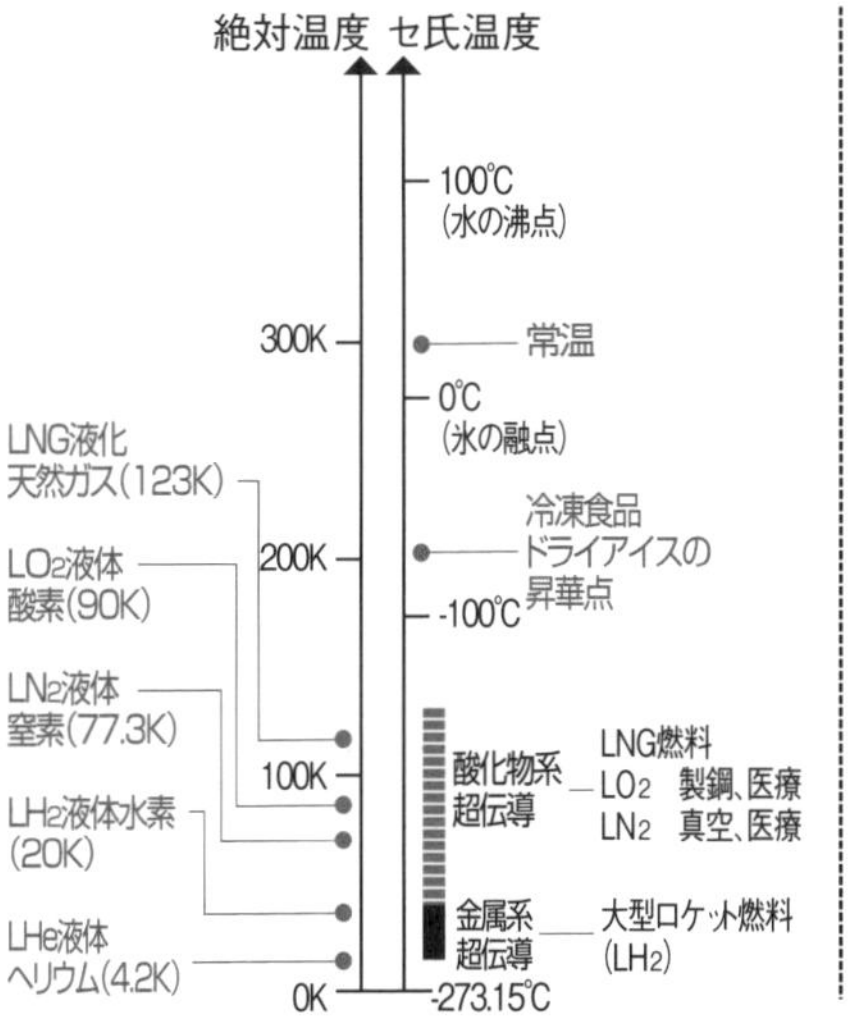
絶対温度
セ氏温度
100℃
(水の沸点)
300K
常温
0℃
(氷の融点)
LNG液化
天然ガス(123K)
200K
冷凍食品
ドライアイスの
昇華点
LO2液体
酸素(90K)
-100℃
LN2液体
窒素(77.3K)
酸化物系
超伝導
LNG燃料
LO2 製鋼、医療
LN2 真空、医療
100K
LH2液体水素
(20K)
金属系
超伝導
大型ロケット燃料
(LH2)
LHe液体
ヘリウム(4.2K)
0K
-273.15℃

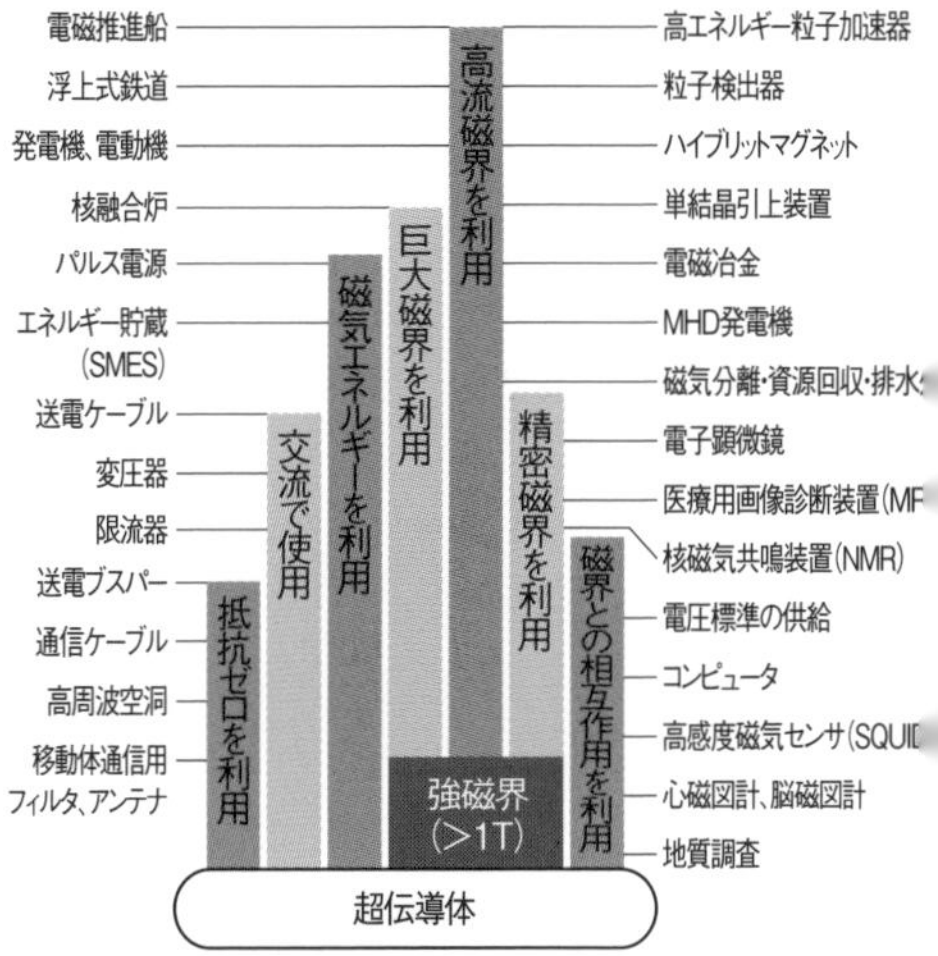
電磁推進船
浮上式鉄道
発電機、電動機
核融合炉
パルス電源
エネルギー貯蔵
(SMES)
送電ケーブル
変圧器
限流器
送電ブスバー
通信ケーブル
高周波空洞
移動体通信用
フィルタ、アンテナ
抵抗ゼロを利用
交流で使用
磁気エネルギーを利用
巨大磁界を利用
高流磁界を利用
強磁界
(>1T)
精密磁界を利用
磁界との相互作用を利用
超伝導体
高エネルギー粒子加速器
粒子検出器
ハイブリットマグネット
単結晶引上装置
電磁冶金
MHD発電機
電子顕微鏡
核磁気共鳴装置(NMR)
電圧標準の供給
コンピュータ
心磁図計、脳磁図計
地質調査

超伝導磁気エネルギー貯蔵
(SMES:Superconducting Magnetic Energy Storage)

SMESの基本構成

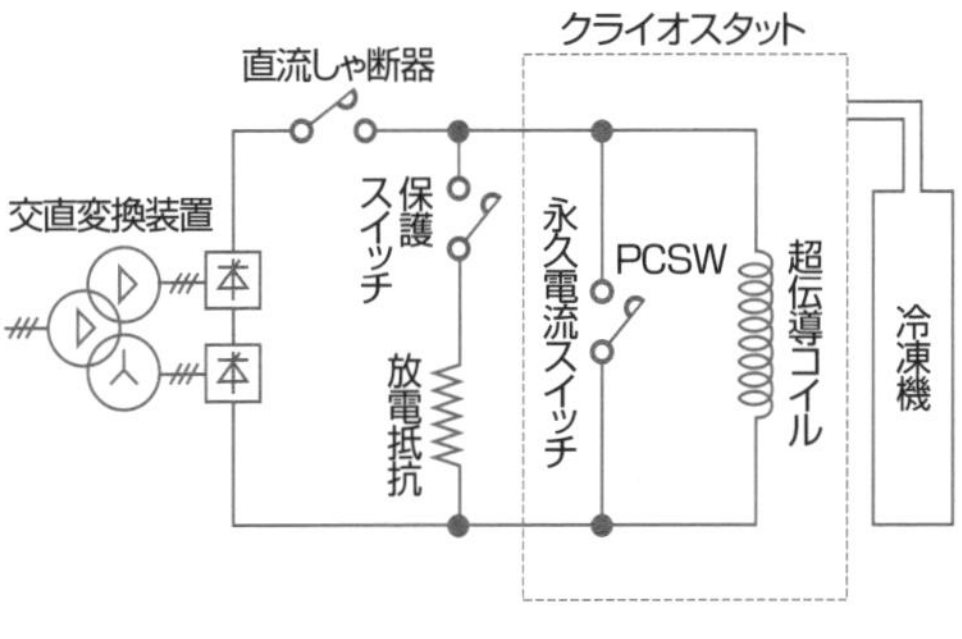
クライオスタット
直流しゃ断器
交直変換装置
保護スイッチ
永久電流スイッチ
PCSW
超伝導コイル
冷凍機
放電抵抗

中規模SMESの概念図

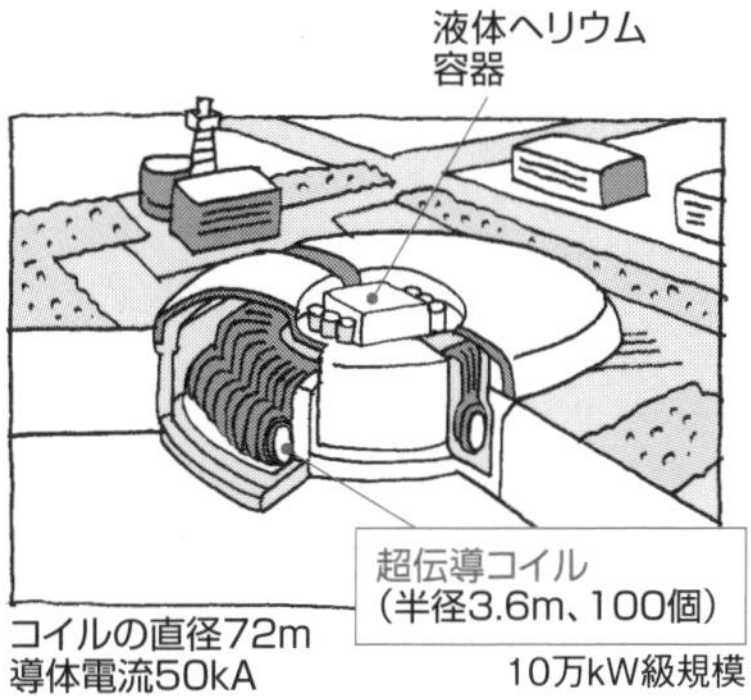
液体ヘリウム
容器
超伝導コイル
(半径3.6m、100個)

コイルの直径72m
導体電流50kA

10万kW級規模

51 クリーンエネルギー自動車

電気自動車と燃料電池車

現代社会では車は不可欠です。現在の主流は依然としてガソリン車（GV）ですが、内燃機関としてのガソリンエンジンからは、酸性雨の原因となる窒素酸化物（NO_x）や温暖化を引き起こす二酸化炭素が排出されます。自動車などの運輸部門では二酸化炭素排出が産業部門に次いで大きく、全体の2割ほどあり、脱炭素化の電気自動車に期待が集まっています。

電気自動車（EV）はバッテリに蓄えた電気エネルギーでモータを回して動く自動車であり、BEVとも呼ばれています。走行中の排ガスがゼロであり、エネルギー効率が高く、騒音や振動が少ないという長所があります。GVに比べて、走行距離あたりの維持費が安いのも利点ですが、短い走行可能距離、長い充電時間、高い本体価格、などの課題もあり、高性能で軽量な蓄電池の開発が鍵となっています。従来のエンジンと電動モータとを効率よく切り替え、しかも、家庭の電気からも充電できるプラグイン・ハイブリッド車（PHV）もあります。クリーン車の本命と注目されているのが燃料電池での電気でモータを動かして走る燃料電池車（FCV）です。水素を燃料として、FCスタックで発電して電動機を回します（上図）。

BEVやFCVはGVよりも高価であり、しかも、製造時に多くの二酸化炭素を排出します。走行時にはGHG（温室効果ガス）が排出されないとしても、EV用の充電電力自体の発電時にGHGが発生します。FCVでも水素製造過程でGHG排出は無視できません。製造・走行・廃棄のライフサイクルを通しての二酸化炭素の排出量を比較する必要があります（下図）。現状では、走行距離で数万キロまではGVの方が二酸化炭素の排出が少ないですが、5万キロほどを超えるとGVのGHG排出が最大となります。最終的に最も排出量が少ないのはFCVであり、ライフサイクルでの排出量は二酸化炭素換算で20トンほどとなります。

要点BOX

- ●クリーン自動車としては、電気自動車（EV）、ハイブリッド車（PHV）、燃料電池車（FCV）
- ●二酸化炭素排出量はライフサイクルを考慮必要

自動車の比較

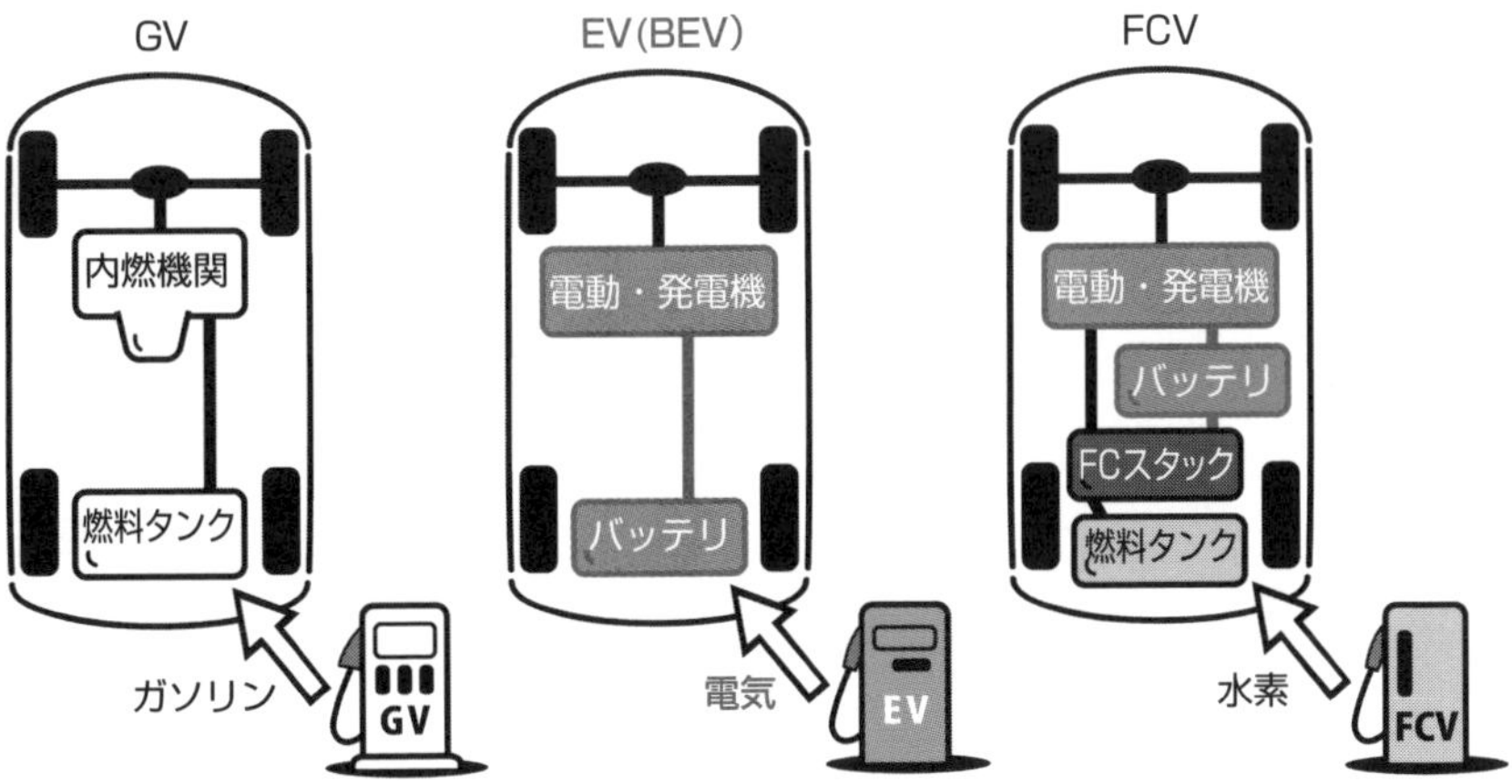
GV
EV(BEV)
FCV
内燃機関
燃料タンク
ガソリン
GV
電動・発電機
バッテリ
電気
EV
電動・発電機
バッテリ
FCスタック
燃料タンク
水素
FCV

GV	Gasoline Vehicle	ガソリン車
PHV	Plug-in Hybrid Vehicle	プラグインハイブリッド車
EV	Electric Vehicle	電気自動車
BEV	Battery Electric Vehicle	バッテリ電気自動車
FCV	Fuel Cell Vehicle	燃料電池車

ライフサイクルCO_2排出量の自動車比較

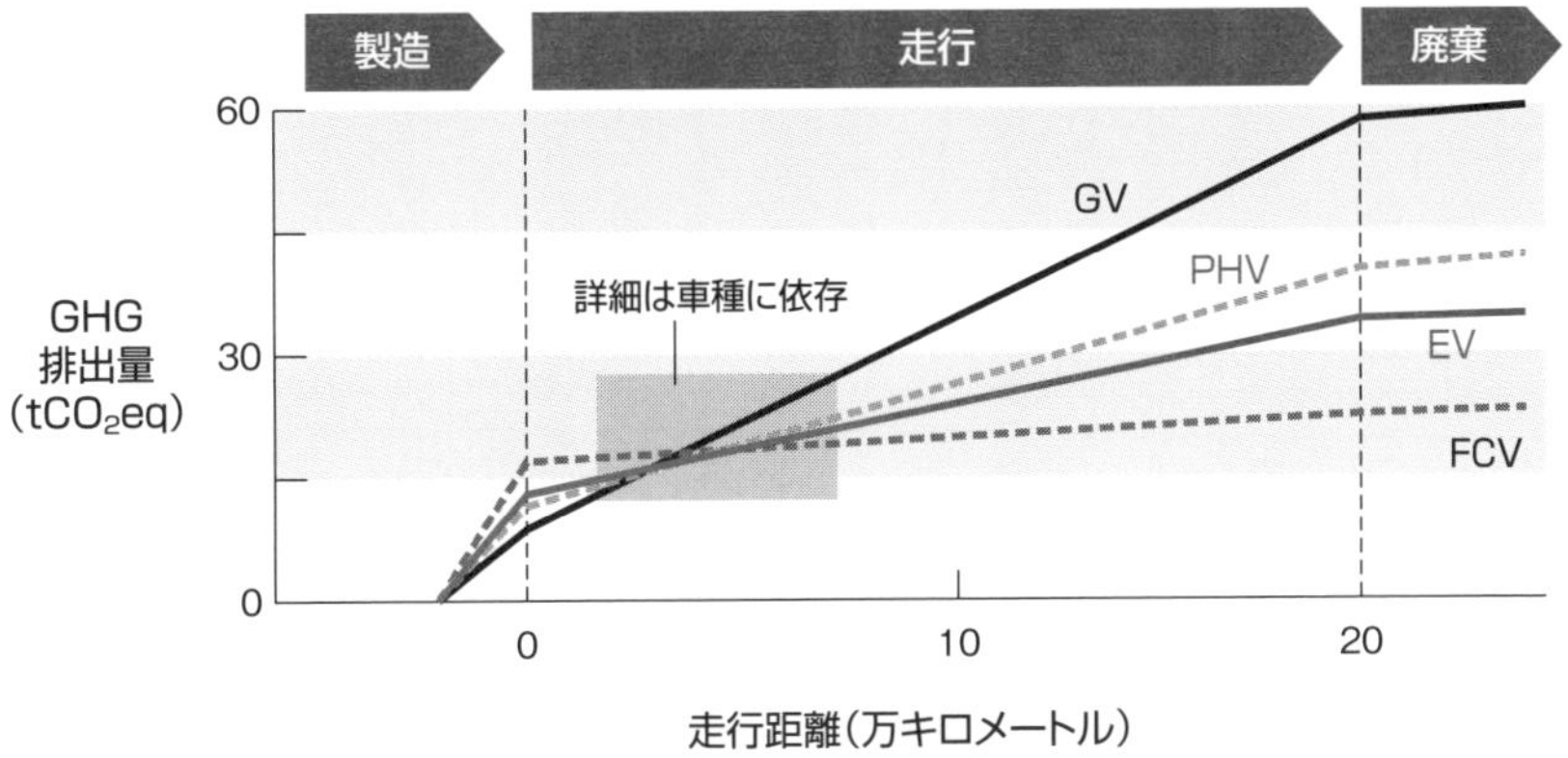
製造
走行
廃棄
60
30
0
GHG
排出量
(tCO2eq)
GV
PHV
EV
FCV
詳細は車種に依存
0
10
20
走行距離（万キロメートル）

52 燃料電池の原理は?

リン酸型、固体電解質型、溶融炭酸塩型

水を電気分解すると水素と酸素が得られます。この水の電気分解の逆を利用したものが「燃料電池」です。水素燃料を空気中の酸素と化学反応（酸化）させる時に出る化学エネルギーを電池形式によって連続的に電気エネルギーに変換する装置です。今から170年ほど前の1839年に、イギリスのグローブ卿によって発明されました。燃料電池は電気とともに水を作るので、有人宇宙船で長年使われてきています。

上図にはリン酸型燃料電池発電の概念を示しました。燃料としての天然ガスなどを燃料改質器に入れて水素を取り出し、電池本体の電解質に導きます。水素極では水素イオンと電子が作られ、空気（酸素）を取り入れた酸素極ではその水素イオンと外部回路を通じて流れてくる電子とが酸素と結合して水が作られます。こうして作られる直流電流は、必要に応じてインバータにより交流出力に変換されます。

燃料電池は電解質の種類により分類されています（下図）。アルカリ型燃料電池は低温での反応が可能でありアポロ宇宙船用電池として開発されましたが、高純度の水素が必要です。固体高分子型は電解質が固体で小型軽量化が可能であり、振動にも強いので自動車に応用されています。発電用には、上記のリン酸型燃料電池が用いられています。650度や1000度で運転する溶融炭酸塩型や固体電解質型では、発電効率を高くすることや熱の有効利用が可能ですが、反面、短時間の運転開始不可や高耐熱構成材料選択の難点があります。燃料改質器を使わずにメタノールを直接燃料として電池に送り、発電できる直接メタノール型も開発されています。

燃料電池は騒音や振動がなく、大気汚染の心配も少ないクリーンな発電システムであり、現在はすでに都市ガスから水素を作り発電して給湯も行う「エネファーム」が家庭用に実用化されていますし、クリーン自動車として燃料電池車（FCV）も発売されています。

要点BOX

- ●燃料電池は小型・高効率でクリーン
- ●リン酸型、アルカリ型、固体高分子型、溶融炭酸塩型、固体電解質型などがある

燃料電池のしくみ

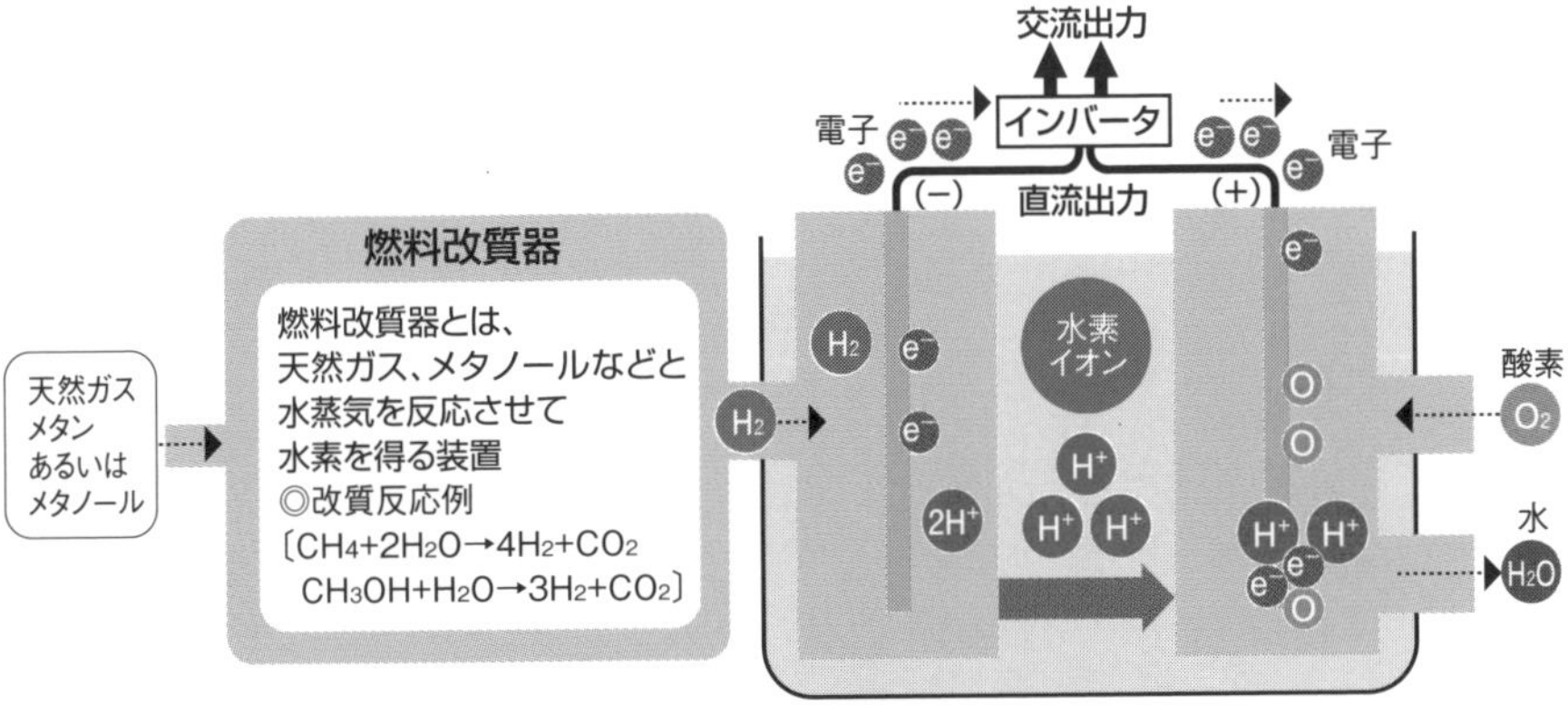
交流出力
電子
インバータ
電子
(−)
直流出力
(+)
燃料改質器
燃料改質器とは、
天然ガス、メタノールなどと
水蒸気を反応させて
水素を得る装置
◎改質反応例
〔$CH_4+2H_2O \rightarrow 4H_2+CO_2$
$CH_3OH+H_2O \rightarrow 3H_2+CO_2$〕
天然ガス
メタン
あるいは
メタノール
H_2
水素イオン
H^+
$2H^+$
酸素
O_2
水
H_2O

水素極:$H_2 \rightarrow 2H^+ + 2e^-$
酸素極:$1/2O_2 + 2H^+ + 2e^- \rightarrow H_2O$
(e^-は電子を表す)

燃料電池自動車(FCV)

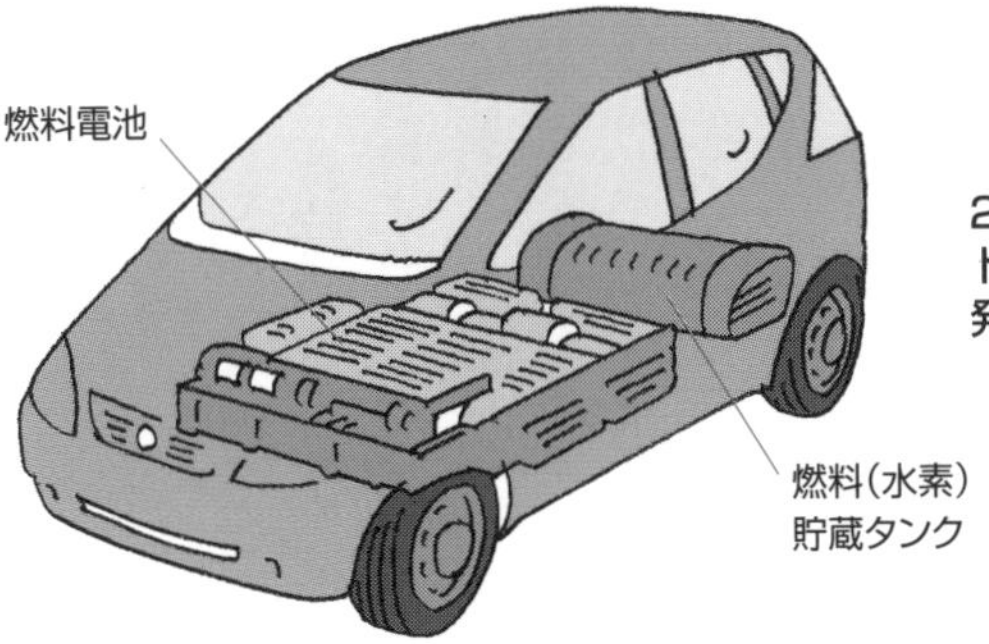
燃料電池
燃料(水素)
貯蔵タンク

2014年12月に
トヨタの「MIRAI」が
発売されました。

燃料電池の比較

	アルカリ型 AFC	リン酸型 PAFC	固体高分子型 PEFC(PEM)	溶融炭酸塩型 MCFC	固体電解質型 SOFC
電解質	水酸化カリウム	リン酸	高分子膜	溶融炭酸塩	安定化ジルコニア
作動温度	100度以下	約200度	100度以下	約650度	約1,000度
燃料	高純度水素	水素	水素	水素	水素
発電効率	60%	35〜45%以下	40%以下	45〜55%	50%以上
用途	特殊環境(宇宙、深海)	コージェネ発電(パス)	分散電源(自動車)	コージェネ発電(大規模)	コージェネ発電(中規模)

53 電気飛行機とドローン

軽量・高エネルギー密度電池の開発

現在の飛行機の燃料は石油燃料であり、脱炭素化燃料としてバイオ燃料や水素燃料の開発が行われてきています（第36項参照）。さらには、小型ジェット機では電動化もなされてきています。

自動車では、ガソリン車からハイブリッド車、そして電気自動車へと開発されてきました。同様に、飛行機でもジェットエンジン飛行機からハイブリッド機、そして電気モータ飛行機の開発が期待されています。

従来のジェットエンジンでは、前方からの空気を圧縮機で高温高圧状態にしてジェット燃料を混合させて燃焼させ、それを後方に噴出させて、その反作用により推進します。完全電動化のジェット飛行機では、二次電池からの電気で電動モータを駆動し推進ファンを回転させて飛行します。

重量・体積あたりのエネルギー量として、現在リチウムイオン電池が2次電池として最高性能ですが、ジェット液体燃料に比べてエネルギー密度が数十分の1と極めて低く（上図）、大型旅客機の電動化は困難です。長時間飛行のためには、蓄電池のさらなる開発が期待されています。

電動飛行機の歴史は、1884年の電動飛行船「ラ・フランス」に遡ります。浮力は飛行船としてのガスで維持して、低速推進のために電気動力が用いられました（下図）。現在では、完全電動化の小型の短距離プライベートジェット旅客機が利用されていますが、中型以上の旅客機は開発中です。

無人ドローンを用いた宅配便や、有人のドローンタクシーも開発され、すでに利用されてきています。後者では、2017年のドイツの2人乗りのドローン「ボロコプター2X」（下図）が有名です。これらは一般的に電動垂直離着陸機（eVTOL）と呼ばれており、電動技術の発展（モータ、バッテリ、センサ、電気速度制御）により開発が可能になり、都市型航空交通（UAM：Urban Air Mobility）として注目が集まっています。

要点BOX

- 1800年代に電動飛行船を運行
- ドローを用いた無人ドローン宅配便や有人エアタクシー

航空機の燃料と電動化

航空液体燃料
- 通常（ケロシン系ジェット燃料）
- 液化天然ガス（一部の軍用機）
- SAF*（合成燃料、廃食油、ユーグレナなど）

*SAF：サフ、持続可能な航空燃料
（Sustainable Aviation Fuel）

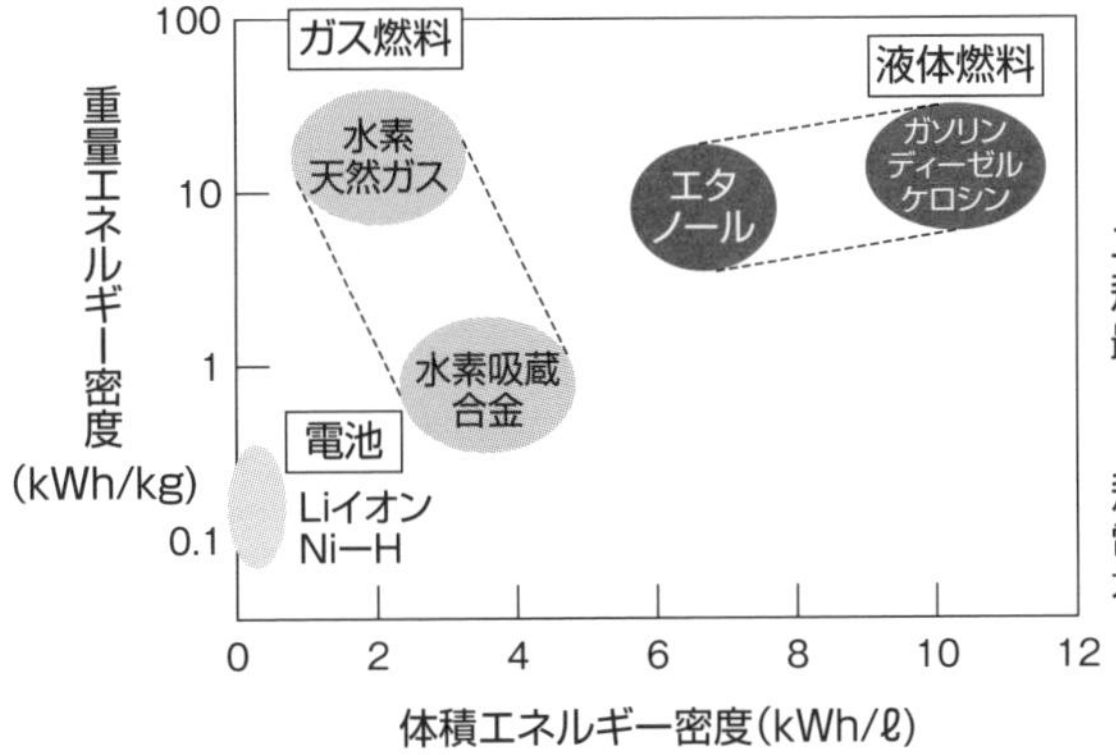

エネルギー密度の観点から、
飛行機には液体燃料が
最良です。

飛行機の電動化には、
電池の軽量化と小型化が
不可欠です。

出典：資源エネルギー庁の資料から著者作成
https://www.enecho.meti.go.jp/about/special/johoteikyo/gosei_nenryo.html

電動飛行船とドローン

電動飛行船
「ラ・フランス」
（1884年、仏）

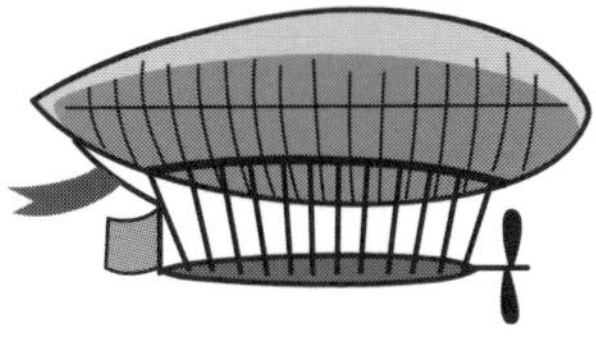

1884年
全長50mの電動飛行船「ラ・フランス」号が
亜鉛-塩素電池で時速20kmの飛行。
浮力はガス

電動エアタクシー
「ボロコプター2X」
（2017年、独）

eVTOL
（電動垂直離着陸機、Electric Vertical Take-Off and Landing aircraft）
無人：ドローン宅配便
有人：空飛ぶクルマ、エアタクシー

54 コージェネレーションとは?

熱電併給発電

コージェネレーション（cogeneration）は「一緒に」という意味の「co」と「生成」という意味の「generation」を合わせた合成米語で、電力（または動力）と熱を同時に生成・利用するシステムのことです。「熱電併給」システムと訳されています。石油や天然ガスなどの燃料でガスタービンやピストンエンジン、または燃料電池により電力（動力）を作ると共に、排熱を給湯や冷暖房の熱源に利用して、最終的に70〜80%のエネルギー効率を得ることができます。

従来の大規模集中型発電方式とコージェネレーションシステム（CGS）とを比較してみましょう（**上図**）。従来の方式では発電時に51%が熱として排出され、遠距離送電のために5%がロスして、最終的には一次エネルギーの44%の電気エネルギーが利用されています。一方、コージェネレーションの分散電源システムでは、電気エネルギーに30〜40%、温熱利用に30〜60%で総合エネルギー効率は60〜80%が達成できます。

コージェネレーションでは自家用発電装置のほかに排熱回収装置が設置され、熱は給湯や冷暖房に利用されます。

コージェネレーション用の電動機としては、内燃力発電としての火花点火方式のガスエンジンと圧縮点火方式のディーゼルエンジン、それに高温高圧のガスの膨張力を回転エネルギーに変換するガスタービンがあります（**下図**）。内燃力発電やガスタービンは蒸気タービン発電と異なり、ボイラー、復水器、多量の給水などが必要ありません。最近では高温に耐える材料ファインセラミックを利用したセラミックガスタービン（CGT）や小型で高速回転のマイクロガスタービン（MGT）がコージェネレーション用小型発電システムとして利用されています。

最近では、環境の点から熱と電力の他に二酸化炭素も工業・農業で有効に利用する「トリジェネレーション」の技術開発が進められています。

要点BOX

- ●コージェネレーションは電力（または動力）と熱を同時に利用するシステム
- ●二酸化炭素利用を含めたトリジェネレーション

コージェネレーションシステム(CGS)のしくみ

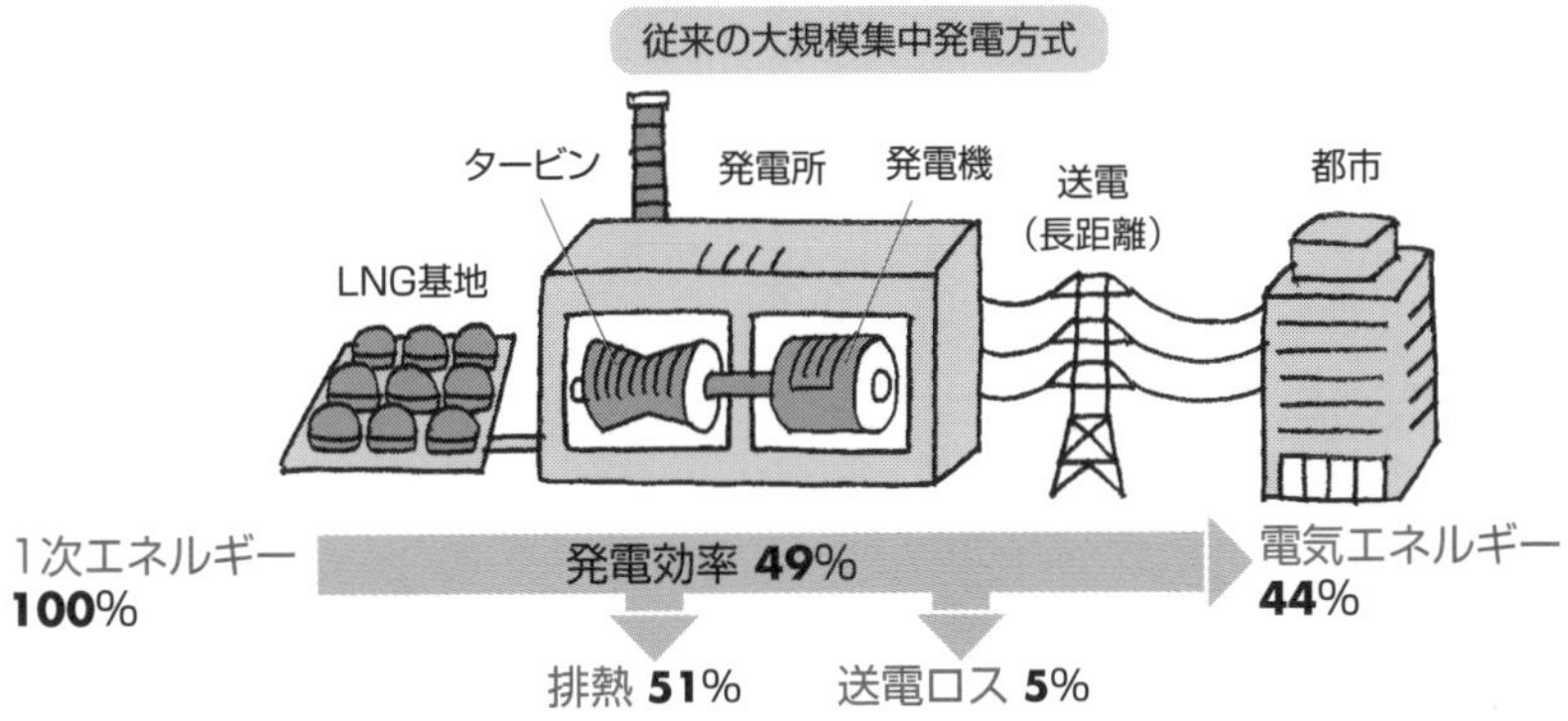
従来の大規模集中発電方式
タービン
発電所
発電機
送電
(長距離)
都市
LNG基地
1次エネルギー
100%
発電効率 49%
電気エネルギー
44%
排熱 51%
送電ロス 5%

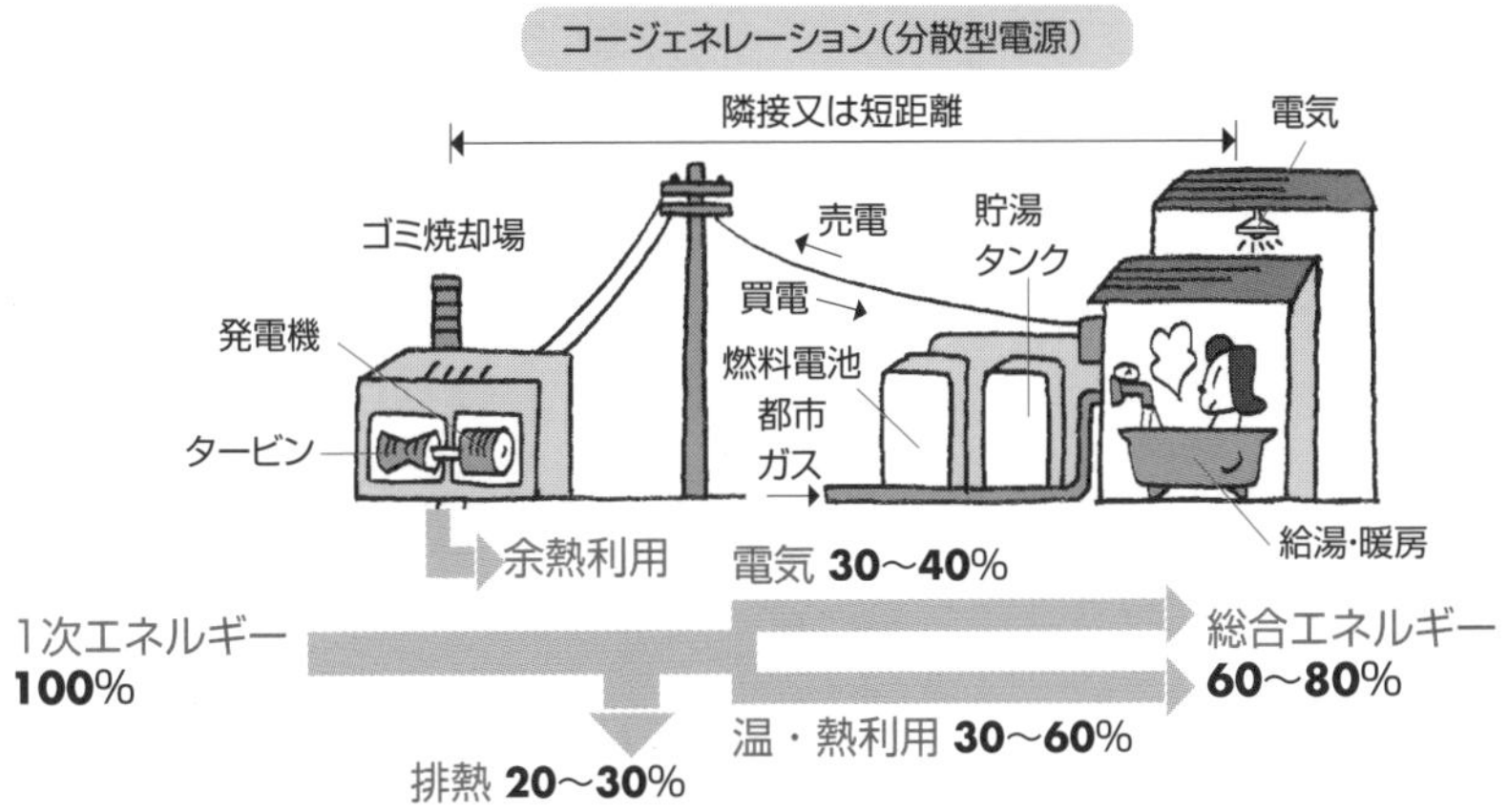
コージェネレーション(分散型電源)
隣接又は短距離
電気
ゴミ焼却場
売電
貯湯
タンク
買電
発電機
燃料電池
都市
ガス
タービン
給湯・暖房
余熱利用
電気 30〜40%
1次エネルギー
100%
総合エネルギー
60〜80%
温・熱利用 30〜60%
排熱 20〜30%

コージェネレーション(CGS)の種類と特徴

CGSの種類

- ●ガスエンジン（火花点火方式）
- ●ディーゼルエンジン（圧縮着火方式）
- ●ガスタービン

CGSの特徴

	ディーゼルエンジン	ガスエンジン	ガスタービン	(参考)りん酸形燃料電池
単機容量	15〜10,000kW	8〜5,000kW	30〜100,000kW	50〜10,000kW
発電効率(LHV)	30〜42%	28〜42%	20〜35%	36〜45%
総合効率	60〜75%	65〜80%	70〜80%	60〜80%
燃料	A重油・軽油・灯油	都市ガス・LPG・消化ガス	都市ガス・LPG・灯油・軽油・A重油・LNG	都市ガス・灯油・メタノール・消化ガス
排熱温度	排ガス450℃前後 冷却水70〜75℃	排ガス450〜600℃ 冷却水85℃前後	排ガス450〜550℃	作動温度250℃以下 温水70℃、120℃
特徴	・発電効率が高い ・導入実績が豊富 ・排ガス温度が比較的低い	・排ガスがクリーンで熱回収が容易 ・排熱が高温で利用効率が高い	・小型・軽量 ・排ガス温度が高温で蒸気回収が容易 ・冷却水不要	・発電効率が高い ・騒音・振動が小さい ・排ガスがクリーン

55 ヒートポンプの原理と応用

逆カルノーサイクルとしての冷凍機

ヒートポンプとは、低いところから高いところへ水を汲み上げるように、熱(ヒート)を温度の低いものから温度の高いものへ汲み上げるポンプの意味で名付けられました(**上図**)。火力発電では熱を作動流体に吸収させて高温にしてタービンにより発電し、復水器で排熱を外に出します。まったく逆の作用として、電気と低温熱を入れて温熱を作り出すシステムがヒートポンプであり(**中図**)、利用価値の少ない低温熱を利用できるので、省エネルギーに適しています。

高温熱源にさらに熱を加える(加熱効果)ほかに、低温熱源から熱を奪う場合(冷凍効果)も原理は同じであり、総称してヒートポンプと呼ばれています。熱を周りから奪うのには、常温で液化しやすく蒸発熱(気化熱あるいは潜熱)の大きいガスを用いて、液体から気体に変化して蒸発するときの熱を利用します。ガスを液体に戻すのには圧縮機が用いられます。ガス冷媒にはフロンが用いられてきましたが、最近は環境問題からノンフロン媒体が用いられています。

ヒートポンプの例としてエアコン(暖房時)を考えてみましょう。圧縮機により冷媒の温度を60度ほどに上げ、その熱を暖房に用いますが、20度ほどになった冷媒を膨張弁を用いて膨張させてマイナス10度ほどに冷やし、外気の熱を利用してゼロ度にまで温めて、これを圧縮機により60度にします。この時必要な電気エネルギーを1とすると、外気の熱エネルギーが5で、合計6のエネルギーを暖房に用いることができます(**下図**)。ヒートポンプの効率はCOP(coefficient of performance)と呼ばれ、授受する熱エネルギーをヒートポンプ作動用エネルギーで割った値で定義されます。この場合、COPは6になります。小さな電力で大きな熱エネルギーを得たことになります。

ヒートポンプは、身の回りのエアコンや冷蔵庫のほか、エコキュート(ヒートポンプ給湯器)などにも利用されている省エネ技術です。

要点BOX

- ヒートポンプは、火力発電とは逆の作用(逆カルノーサイクル)
- ヒートポンプ給湯器やヒートポンプエアコン

ヒートポンプの原理

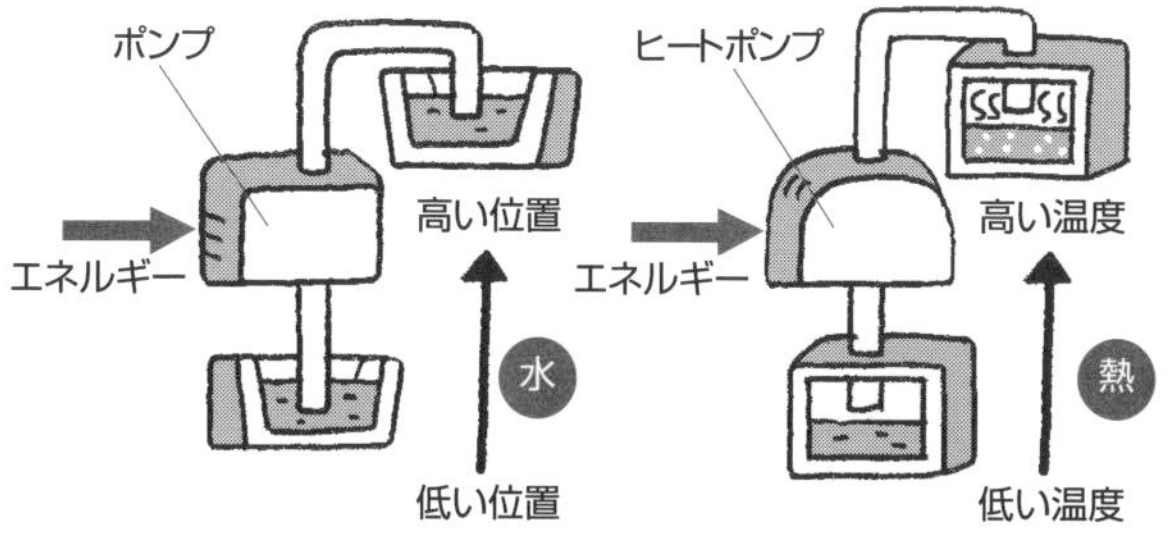

火力発電とヒートポンプの比較

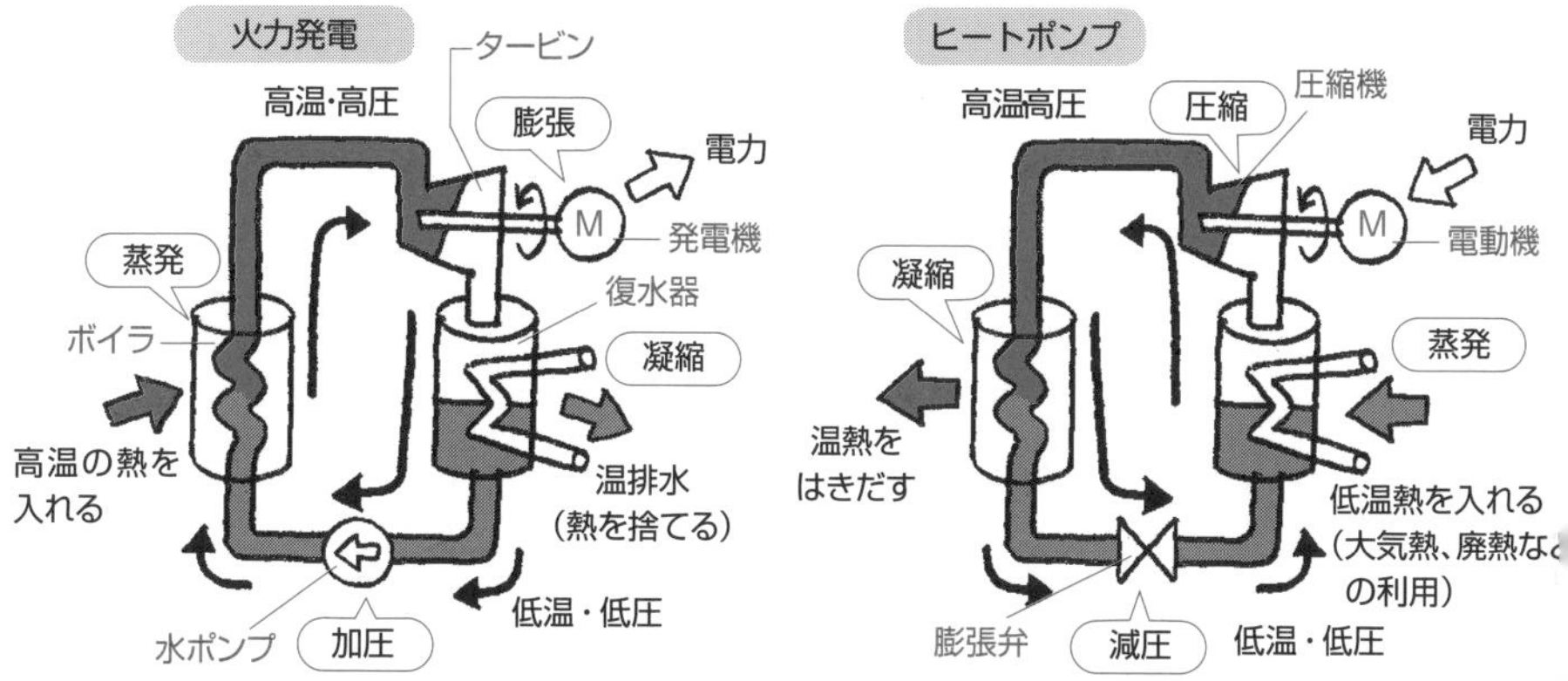

ヒートポンプエアコンの仕組み（暖房の場合）

1の電力 ＋ **5**の大気の熱 ➡ **6**の熱エネルギー（家庭用エアコン暖房の一例）

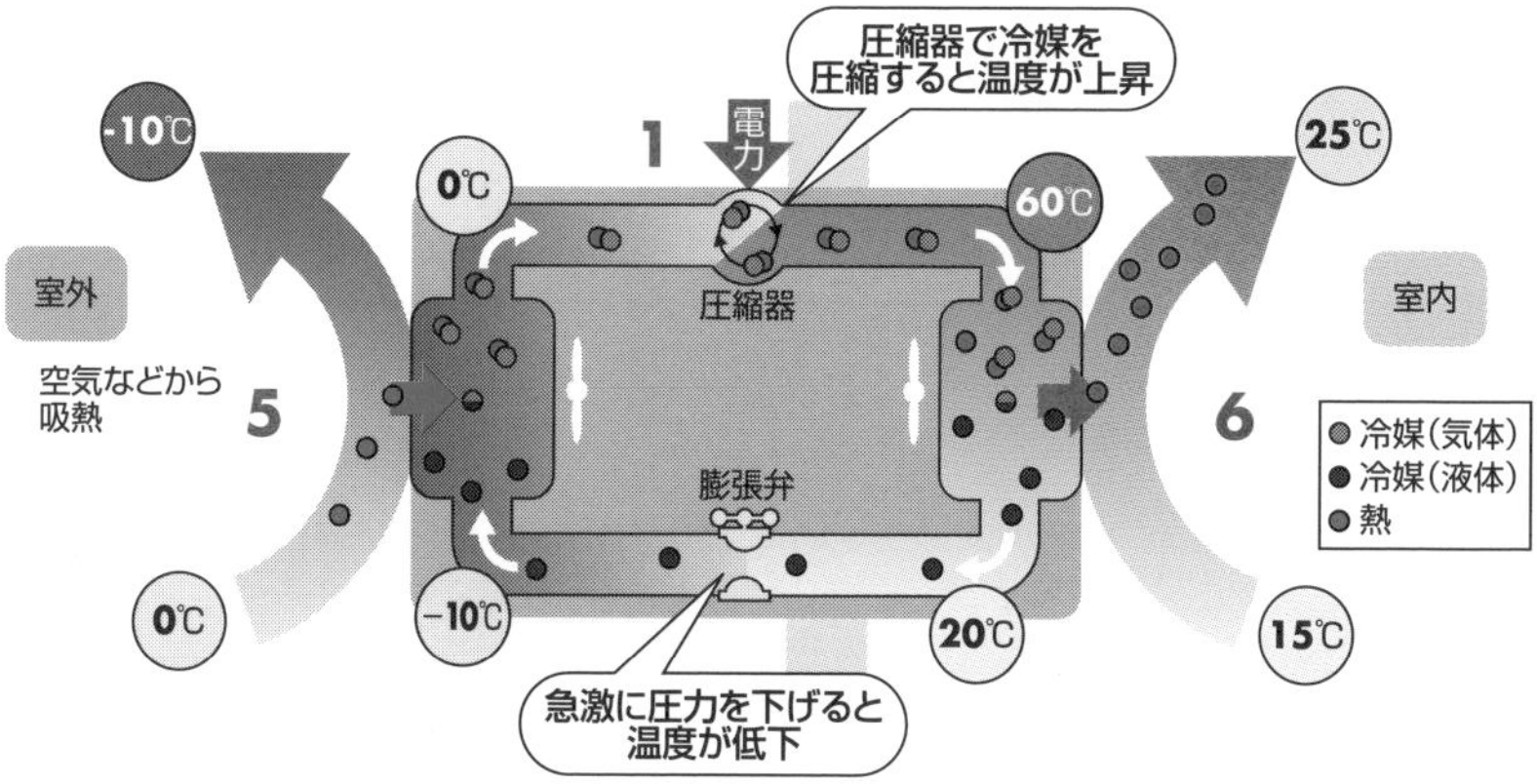

56 ごみ発電

ＲＤＦ（ごみ固形燃料）発電

ゴミ（廃棄物）問題は現代都市社会の重要課題の1つです。このゴミを焼却した時に発生する大量の熱を有効に利用して発電を行うのが「ごみ焼却発電」です。二酸化炭素の追加的な排出がなく、バイオマス発電の1つと考えることもできます。

ごみ発電にはいろいろな方式があります。もっとも実績のある「従来型ごみ発電方式」（**上図**）としては、耐熱性の鋳物でできたストーカー（火床）を動かすことでゴミを撹拌しながら燃焼させるストーカー炉があります。砂などの高温流動媒体を空気と一緒に炉内に入れて撹拌し、ゴミを浮遊燃焼させる流動床炉もあります。

ガスタービン発電を併設して、ごみ発電用のボイラーで作った蒸気をスーパーヒーターにより再加熱（リパワリング）して発電効率を高める「スーパーゴミ発電（複合ごみ発電）」（**中図**）もあります。

ごみ焼却で問題になるのがダイオキシンの発生です。有機物と塩素が存在する中での燃焼反応で生成されます。これを抑制するには、８５０℃以上の高温で燃焼ガスを２秒以上滞留させてガスを十分撹拌することです。次世代炉方式としては、廃棄物をガス化してダイオキシン低減と灰の溶融化を行う「廃棄物ガス化溶融方式」が進められています。

廃棄物そのものを固形燃料化（ＲＤＦ：Refuse Derived Fuel）して利用する「ＲＤＦ（ごみ固形燃料）発電」（**下図**）も推進されています。ゴミを破砕・圧縮してクレヨン状の固形燃料を製造して発電に用いる「夢のゴミリサイクル」方式です。ＲＤＦは石炭の約半分の熱量を持ち「タウンコール（都市の石炭）」とも呼ばれ、腐らない、悪臭が出ない、保存できる、運搬しやすい、燃焼時の有害物が少ないなどの特長がありますが、大量に積み上げると酸化して発熱・発火する危険性もあります。２００３年８月に三重県多度町のＲＤＦ発電所での爆発により７人が死傷しました。温度や一酸化炭素濃度の管理の重要性が再認識されています。

要点BOX

- ●ごみ発電には、従来型、スーパーゴミ発電型、廃棄物ガス化溶融型、RDF発電型がある
- ●ダイオキシン発生を抑制するには高温炉が必要

従来型ごみ発電の原理

タービン
発電機
投入ホッパー
ごみクレーン
煙突
投入ステージ
温水パイプ
ボイラ
ごみピット
温水プール
熱交換器

スーパーごみ発電

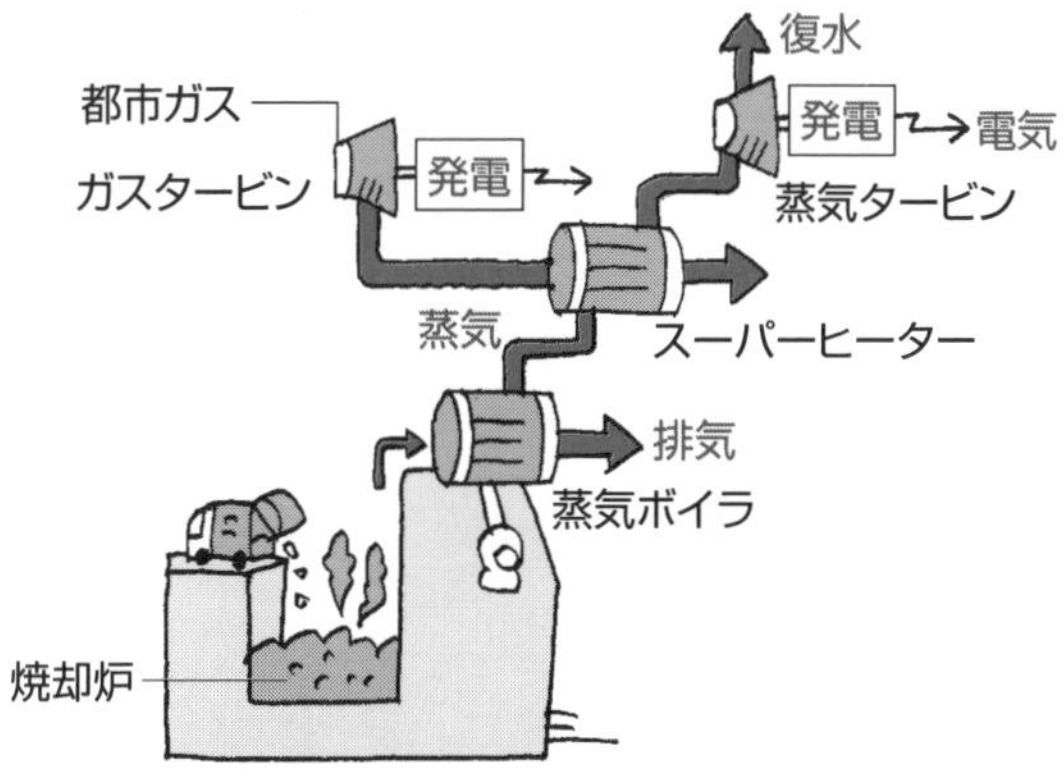
復水
都市ガス
発電
電気
ガスタービン
発電
蒸気タービン
蒸気
スーパーヒーター
排気
蒸気ボイラ
焼却炉

RDF(ごみ固形燃料)の製造

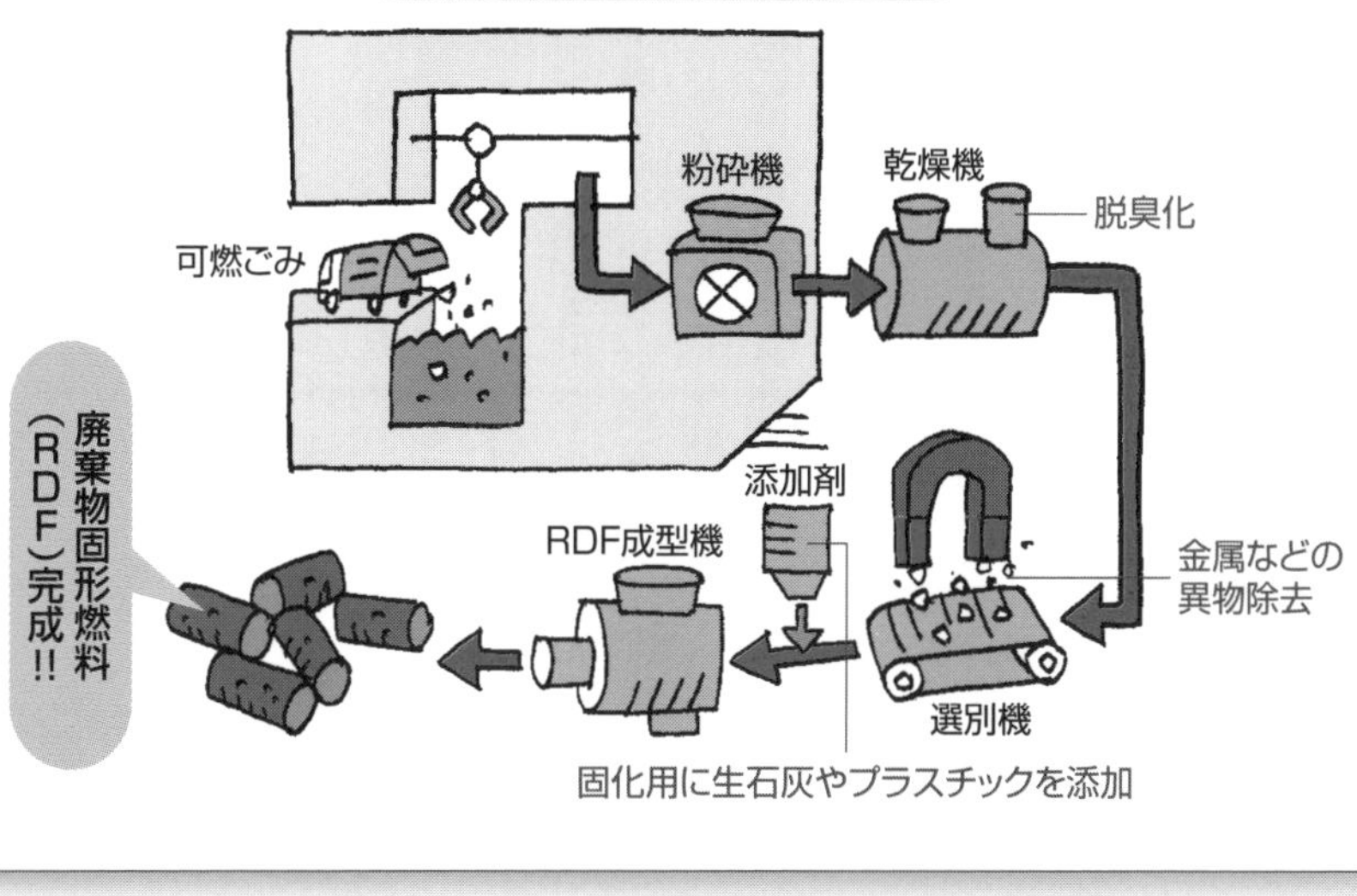
粉砕機
乾燥機
脱臭化
可燃ごみ
廃棄物固形燃料(RDF)完成!!
添加剤
RDF成型機
金属などの
異物除去
選別機
固化用に生石灰やプラスチックを添加

57 いろいろな環境発電

身の回りの微小な未利用エネルギー

身の回りにはいろいろなエネルギーが満ちあふれていますが、最近はこれらを有効利用する「環境発電」が話題になっています。熱、光、振動、電波、生体などの未利用で微小なエネルギーから電気を作るものです。いろいろなセンサや情報処理用半導体などの電源として利用可能であり、マイクロワットからミリワットほどの微小な発電を行います。ソーラー電卓やソーラー腕時計も環境発電を使っていると言えます。

身近な微小エネルギー利用の環境発電でも、さまざまなエネルギー源とその変換機器が利用されます。人体の運動や構造物の振動・変形による力学（機械）エネルギー、体温や工場排熱からの熱エネルギー、屋外太陽光や室内照明からの光エネルギーが利用されます。電波などの高周波電磁波エネルギーや、人体内や微生物での生物エネルギーなども、環境発電のエネルギー源として利用されます（**上図**）。

振動や回転の力学エネルギーは圧電（ピエゾ）素子や電磁誘導素子により電気エネルギーに変換され、音や水の流れは音響素子や羽根車により発電に利用できます。熱エネルギーは、温度差を利用して熱電素子などにより環境発電を行います。光エネルギーは、屋内での弱い照明でも発電可能な光電池を利用します。小型レクテナ（アンテナと整流器の組合わせ機器）を利用した電波発電も行われます。さらに、生物エネルギー発電では、微生物触媒による燃料電池の開発も進められています。

街角にあふれている環境エネルギーを用いた例として、ロンドン市のスマートシティをめざしての床振動発電や、ニューヨーク市のスマートごみ箱での太陽光発電があります（**下図**）。前者は電磁誘導コイル発電により、通りを歩くと音楽が流れたり電灯が点滅したりします。後者は光電池による微小電力により、ごみを自動で圧縮したり満杯になりそうとの通信をしたりします。このごみ箱は原宿表参道にも設置されています。

要点BOX

- 環境発電は熱、光、振動、電波などの利用
- スマートシティをめざして、ロンドン市の床振動発電とニューヨーク市のスマートごみ箱

環境発電のさまざまな例

環境発電の種類		エネルギー変換機器	具体的事例
力学	振動発電	圧電（ピエゾ）素子、 電磁誘導素子	歩行床発電 発電靴、 スイッチ発電 
	水流発電	羽根車	自動水栓 
熱	熱電発電	熱電素子	発電鍋 腕時計、 心臓ペースメーカー 
電磁波	光発電	光電池	電卓、腕時計無線マウス 発電ゴミ箱 火山観測装置 
	電波発電	レクテナ （整流器付アンテナ）	鉱石ラジオ、 環境温湿度観測 
その他	バイオ発電	微生物燃料電池	田んぼ発電、 尿発電 

環境発電によるスマートシティ

床発電ストリート

床振動発電（電磁誘導コイル）
ロンドンの通称「Bird Street」

英スタートアップ企業　Pavegen（ペーブジェン）
出典：https://pavegen.com/

スマートごみ箱

太陽光発電（光電池）
ニューヨーク市マンハッタンの
タイムズスクエア

米スタートアップ企業　BigBelly（ビッグベリー）
出典：https://info.bigbelly.com/

Column

超常現象でのエネルギーは本当か?（世界7不思議から火の玉、UFOまで）

古代ギリシャのピタゴラスは7という数字を特別と考えました。「3」は神（三位一体）、「4」は東西南北の世界、すなわち「7」は全宇宙を示しているとしました。この数字の7を使った「世界七不思議」があります。ギザ（エジプト）の大ピラミッド、バビロン（イラク）の空中庭園、エフェソス（トルコ）のアルテミス神殿、オリンピア（ギリシャ）のゼウス神像、ハリカルナッソス（トルコ）の霊廟、ロードス島（ギリシャ）の巨人像、そして、アレキサンドリア（エジプト）の大灯台が古代からの七不思議で、ピラミッドだけが現存しています。これらの巨大建築物を作るのには膨大なエネルギーが費やされたと思います。

また、現代のミステリーとしては、「ナスカの地上絵」、「ストーンヘンジ」、「ミステリーサークル」、や「火の玉」、「UFO」などが話題となっています。これらは私たちの知らないエネルギーによって作られたものでしょうか？

超未来のエネルギーの利用としては、反重力ロケット、テレポーテーション（瞬間移動）、タイムマシーン、などがSF（空想科学）小説で登場してきています。原理的、理論的な可能性が議論されているものもあります。映画「ジュラシックパーク」で見られたように、絶滅した恐竜の生命をDNA抽出により復活させる試みもその1つですが、現状の技術では困難です。

現在、私たちの未だ知らないエネルギーがあるのかも知れませんが、よく言われている超常現象は現状では故意のいたずらや勘違いである場合がほとんどです。超常現象のうち自発的な自然現象では、火の玉、球電、UFOと似ている火球などがあり、すでに物理現象として理解されています。自発的な超常現象の全ては、やがては現代科学で解き明かされていくことでしょう。

映画などでのポルターガイスト（物品が宙を舞ったり、電灯が点滅したりなどの機械的・電気的変化の心霊現象）は私たちに恐怖心、好奇心を含めた楽しみを与えてくれますが、現実と混同せずに、映画としてのトリックの機微を楽しみたいものです。

第7章

驚くな!
自然災害エネルギー

58 自然災害とエネルギー

ハザード(危険)とディザスター(災害)

　古くから恐ろしいものとして「地震、雷、火事、親父」と言われてきました。親父は台風の意味の「大山嵐(おおやまじ)」が転じたものと言われています。自然災害とは日本の法令上は「暴風、豪雨、豪雪、高潮、地震、津波、噴火その他の異常な自然現象により生じる被害」と規定されています。

　自然現象の危険(ナチュラル・ハザード)としては、地下からの地震や火山噴火、海に関連した津波や高潮、気象に関連する暴風雨、竜巻、雷、そして、天上からの隕石落下、太陽爆発などがあります。これらが人間社会に被害を及ぼすとき、自然災害(ナチュラル・ディザスター)と呼ばれます(**上図**)。

　2011年3月11日に起こった自然現象が「東北地方太平洋沖地震」であり、その自然災害が「東日本大震災」です。マグニチュード(M)9・0の東日本大震災・大津波では死者・行方不明者が2万人近くとなり、福島第一原子力発電所事故も誘発されてしまいました。2004年12月のスマトラ沖地震ではM9・3であり、最大高さ34メートルのインド洋大津波が起こり、死者28万人が出る史上最悪の大惨事となりました。火山噴火も脅威となっています。2014年9月の御嶽山噴火においては58人が犠牲となりました。

　自然の脅威は地球の中からだけではありません。氷河期の到来と恐竜絶滅を誘発した巨大隕石の衝突では、隕石の直径は10キロメートル程度であったと考えられており、地球の公転の速さ毎秒30キロメートルで衝突したとすると、衝突エネルギーは700ゼタジュール(ZJ)(700×10^{21} J)と考えられます。このような巨大隕石の衝突の可能性は1億年に1回の割合です。

　エネルギーに関しては、TNT火薬の1kgが4・2メガジュール(420万ジュール)であり、広島原爆はTNT火薬15キロトンに相当する63テラジュール(63兆ジュール)です。東北地方太平洋沖地震は原爆3万個分のエネルギーに匹敵します(**下図**)。

要点BOX

- ハザードは地圏、水圏、気圏、そして宇宙から
- 東北地方太平洋沖地震は原爆3万個分のエネルギーに相当

自然現象と自然災害

地球内部（地圏）から

地震、火山

海（水圏）から

津波、高潮

大気（気圏）から

台風・竜巻、落雷、豪雨

宇宙から

小惑星の衝突、磁気嵐

自然現象と自然災害のエネルギー

現象	エネルギー（ジュール）
超新星爆発	10^{44}
恒星フレア	10^{24}～10^{29}
太陽フレア	10^{22}～10^{25}
ハレー彗星の地球衝突（仮定）	10^{24}
大型台風（800億トン総雨量）	$2\text{x}10^{20}$
全世界の核兵器（推定）	$4\text{x}10^{19}$
東北地方太平洋沖地震（M9）	$2\text{x}10^{18}$
ビキニ水爆（15メガトン）	$6\text{x}10^{16}$
浅間山噴火（1938年）	10^{15}
広島原爆（15キロトン）	$6\text{x}10^{13}$
雷	10^{10}

赤字：人工エネルギー

59 地震と津波

グーテンベルグ・リヒターの式

地球のプレート（岩盤）どうしの摩擦により蓄積されていた歪エネルギーが開放されたときに弾性波が発生します。これが地震です（上図）。

地震の規模は、エネルギーに関連して「マグニチュード」、地震の揺れの加速度「ガル」、そして、観測場所での揺れ「震度」があります（下図左）。マグニチュード（M）6の地震のエネルギーは63テラジュール（63兆ジュール）であり、Mが1上がるとエネルギーは33倍、2上がると1000倍となります。これはグーテンベルグ・リヒターの式と呼ばれます。

地震の規模は割れた断層面積とずれの大きさに比例します。断層の長さと幅、ずれの大きさの比はほぼ一定なので、断層の長さが10倍の地震は、エネルギーが1000倍です。例えば、M6の地震は断層の長さが約14キロであり、M8では140キロです。M12では断層の長さが地球の直径を超えますが、実際にはM10が最大の地震と考えられています。

2011年3月11日に起こった東北地方太平洋沖地震の強さはM9・0、大地震としては1960年のチリ地震（M9・5）、1964年のアラスカ地震（M9・2）、2004年のスマトラ沖地震（M9・3）があります。

波浪は風によって海面付近の水が波立つ現象ですが、津波の場合海底から海面までの広い範囲でエネルギーが伝わります。波浪の波長は数メートルから数十メートルですが、津波の波長は数キロメートルから数十キロメートルであり、1つの波の山が運んで来る水の量が波浪とは異なり桁違いに大きくなります（下図右）。例えば、5kmの深さで1m高さの津波でジェット機並みの時速800kmで津波が起こったとすると、深さ500mで新幹線の速さ、深さ50mでは自動車の速さとなり、10m深さの海岸では短距離選手の毎秒10mに減速され、津波の高さ9mにもなります。とがった半島の先端には「レンズ効果」により、津波の高さはさらに高くなるので注意が必要です。

要点BOX

- 地震のマグニチュードが2増えると、エネルギーは千倍
- 津波の海岸での速さは毎秒10mの速さ

日本付近での地震

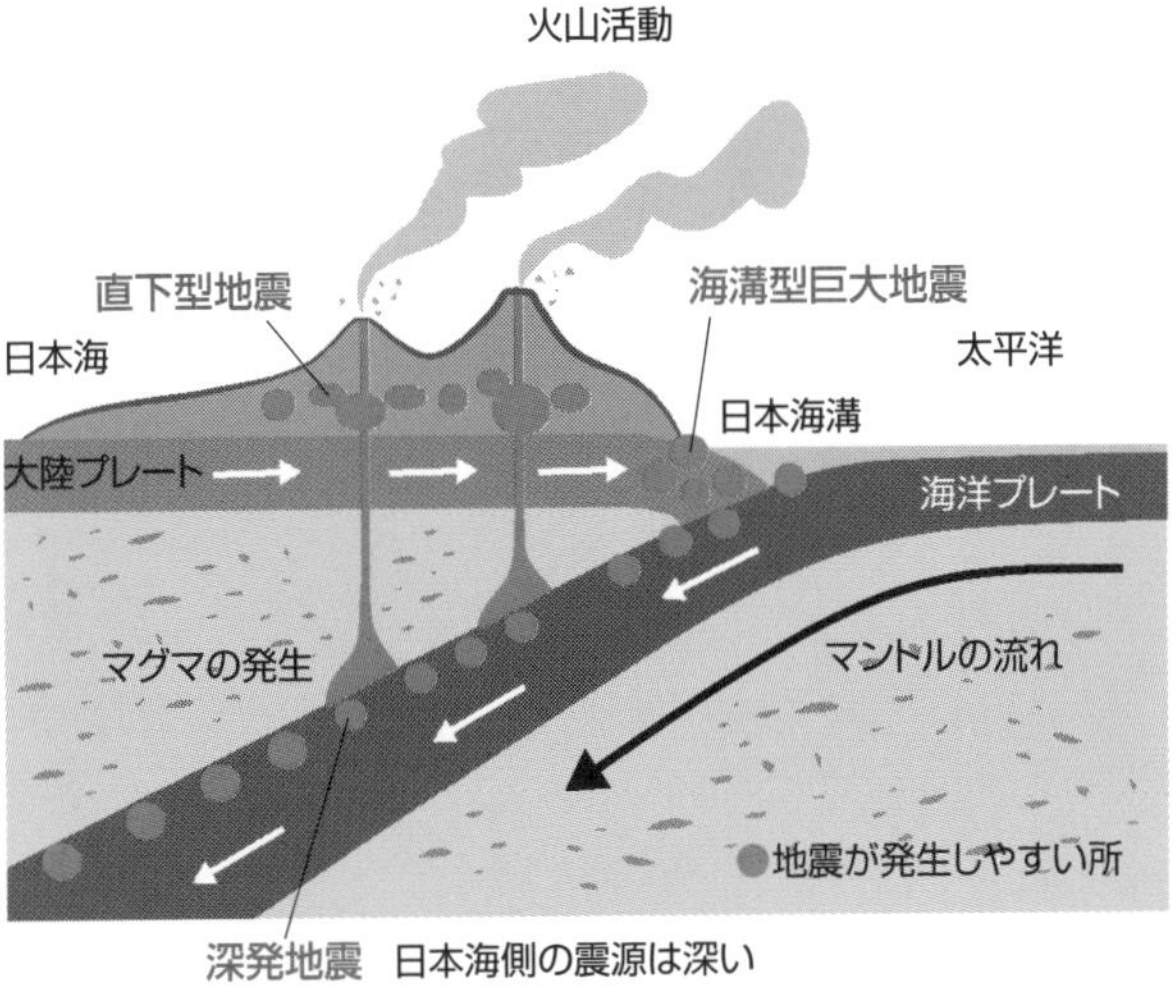
火山活動
直下型地震
海溝型巨大地震
日本海
太平洋
日本海溝
大陸プレート
海洋プレート
マグマの発生
マントルの流れ
●地震が発生しやすい所
深発地震　日本海側の震源は深い

直下型地震

陸側プレート・地殻内部

海溝型巨大地震

海洋プレートの沈み込みにひきずられる陸側プレートの先

深発地震

沈み込む海洋プレートにそった場所

ほとんどの地震が地下200km以内で起きます。700km以上深い場所では地震は起きません。

地震の大きさ

マグニチュード	マグニチュード（地震規模）とは、地震が放出したエネルギーの大きさを示す尺度。
ガル	ガルとは、加速度の単位（cm／sec^2）で地震の揺れの強さを数値として表現したもの。一般にガル数が大きいほど地震も大きくなる。
震度	震度とは、観測点における地震の揺れの強さを示す尺度で、0〜7までの10段級に分かれている。気象庁等は全国の約4200地点で観測している。

2011年東北地方太平洋沖地震は、マグニチュード9.0、断層の大きさは、長さ約450km、幅約200kmであった。

津波、波浪、高潮の違い

津波

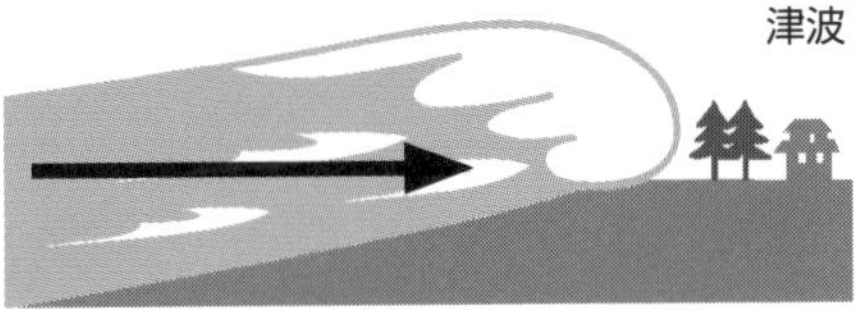

波長が長い。
波というより水の塊にも見える。

波浪

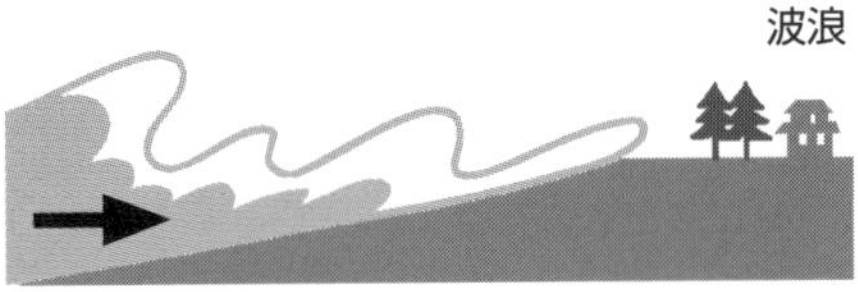

短い波長、波高は大小さまざま。

高潮

海面そのものが持ち上がる。
実際にはこれに波浪が重なる場合も多い。

60 火山噴火

火山爆発指数（VEI）

火山活動は生命の営みと深い関係があります。時には人類の文明を破壊しますが、同時に、植物を育てる地球内部の栄養分（リン酸塩、カリウム、カルシウムなど）を大地にもたらしてきました。火山があることで、温泉などの観光産業も栄えてきました。

世界にはおよそ1500の活火山があり、そのほとんどが環太平洋地帯に分布しています。日本にはその7％近くの110の活火山があり、世界有数の火山国です。ここで「活火山」とは「過去1万年以内に噴火した火山および現在活発な噴気活動のある火山」と定義されています。

地震と火山噴火とは地殻の変化である点で共通していますが、地震では運動のエネルギーが主なのに対して、火山噴火は熱エネルギーの開放が大部分（80％以上）であり、地震のエネルギーよりも莫大です。

火山噴火の激しさを表すのに「火山爆発指数」（VEI：Volcanic Explosivity Index）が用いられます。噴出物の量が1万m^3以下から1兆m^3以上の場合を0から8の9段階に分けて表し、噴出物が10倍増えるごとに指数が1段階上がります。

古代ローマの都市ポンペイを一瞬に消し去った紀元後79年のベスビオ火山の爆発はVEIが5であり、噴火の熱エネルギーは約6エクサジュール（1兆ジュールの6百万倍）です。世界全体の年間のエネルギー消費は石油換算で130億トン（5エクサジュール）なので、このエネルギーが放出されたことになります。最大の噴火は7万5千年前に起こったトバ湖での噴火であり、ベスビオ火山の千倍以上のエネルギーです。

日本では、今から約300年前に富士山宝永大噴火が起こり、当時の江戸で5センチメートルほどの火山灰が積もったことが儒学者新井白石の随筆「折たく柴の記」にも記されています。日本では、巨大噴火（VEI＝5～6）はここ3百年近く起きていませんが、今後の火山活動に十分な注意が必要です。

要点BOX

- 日本は火山大国で世界の活火山の7％
- 活火山とは「過去1万年以内に噴火した火山および現在活発な噴気活動のある火山」

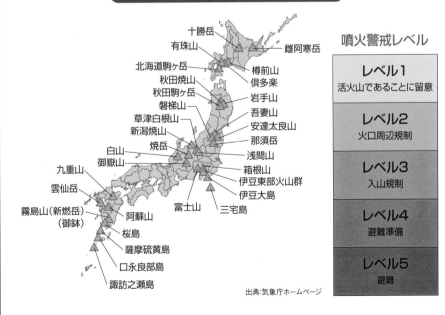

非常に大規模な火山噴火の例と火山爆発指数(VEI)

火山名（国名）	年代（西暦）	熱エネルギー（J）	VEI	噴出物量（m^3）	発生頻度
トバ湖（インドネシア）	7万5千年前	$7x10^{21}$	8	$>10^{12}$	≧万年
タンボラ山（インドネシア）	1815年	$2x10^{20}$	7	$>10^{11}$	≧千年
ピナツボ山（フィリピン）	1991年	10^{19}	6	$>10^{10}$	≧百年
ベスビオ山（イタリア）	79年	$6x10^{18}$	5	$>10^{9}$	≧50年
富士山（宝永大噴火）	1707年	$1.2x10^{18}$			

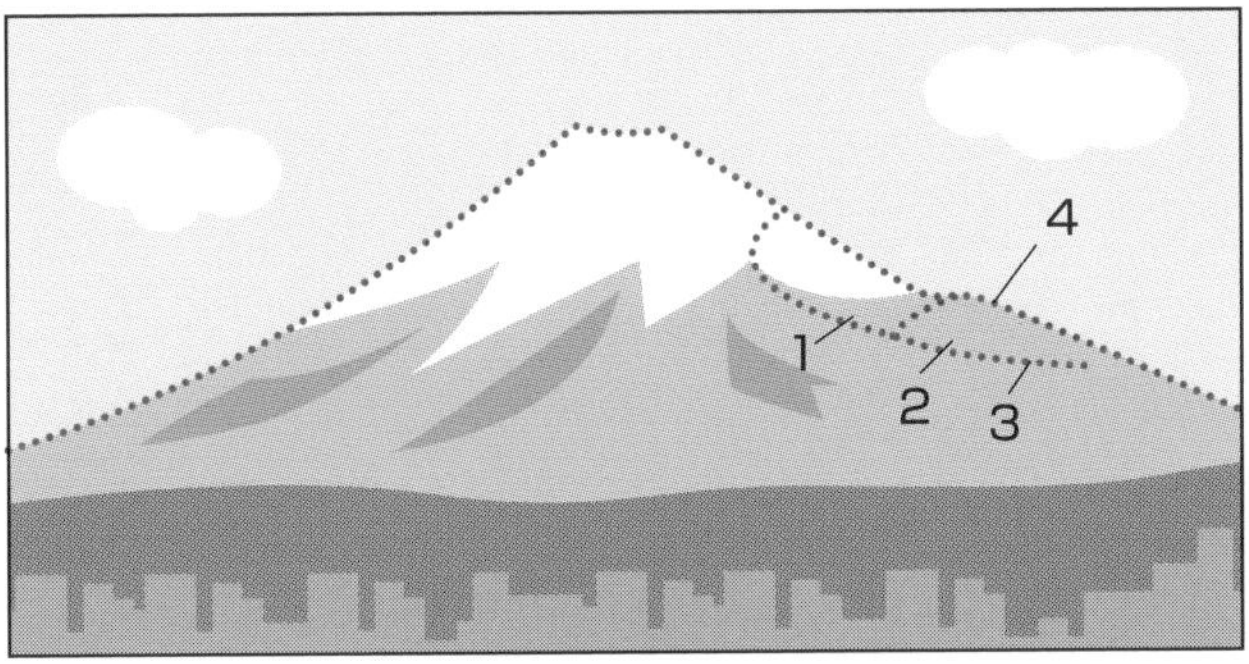

4
1
2
3

南から見た富士山の宝永火口、火口の位置:1(第一火口)、2(第二火口)、3(第三火口)、4(宝永山)

噴火・警戒レベルが運用されている火山

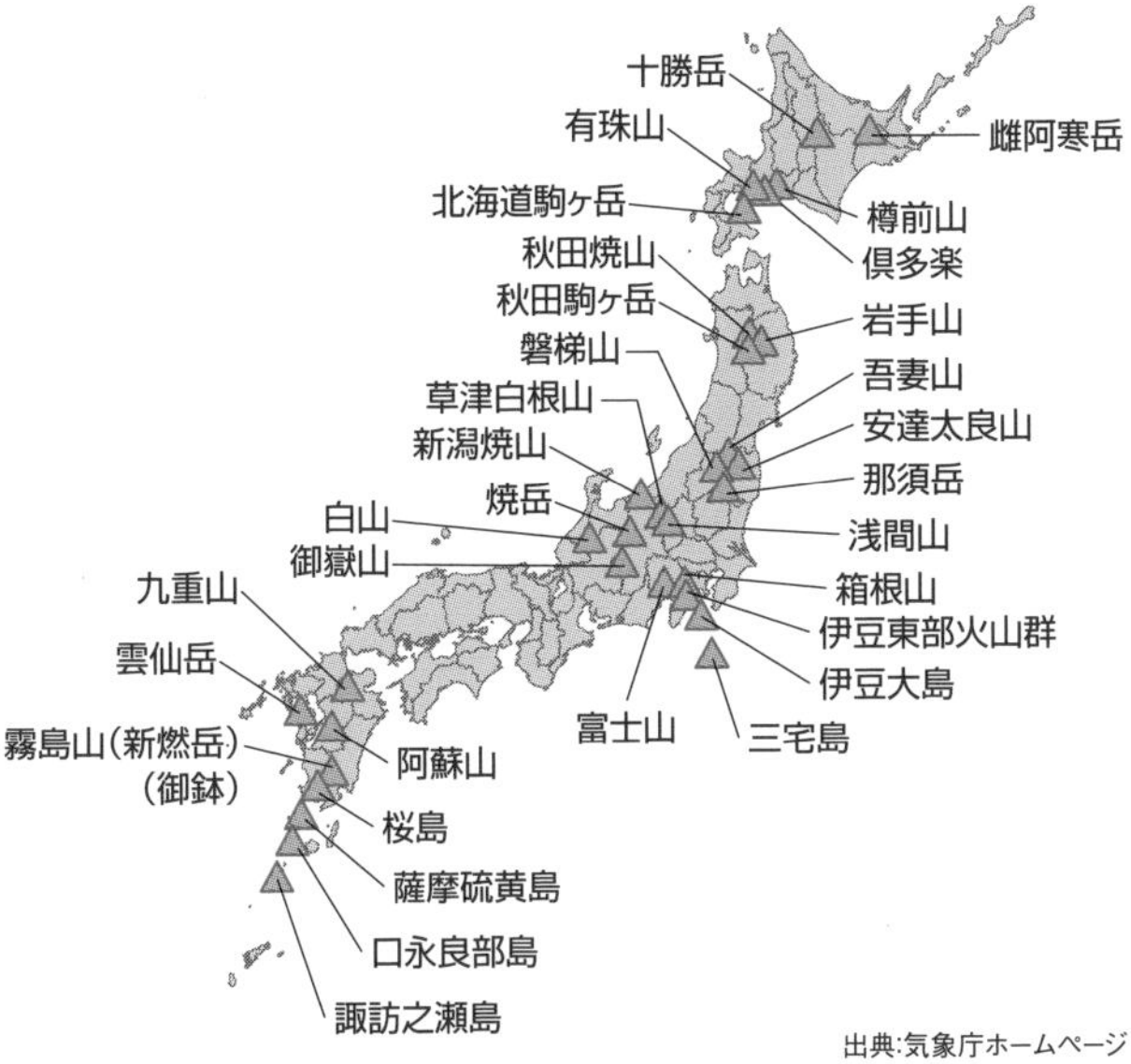

十勝岳
雌阿寒岳
有珠山
北海道駒ヶ岳
樽前山
倶多楽
秋田焼山
秋田駒ヶ岳
岩手山
磐梯山
吾妻山
草津白根山
安達太良山
新潟焼山
那須岳
焼岳
白山
浅間山
御嶽山
箱根山
九重山
伊豆東部火山群
雲仙岳
伊豆大島
富士山
三宅島
霧島山(新燃岳)
(御鉢)
阿蘇山
桜島
薩摩硫黄島
口永良部島
諏訪之瀬島

噴火警戒レベル

レベル1
活火山であることに留意

レベル2
火口周辺規制

レベル3
入山規制

レベル4
避難準備

レベル5
避難

出典:気象庁ホームページ

61 台風と竜巻、豪雨、落雷

日本に接近する台風はフィリピン付近の海域で発生します。太陽熱で海水面が加熱され28度以上になると海水の蒸発が起こります。蒸気をたっぷり含んだ空気が上昇し、地球の自転によるコリオリの力により北半球では反時計回りの渦巻きができ、熱帯低気圧が作られます。蒸発した水蒸気が上昇し雲粒になる過程で潜熱である凝結熱が大量に放出され更に大気を加熱・膨張・上昇させます。低気圧領域での最大風速（10分間平均）が、毎秒17メートルを超えたものが台風と呼ばれます。台風とは水蒸気の凝結時の放出熱をエネルギー源とした熱機関と考えることができます。上陸した台風が急速に衰えるのは水蒸気の供給が絶たれ、さらに陸地の摩擦によりエネルギーが失われるからです。

気象庁では、台風の強さは最大風速33メーター毎秒以上で10メータ毎秒増えるごとに「強い」「非常に強い」「猛烈な」と言われ、大きさは風速毎秒15m以上の半径が500km以上で800km未満を「大型」、800km以上を「超大型」と呼ばれます。

中型の台風のエネルギーは降水量の凝結熱を考えて1エクサジュール（10^{18}J）ほどですが、大型ではこの100倍ほどのエネルギーにも達します。

台風や低気圧の接近で積乱雲が発生します。多くの竜巻はその下に発生します。超巨大積乱雲（スーパーセル）の下では巨大な竜巻が発生する可能性があります。竜巻の国際的な尺度として風速を基準とした「藤田スケール（F0〜F5）」があります。国内の最大竜巻はF3（毎秒70メートル以上で92メートル以下）です。

気象災害としては豪雨や落雷もあります。雷は雲の中の氷の粒がぶつかり合い、小さな粒はプラスとなり上方へ、大きな粒はマイナスとなって下方に集まるので、地上表面がプラスとなり落雷が発生します。1回の落雷は、1億ボルト、10万アンペア、1ミリ秒の場合に、100億ジュールのエネルギーとなります。

要点BOX

- ●台風は毎秒17メートルを超えたもので、エネルギー源は水蒸気の凝結熱
- ●竜巻は低気圧や積乱雲の下で発生

熱帯低気圧と台風

熱帯低気圧の発生

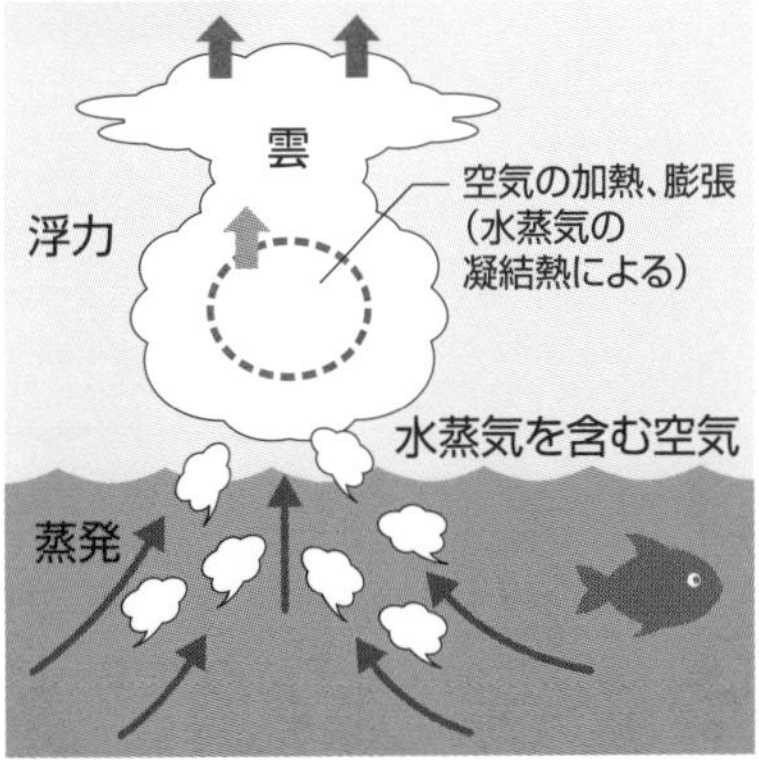

台風の断面図

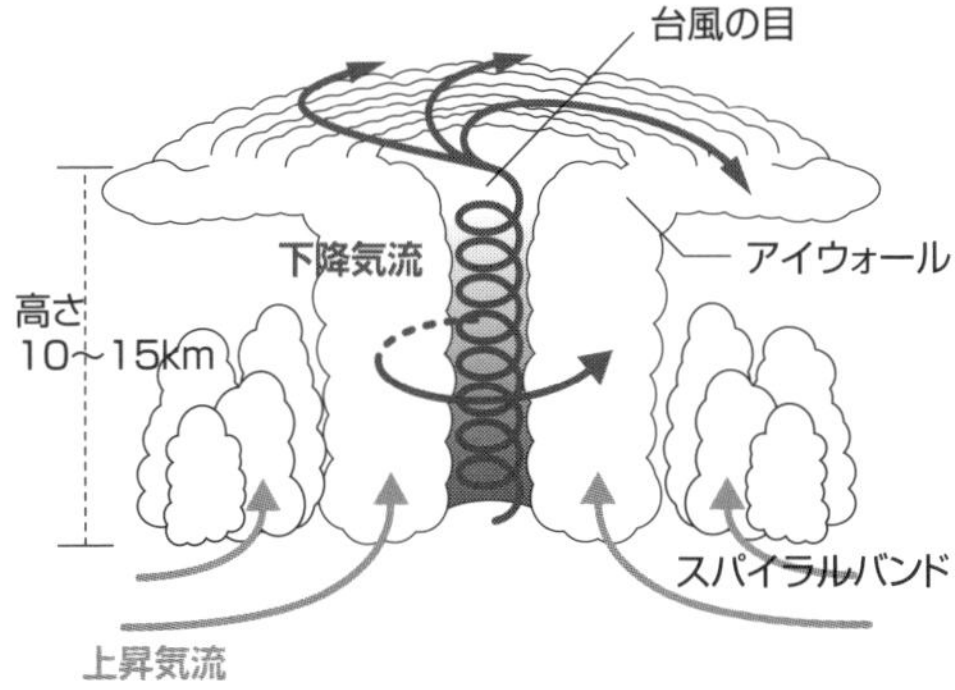

台風、ハリケーン、サイクロンの区別

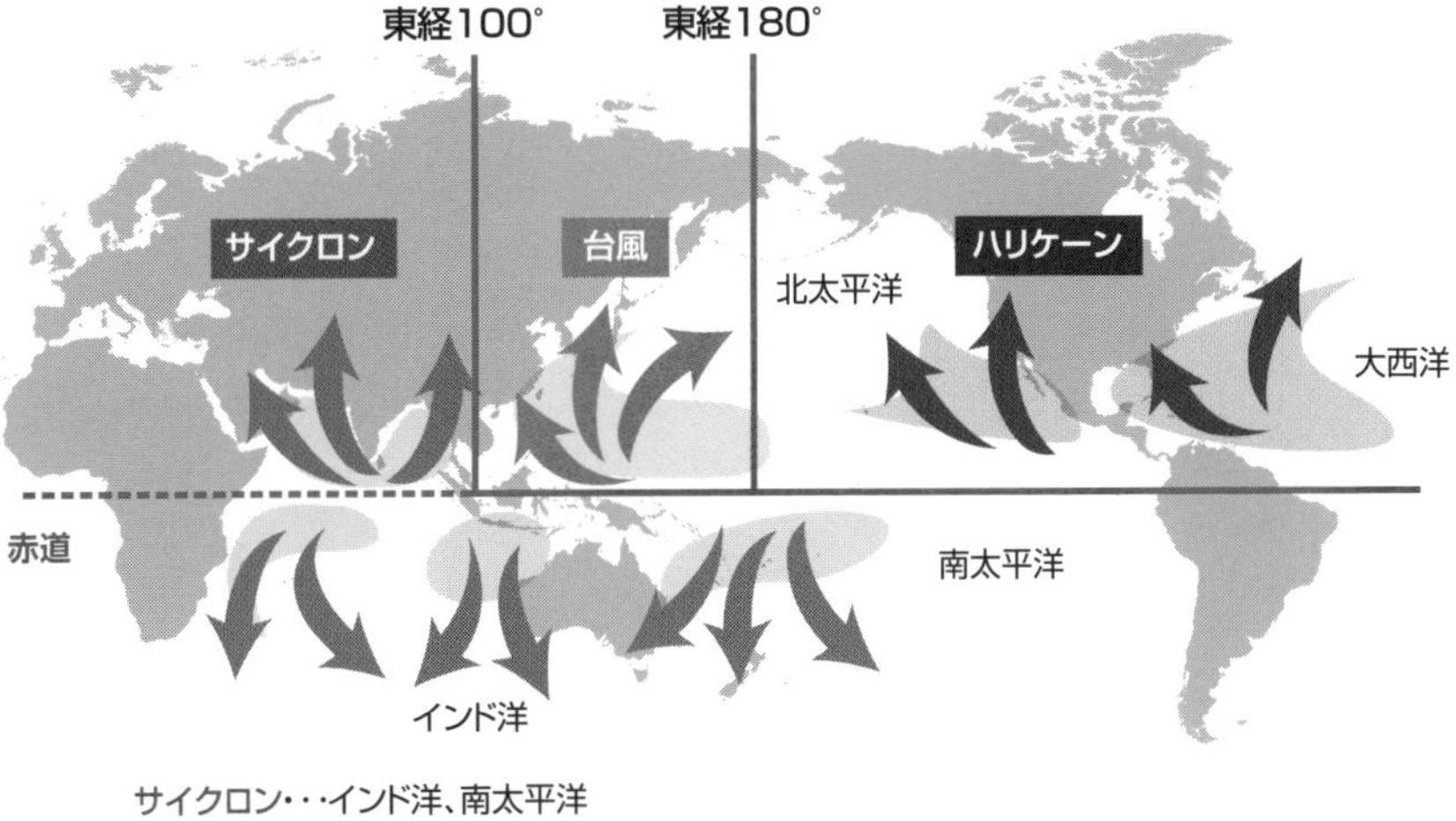

サイクロン･･･インド洋、南太平洋
ハリケーン･･･太平洋（赤道より北で、東経180度より東）、大西洋
台風（タイフーン）･･･東アジア周辺の太平洋（赤道より北で、東経180度より西）

気象庁の「台風」

最大風速（10分間平均）が17m/s以上

国際的定義

最大風速（1分間平均）が33m/s以上

62 隕石、小惑星の衝突

NEO（地球近傍小天体）の脅威

恐竜の絶滅が小惑星の地球への衝突によるとの考えはよく知られています。1998年の映画「アルマゲドン」は、人類にもそのような可能性がありえることを描いています。映画では、テキサス州に匹敵する大きさを持つ巨大アステロイド（小惑星）が地球に接近し、ニューヨークが無数の隕石群に包まれます。滅亡の危機に瀕した地球を救うべく宇宙に旅立つ男たちの死闘を描いたヒューマン・アドベンチャーの映画です。

小惑星が落下して残った岩石が隕石です。小惑星には太陽系生成当時の重い元素イリジウムを溶融しない状態で含んでしている場合があります。6500万年前の恐竜絶滅時の地質（K-T境界層）から、メキシコのユカタン半島を中心に多量のイリジウムが分布していることが確認され、小惑星が衝突したことが科学的に判明しています。

地球に接近する小天体をNEO（Near-Earth Object）と言います。これらの天体の接近をいち早くキャッチして爆破したり軌道を変えたりすることが必要です。NEOの衝突の脅威は「トリノスケール」で示されます。衝突確率と衝突エネルギーの規模で決められた指標であり、1999年にイタリアのトリノでの国際天文連盟の会議で採択されました。さて、トリノスケールが4として「2029年に小惑星アポフィスが地球に衝突する確率が2・7%である」との情報が2004年12月に発表され大騒ぎになりました。しかし、その後、レベル1に下がり、現在では2036年の衝突の危険性は25万分の1とされています（上図）。

太陽系内では、シューメーカー・レビ彗星が木星に衝突する瞬間がとらえられています。宇宙のエネルギー（重力エネルギー）による地球環境の破壊が起こりえないとは言えません。そのためのシステムとして「スペースガード」が現在でも必要となってきています。未来社会では反物質ロケットによるNEOの撃退も夢物語ではないかも知れません。

要点BOX

- ●NEO（地球近傍小天体）による地球環境の破壊の可能性はゼロではない
- ●NEO衝突の危険性の指標はトリノスケール

アポフィスンの軌道予測とトリノスケール

2029年4月13日前後の
アポフィスの予想軌道

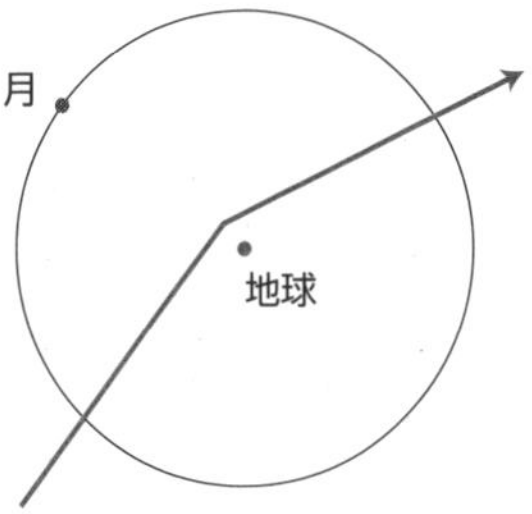
月
地球

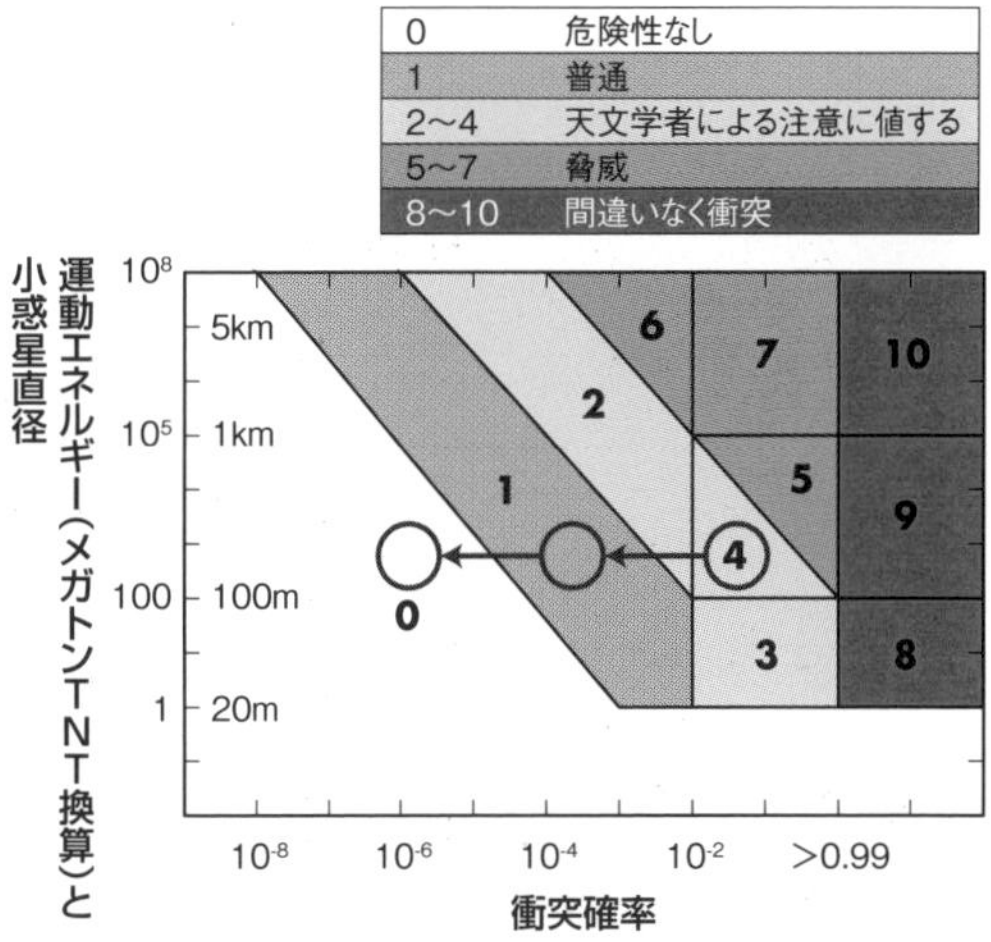
0 危険性なし
1 普通
2〜4 天文学者による注意に値する
5〜7 脅威
8〜10 間違いなく衝突
運動エネルギー（メガトンTNT換算）と小惑星直径
10^8
5km
10^5
1km
100
100m
1
20m
10^{-8}
10^{-6}
10^{-4}
10^{-2}
>0.99
衝突確率

○印は、アポフィスの危険度の予想の変遷

小惑星の衝突頻度とエネルギー

衝突天体の直径	衝突頻度（年に1回）	エネルギー（原子爆弾=1）
10m	**5**年	**1.2**
60m	**200**年	**1,000**
150m	**1**万年	**17,000**
500m	**10**万年	**650,000**
1km	**100**万年	**5,000,000**
10km	**1**億年	**5,000,000,000**
広島型原子爆弾		**1**
全面核戦争		**500,000**

Column

巨大地震は必ず起こる？（南海トラフ地震）

日本は地震大国であり、世界**で発生しているマグニチュード5以上の地震の1割が、マグニチュード6以上の地震の2割が、日本付近で発生しています。**

地震は、地下の岩盤（プレート）がぶつかる摩擦で起こる現象であり、地下の岩盤がずれに耐えきれなくなったときに発生します。

日本は、西・南日本が「ユーラシアプレート」に、東・北日本が「北米プレート」の上に乗っており、その境界が糸魚川・静岡構造線が含まれるフォッサマグナ（中央地溝帯、ラテン語で大きい（マグナ）溝（フォッサ）の意味）があります。太平洋側の南には、「フィリピンプレート」が沈み込んでいて、南海トラフ（海溝よりも浅い海底のくぼ地）と相模トラフがつくられ、太平洋側の北には「太平洋プレート」があり、日本海溝へと沈み込んでいます。

プレートテクトニクス理論によれば、地球の表面のプレートはいくつもの部分に分かれており、プレートが独立して運動することで地震や火山などのさまざまな地質現象が起こると考えられています。

太平洋プレート及びフィリピン海プレートは、毎年数cmの速さで西に動き日本列島の下に潜りこんでいます。この変動によりユーラシアプレートなどの大陸プレートの端が引きずり込まれ、歪みのエネルギーがだんだん蓄積されていきます。この歪みが限界に達し、もとに戻ろうとすると破壊が起こり巨大なエネルギーが放出されます。これが、日本の太平洋沿岸で発生する巨大地震（海洋型地震）です。

東南海トラフに関連しての地震は、慶長、宝永、安政、昭和と、およそ百年間隔で発生しており、そのサイクルで考えると、ここ数十年で大地震が確実に発生すると想定されています。特に、満潮時に東南海・南海地震が起こった場合には、四国の高知県では10メートルを超える津波が想定されています。地球温暖化による海面上昇をも想定しての、大胆で緻密な災害対策が求められています。

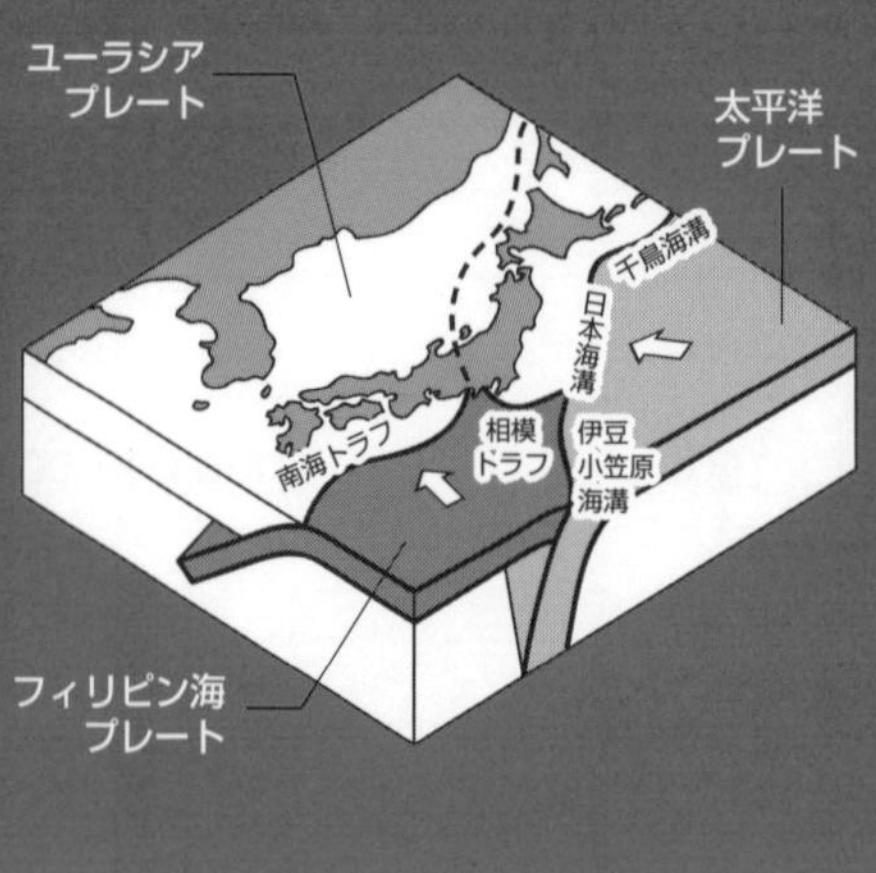

ユーラシアプレート
太平洋プレート
千島海溝
日本海溝
相模トラフ
伊豆小笠原海溝
南海トラフ
フィリピン海プレート

第8章

輝け! 未来エネルギー

63 宇宙ロケットエンジンの未来は?

核融合エンジンと反物質エンジン

人類が宇宙をめざして、アポロ11号により月に足跡を残したのが１９６８年です。あれからもう半世紀以上の歳月が流れています。いま、次の目標としての赤い惑星火星に人類を送ることが計画されています。

固体燃料や液体水素での従来のロケットでは、火星まで６〜７ヶ月かかると考えられていますが、「原子力ロケット」により２ヶ月間で火星に到着できます。小型原子炉を搭載して時速約２万９千キロメートルをめざしたもので、ＮＡＳＡで詳細が検討されてきました。打ち上げは在来型のエンジンを用い、宇宙に出てから原子力エンジンに切り替える計画です。核融合反応を用いた「核融合ロケット」では、更に期間が短縮されます。

アインシュタインの質量とエネルギーの等価の式に従えば、化学反応では燃料１００億分の１（10^{-10}）の質量がエネルギーに変換され、核反応では、０・１％（10^{-3}）のレベルです。そして、それを超える莫大なエネルギー生成が素粒子反応で可能です。

通常の物質に対して鏡に映された像のような関係にある反物質を用い、「物質と反物質との対消滅反応」により、１００％近くの質量をエネルギーに変換することが可能となります。

反物質エンジンによる光子ロケットで人類は星のかなたへ旅することができるようになるかもしれません。これはアメリカのテレビドラマ「スタートレック」のエンタープライズ号をはじめ、多くのＳＦ映画に登場する夢のロケットです。反物質１ミリグラムは、液体酸素と液体水素の化学ロケットの燃料の１トン分に相当する推進力を発生させることができるのです。

反物質を効率よく制御・生成・蓄積でき、物質との反応でエネルギー生成が可能となれば、人類は火、電気、原子力（核融合）に次ぐ第４の火「素粒子（ハドロン）の火」を手にすることができると考えられます。

人類が火星に第一歩を踏み入れるのは21世紀内であると期待されています。

要点BOX

- 火星まで「化学ロケット」で6〜7ヶ月間、「原子力ロケット」で2ヶ月間
- 恒星間航行用には夢の「反物質ロケット」

化学反応から素粒子反応へ

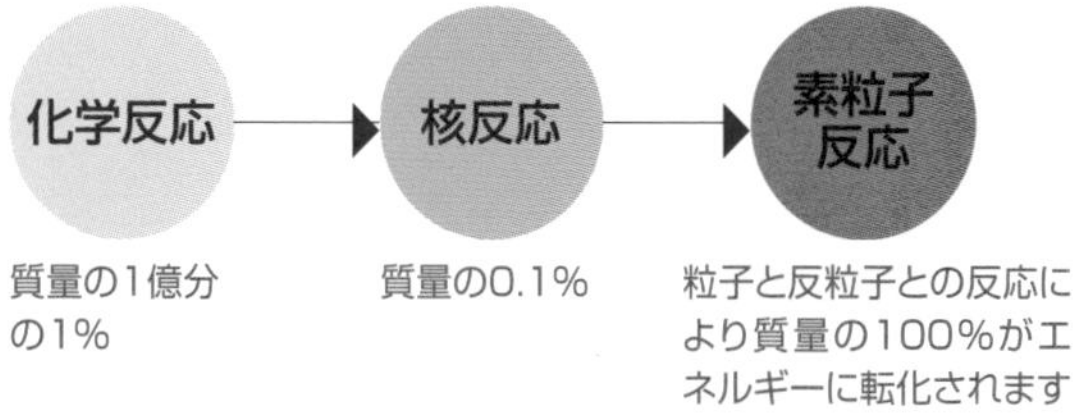
化学反応
核反応
素粒子
反応
質量の1億分
の1%
質量の0.1%
粒子と反粒子との反応に
より質量の100%がエ
ネルギーに転化されます

粒子・反粒子の対消滅反応

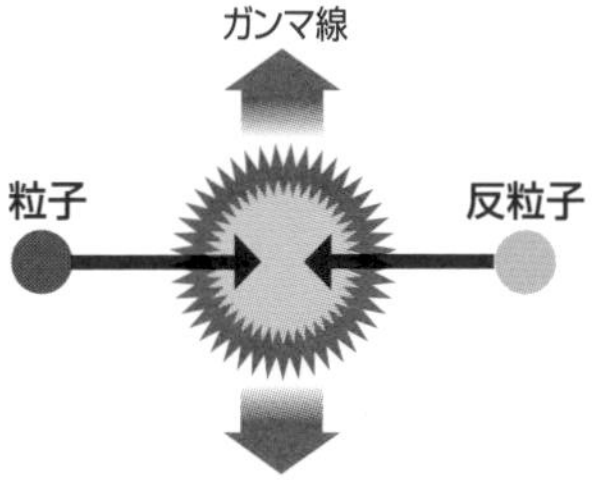
ガンマ線
粒子
反粒子

粒子と反粒子が衝突し、光子2個に変換される現象が対消滅です。逆の過程は対生成と呼ばれます。

たとえば、粒子、反粒子、それぞれ1gずつ、合計2gの粒子、反粒子を消滅させると、約180兆ジュールのエネルギーが放出されます。これは、広島市に投下された原子爆弾の2.4倍のエネルギーに相当します。

反物質エンジンの光子ロケット

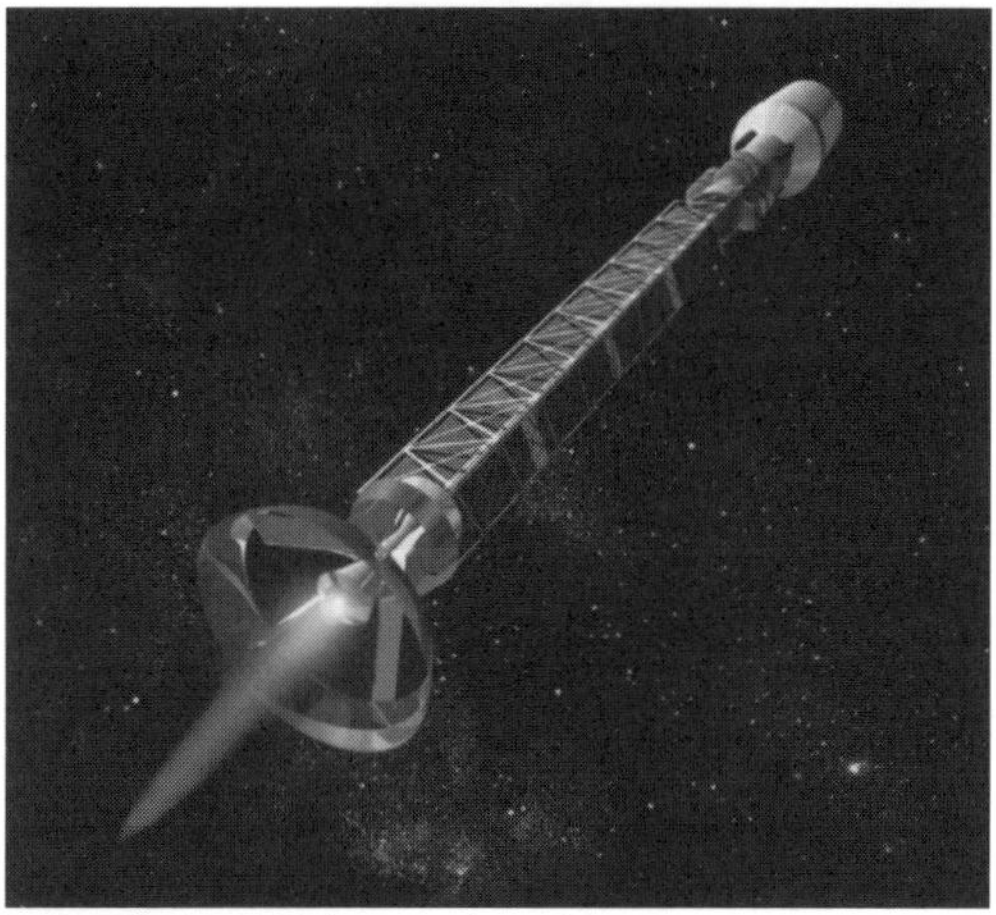

物質・反物質の対消滅エネルギーを利用する
反物質エンジン搭載

進行方向
居住区
燃料
タンク
反射鏡
光子
発光体
光子

64 月資源利用の核融合は可能か？

ヘリウム3核融合

21世紀のエネルギーDT核融合炉の課題は、トリチウム(T)資源の確保と中性子による放射化問題があげられます。重水素(D)だけを燃料とするDD核融合炉では、燃料資源の問題は軽減しますが、依然として中性子による放射化が問題として残ります。

夢の核融合D-^{3}He炉では、中性子の量を激減させることができます。たとえば、ヘリウム3と重水素の比を3対1とすることで、プラズマ温度5億度でDT核融合炉の約60分の1に減らすことができます。ただし、反応率はDT炉の十分の1となり、より高温のプラズマ閉じ込めが必要となってきます。

ヘリウム3は地上にはありませんが、アポロ計画で月探査船が持ち帰った土壌資料から、ヘリウム3資源が月面に豊富に存在することが明らかとなりました。月には地球と異なり磁場が存在しないので、太陽からの核融合反応生成物としての高エネルギー粒子(太陽風)が直接堆積したためです。

下図には、月表面でのヘリウム資源の分布が示されています。太陽風にはヘリウム原子を4%含んでおり、過去40億年の間に約2億5000万トンのヘリウム3が月面を直撃して、そのうち約100万トンが月の土壌表面に捕獲されていると考えられています。

月のヘリウム3資源の採掘には自走式のロボット採掘車を用い、採掘した土を700度まで加熱してヘリウムを抽出します。これをマイナス218度(55K)まで低温にして分留し、ヘリウム3とヘリウム4を分離します。ヘリウム3はヘリウム全体のうちの千分の1の量です。

ヘリウム3核融合は、月でのヘリウム資源採掘、核融合ロケット推進、静電直接発電利用、などとの組み合わせで、将来の宇宙時代のエネルギー源として期待が持たれています。更なる将来には、中性子発生のほとんどない先進燃料の核融合、陽子―ボロン核融合(p-B11核融合)が夢見られています。

要点BOX

- ●太陽風からのヘリウム3が40億年間に月面に堆積
- ●中性子発生の少ない夢のヘリウム3核融合

月面でのヘリウム3資源採掘のイメージ図

太陽光の熱エネルギーを用いて月の砂を加熱してヘリウム3を抽出します。

出典：ウィスコンシン大学核融合技術研究所

月のヘリウム3資源

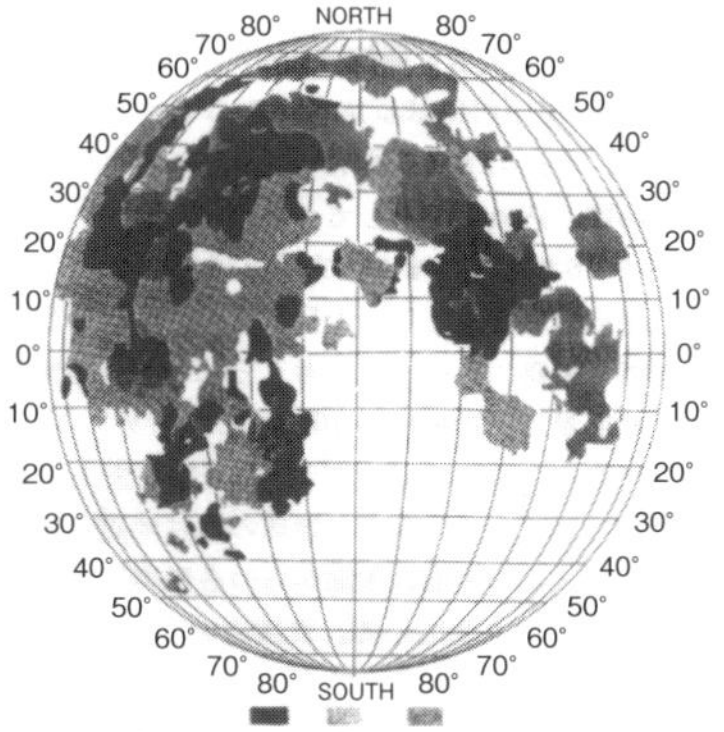

月には磁場がないので太陽風により運ばれてきたヘリウム3が表面に吸収・推積されます。ヘリウム3は、木星や土星にも豊富にあります。イルミナイトの酸化チタン(TiO_2)の中にヘリウム3が高濃度で蓄積されています。

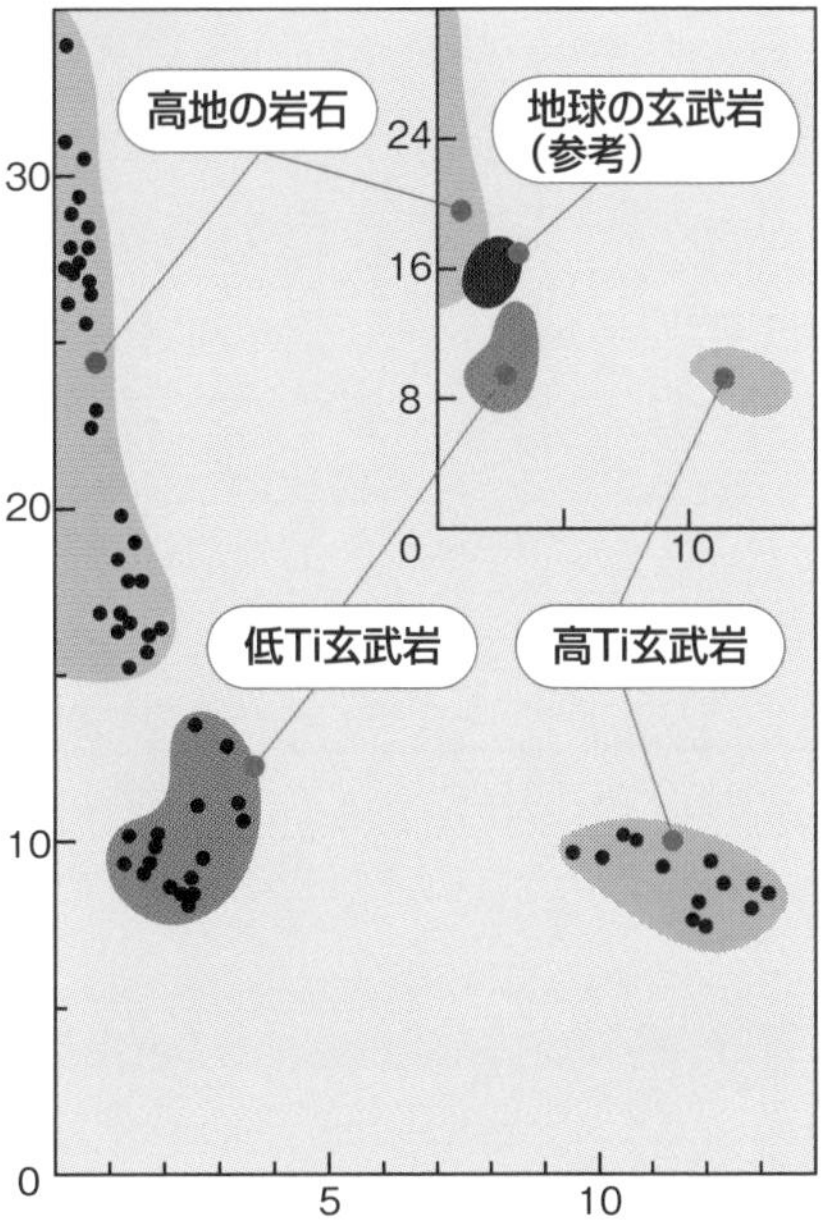

65 宇宙太陽発電(SPS)は理想のエネルギーか?

マイクロ波送電、レーザー送電

地上での太陽光発電では、太陽電池の大規模設置が困難であると同時に、夜は発電不可能で天候にも左右されて不安定であることが欠点です。それを克服する構想が、宇宙太陽発電所（SPS：Solar Power Station）です。宇宙空間で大規模な発電を行い、マイクロ波送電技術を用いて地上に送電する方式です。

これは、1968年にアメリカのピーター・グレーザー博士により提案されました。SPSは赤道上の高度約3万6000キロメートルの静止軌道上に浮かべ、発電した直流電力をマイクロ波に変えて送電して、地上のレクテナ（受電アンテナ）で受けてマイクロ波を再び電力に変換する方式です。マイクロ波は電子レンジなどで使われている2・45ギガヘルツ（1ギガヘルツは10億ヘルツ）が想定されています。

1970年代に発電容量1千万キロワット（地上ではその半分の500万キロワット）のSPSの基準モデルが検討され、太陽電池は5キロメートル×10キロメートルで重さは5千トン、地上のレクテナも10キロメートル×13キロメートルと巨大でした。この建設費は25兆円と試算され採算がとれませんでした。

次世代SPSとして「サンタワー方式」が提案され、25万キロワットの発電で建設費80～150億円と見積もられています。送信アンテナから送られるマイクロ波は23kW/m^2であり、レクテナでの最大電力をその百分の1の230W/m^2としています。これは、通常の地上での太陽光1kW/m^2の1/4に相当しますが、マイクロ波から電力への変換効率の高さと曇天や夜間に左右されない点から地上での太陽光利用の4～5倍以上になります。

他の方式として、回転する巨大薄膜太陽電池の円盤を利用した「ソーラーディスク方式」も提案されています。

最近はレーザー送電も検討されています。太陽光によるレーザー直接励起、レーザーの高指向性、光触媒による水素生成などの利点を活かした近赤外レーザーによる送電が検討されています。

要点BOX

- ●SPSはマイクロ波送電またはレーザー送電、受電技術を用いた宇宙太陽発電所
- ●サンタワー型やソーラーディスク型発電衛星

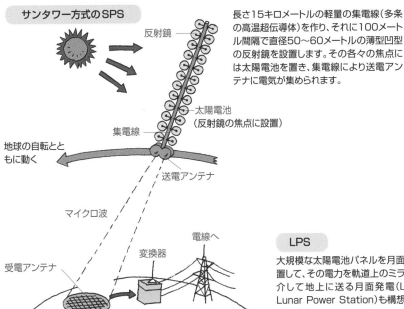

宇宙太陽発電(SPS)

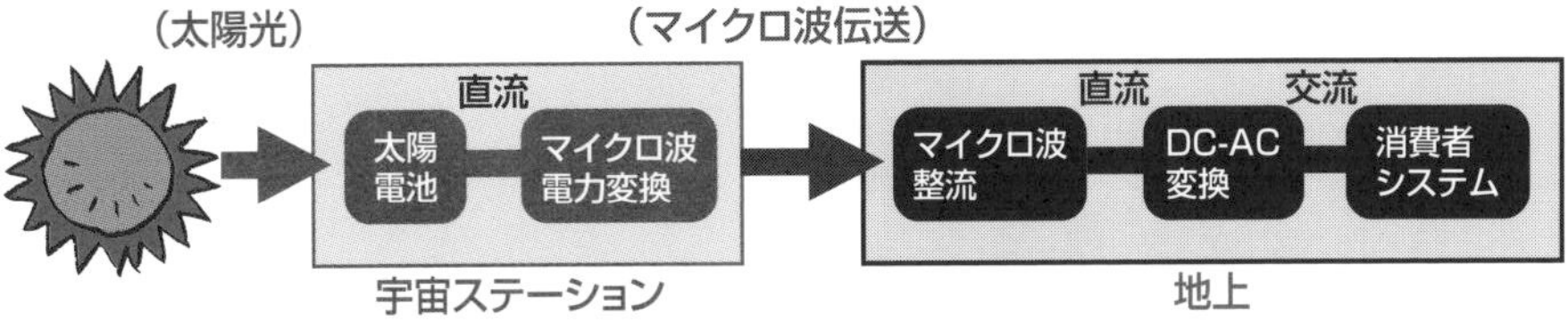

(太陽光)
(マイクロ波伝送)
直流
太陽
電池
マイクロ波
電力変換
宇宙ステーション
直流
交流
マイクロ波
整流
DC-AC
変換
消費者
システム
地上

1979年の歴史的なSPS基準モデル（500万kW出力）

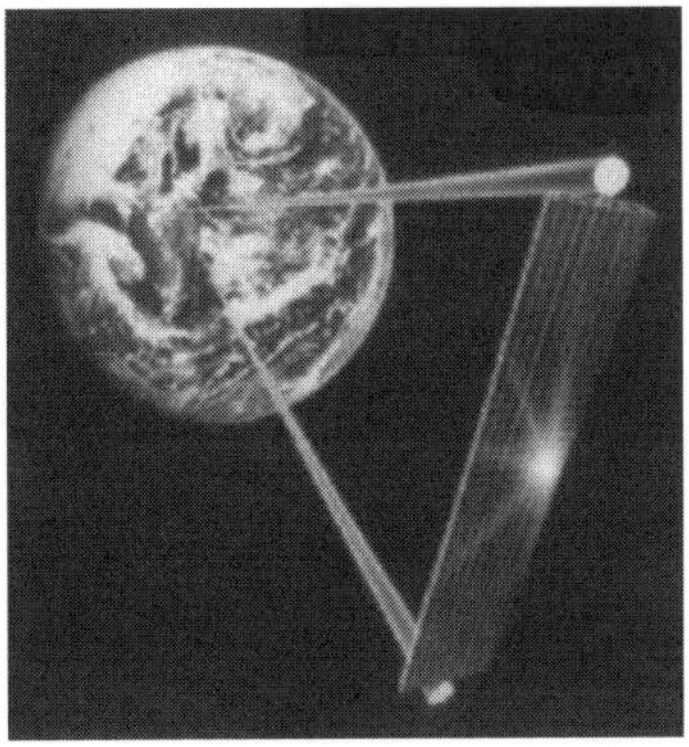

サンタワー方式のSPS

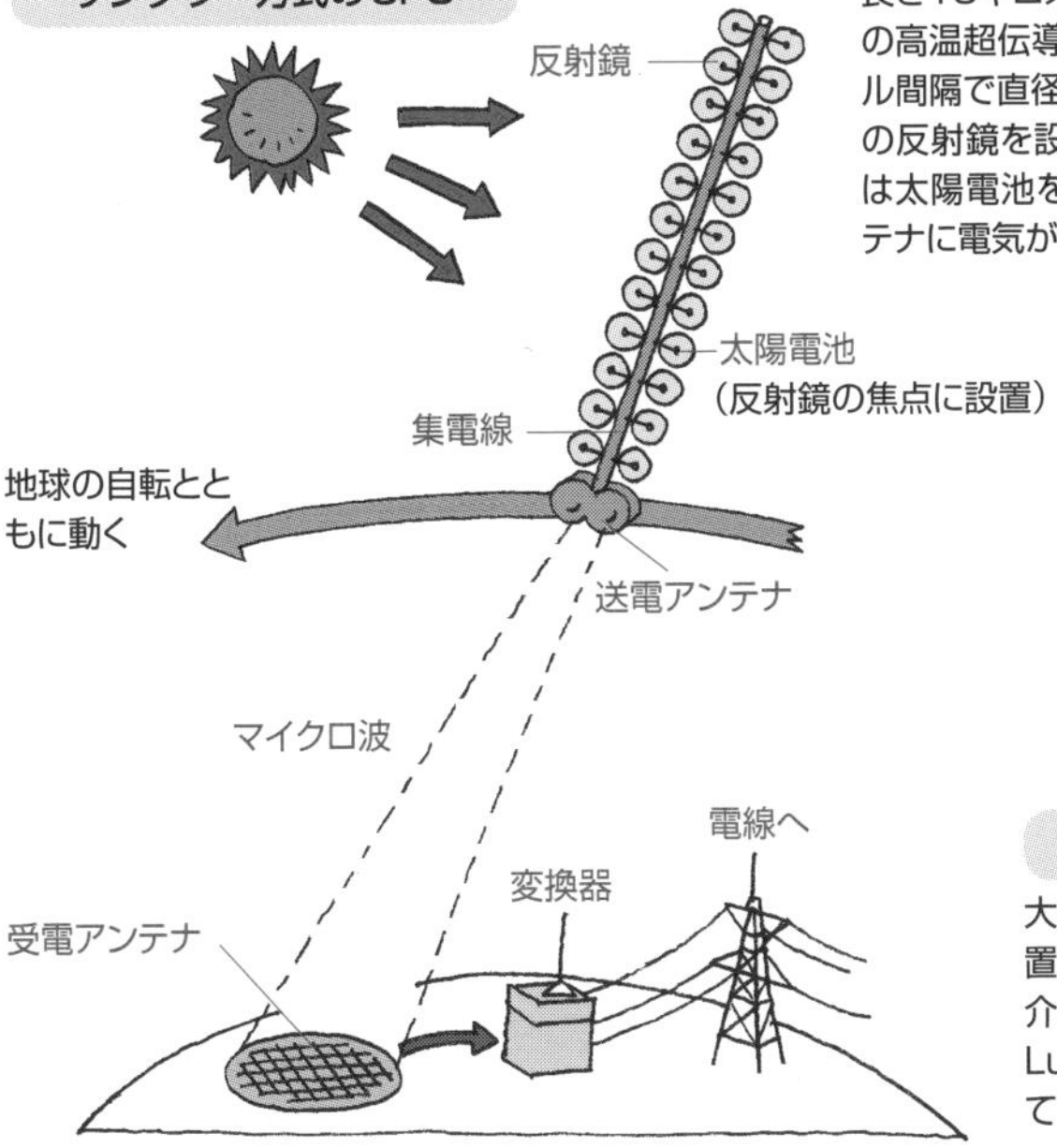

反射鏡
太陽電池
(反射鏡の焦点に設置)
集電線
地球の自転とと
もに動く
送電アンテナ
マイクロ波
電線へ
変換器
受電アンテナ

長さ15キロメートルの軽量の集電線(多条の高温超伝導体)を作り、それに100メートル間隔で直径50〜60メートルの薄型凹型の反射鏡を設置します。その各々の焦点には太陽電池を置き、集電線により送電アンテナに電気が集められます。

LPS

大規模な太陽電池パネルを月面に設置して、その電力を軌道上のミラーを介して地上に送る月面発電(LPS: Lunar Power Station)も構想されています。

66 未来の地球環境と宇宙文明

宇宙太陽・核融合と電気・水素エネルギー

私たち人類は「火」のエネルギーを手に入れ、寒さと夜の暗闇からの恐怖を乗り越え、農耕文明を築き上げてきました。そして、第2・第3の火としての「電気」・「原子力」のエネルギーを手に入れ、近代から現代への工業文明を発展させてきました。新しいエネルギーにより新しい文明を築き上げてきたのです。将来の宇宙文明を支えるのに、新しい第4の火（核融合と宇宙太陽発電）に期待が寄せられています（**上図**）。

人類の発展のためには、環境保護とエネルギー供給拡大、そして経済発展の3つの課題克服は必須であり、クリーンで豊富なエネルギー源の模索が続けられています。いろいろなエネルギー技術の中でも、コージェネレーション、水力発電、太陽熱給湯などは「実用型」として導入が進められてきましたし、太陽電池、砂漠緑化、燃料電池、電気自動車、超伝導電力貯蔵、安全の保障された原子力発電等は「開発期待型」として推進されてきています。「夢の技術型」として、核融合と宇宙太陽発電に期待が寄せられています。現在考えられる理想の未来エネルギーとして、夢の技術のエネルギーを1次エネルギー源とし、電気および水素エネルギーを2次エネルギーとするシステムが構想されています（**中図**）。エネルギー問題、環境問題には長期的視点が大切です。新しい科学技術開発により輝かしい未来が訪れることに期待したいと思います。

現在の文明でのパワー（毎秒のエネルギー量）は2×10^{13}ワットです。遠未来世界では、化石燃料，核燃料の現在の「地球文明」から「惑星文明（10^{16}ワット）」、さらに反物質エネルギーなどを利用するであろう「恒星文明（10^{26}ワット）」、そしてブラックホールエネルギーなども利用でき、超光速航行技術やワープ航法を駆使できるであろう「銀河文明（10^{36}ワット）」へと発展できるかもしれません（**下図**）。遠い未来に人類が膨大なエネルギーを利用できる文明を構築していることを夢見たいと思います。

要点BOX

- 未来は、宇宙太陽発電と核融合発電からの1次エネルギー、電気と水素の2次エネルギー
- 地球文明から、惑星、恒星、そして銀河文明へ

文明とエネルギーの変遷

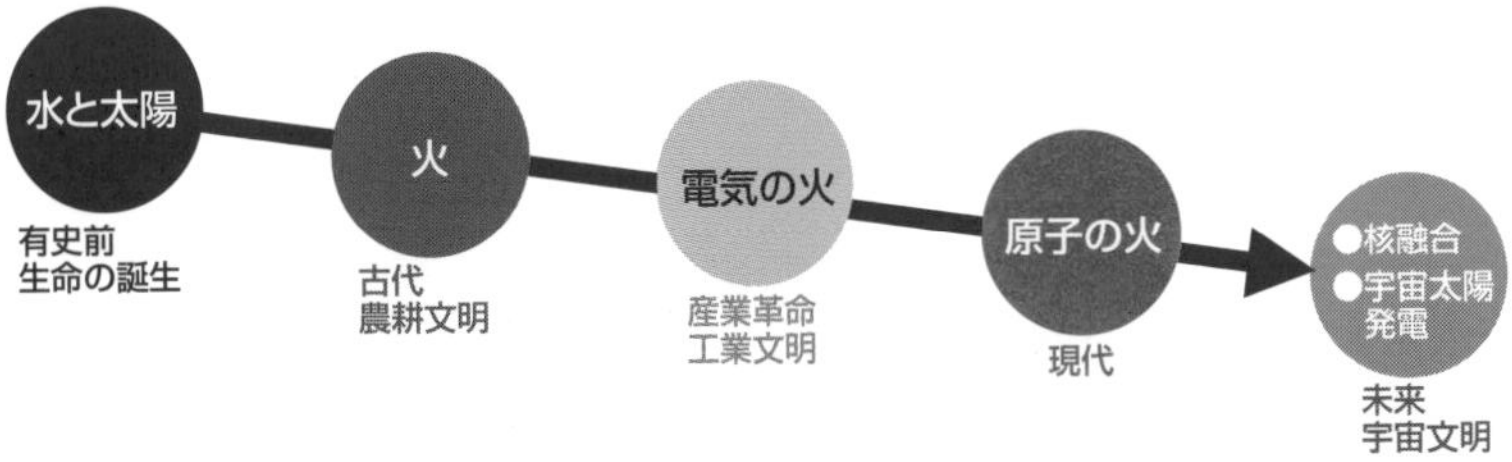
水と太陽
有史前
生命の誕生
火
古代
農耕文明
電気の火
産業革命
工業文明
原子の火
現代
●核融合
●宇宙太陽発電
未来
宇宙文明

未来のエネルギーシステムの構想（電力・水素エネルギーシステム）

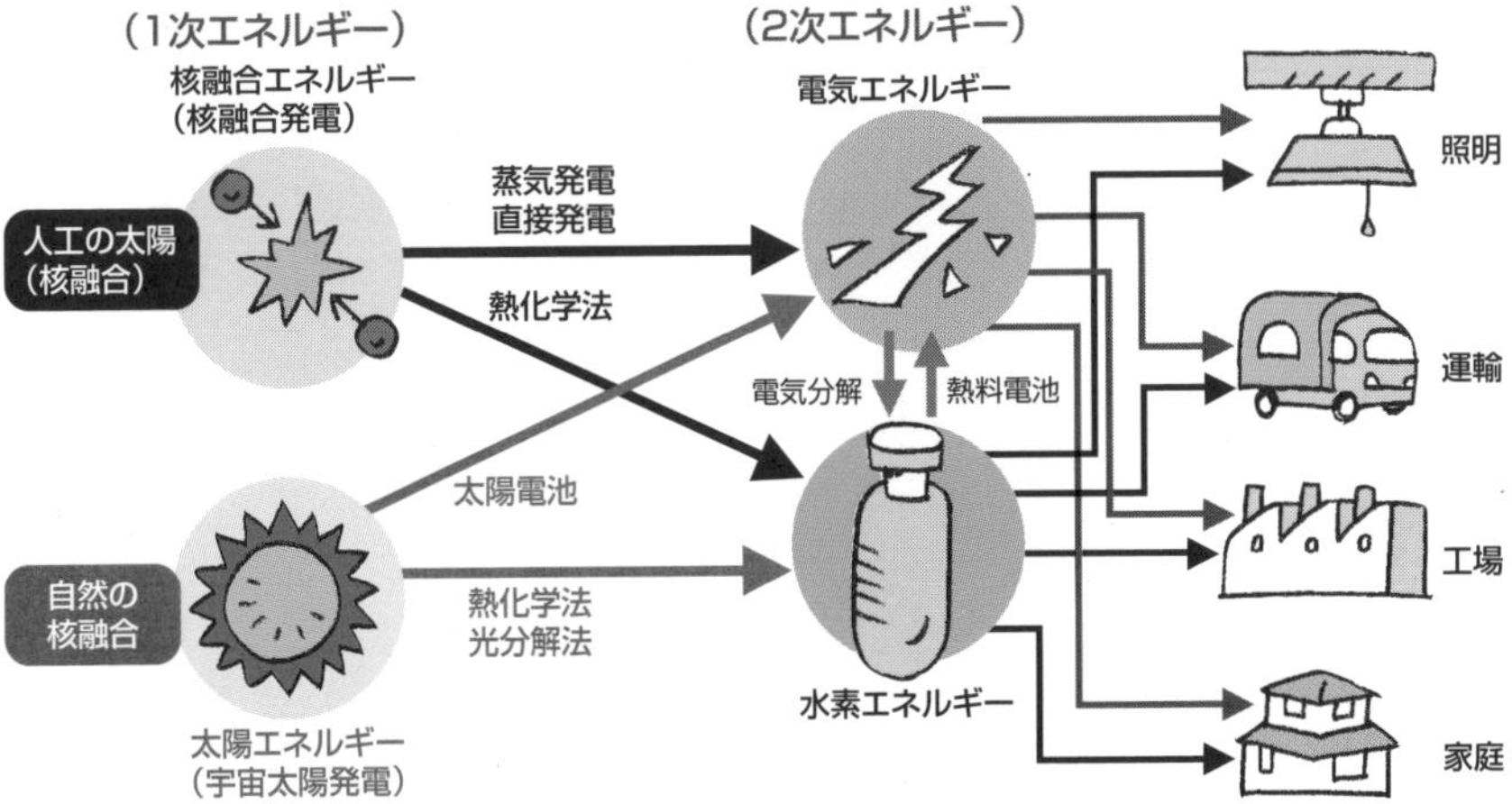
（1次エネルギー）
核融合エネルギー
（核融合発電）
人工の太陽
（核融合）
自然の
核融合
太陽エネルギー
（宇宙太陽発電）
蒸気発電
直接発電
熱化学法
太陽電池
熱化学法
光分解法
（2次エネルギー）
電気エネルギー
電気分解
熱料電池
水素エネルギー
照明
運輸
工場
家庭

宇宙文明への期待とエネルギー

現在の地球文明 2×10^{13}ワット
（地球が受ける太陽パワーの半分が地表に到達するとして10^{17}ワット、地上で利用可能な最大パワーをこの百分の1とすると10^{15}ワット）

①惑星文明 10^{16}ワット（地球の受ける太陽パワーの十分の1）以上
数百年で到達

②恒星文明 10^{26}ワット（太陽の放出パワー）以上
数千年で到達

③銀河文明 10^{36}ワット以上
数万年で到達

Column

宇宙のエネルギーは？
（宇宙の膨張とダークエネルギー）

「世界」や「宇宙」は一体何からできているのでしょうか？古代インドでは、世界は象と亀と蛇で支えられていると考えられていました。現代科学では、２０１３年の観測衛星プランクの結果にしたがえば、私たちの知っている「通常の物質」（バリオン）は5％に過ぎません。銀河や銀河団の中心を満たしている「暗黒物質（ダークマター）」が27％、そして、宇宙全体に広がった真空のエネルギー「暗黒エネルギー（ダークエネルギー）」が68％です。古代インドの「象＝バリオン」「亀＝ダークマター」「蛇＝ダークエネルギー」のアナロジーのように、95％が未知であり、「暗黒」なのです。

宇宙は「無」から作られ、インフレーション（急激な膨張）を経てビッグバン（大爆発）がおこり膨張を続けています。宇宙を支配する重力は引力であり斥力を生じないはずですが、宇宙が膨張するのは未知のエネルギーあると考えられています。

宇宙が一様に膨張していることは1929年のハッブルの法則で示されていましたが、１９９０年末に、遠方の超新星を観測することで宇宙が加速膨張していることが明らかとなり、そのエネルギーはダークエネルギーと呼ばれています。これは、重力、強い力、電磁力、弱い力につぐ「第5の力」と考えることもできます。

宇宙がこのまま加速して膨張していくと、私たち人類の到達可能な物質領域がますます限定されて、人類は無限の宇宙に活動を広げることは不可能となります。約千兆年後には宇宙の温度は絶対零度に近づき、すべての星は輝きを失ってしまい、熱的な死を迎えるかもしれません。

将来、何らかの「相転移」により加速膨張が止まる可能性や、更に、収縮に転じて宇宙のすべての物質が1点におしつぶされてしまう「ビッグクランチ」に向けて進む可能性もあります。

本当のところ、宇宙の未来がどうなるのかは未知です。宇宙は刻々と変化しています。人類は宇宙の未来への謎解きに挑戦し続けることになるでしょう。

【参考資料】

◉エネルギー関連

「エネルギー白書２０２３（令和４年度エネルギーに関する年次報告）」（２０２３年６月 閣議決定・国会報告）
https://www.enecho.meti.go.jp/about/whitepaper/2023/pdf/

「原子力・エネルギー」図面集　日本原子力文化振興財団
https://www.ene100.jp/zumen

「総合エネルギー統計」 経済産業省資源エネルギー庁
https://www.enecho.meti.go.jp/statistics/total_energy/

「日本のエネルギー２０２２」経済産業省資源エネルギー庁
https://www.enecho.meti.go.jp/about/pamphlet/energy2022/

「BP Statistical Review of World Energy」
https://www.bp.com/en/global/corporate/energy-economics/statistical-review-of-world-energy.html

「BP Energy Outlook」British Petroleum（英国石油）
https://www.bp.com/en/global/corporate/energy-economics/energy-outlook.html

「World Energy Outlook 2022」 IEA（国際エネルギー機関）
https://www.iea.org/reports/world-energy-outlook-2022

◉環境関連

「環境・循環型社会・生物多様性白書　最近の白書」 環境省
https://www.env.go.jp/policy/hakusyo/

「気候変動に関する政府間パネル（IPCC）第６次評価報告書（AR６）」 IPCC 環境省翻訳
https://www.env.go.jp/earth/ipcc/6th/

「世界人口白書２０２３」 国連人口基金東京事務所
https://tokyo.unfpa.org/ja/SWOP

「Living Planet Report 2022」 WWF（世界自然保護基金）
https://livingplanet.panda.org/

◉参考ホームページ

・経済産業省　資源エネルギー庁
https://www.enecho.meti.go.jp/
・環境省　https://www.env.go.jp/
・国土交通省　気象庁
https://www.jma.go.jp/jma/index.html
・電力事業連合会　https://www.fepc.or.jp/
・石油連盟　https://www.paj.gr.jp/
・原子力百科事典 ATOMICA
日本原子力研究開発機構（JAEA）
https://atomica.jaea.go.jp/
・新エネルギー財団
https://www.nef.or.jp/

索引

数字・英字

ア

カ

今日からモノ知りシリーズ
トコトンやさしい
エネルギーの本　第3版

NDC 501.6

2005年2月25日　初版1刷発行
2013年5月9日　初版6刷発行
2016年4月25日　第2版1刷発行
2022年4月28日　第2版4刷発行
2023年10月30日　第3版1刷発行

発行者　井水治博
発行所　日刊工業新聞社
東京都中央区日本橋小網町14-1
（郵便番号103-8548）
電話　編集部　03(5644)7490
販売部　03(5644)7403
FAX　03(5644)7400
振替口座　00190-2-186076
URL　https://pub.nikkan.co.jp/
e-mail　info_shuppan@nikkan.tech
印刷・製本　新日本印刷(株)

●DESIGN STAFF
AD———————志岐滋行
表紙イラスト————黒﨑　玄
本文イラスト————輪島正裕
ブック・デザイン ——岡﨑善保
（志岐デザイン事務所）

●
落丁・乱丁本はお取り替えいたします。
2023 Printed in Japan
ISBN　978-4-526-08299-3　C3034

●定価はカバーに表示してあります

●著者略歴

山﨑　耕造（やまざき・こうぞう）

1949年　富山県生まれ。
1972年　東京大学工学部卒業。
1977年　東京大学大学院工学系研究科博士課程修了・工学博士。
名古屋大学プラズマ研究所助手・助教授、核融合科学研究所助教授・教授を経て、2005年4月より名古屋大学大学院工学研究科エネルギー理工学専攻教授。その間、1979年より約2年間、米国プリンストン大学プラズマ物理研究所客員研究員、1992年より3年間、(旧)文部省国際学術局学術調査官。
2013年3月 名古屋大学定年退職。

現在　名古屋大学名誉教授、
自然科学研究機構核融合科学研究所名誉教授、
総合研究大学院大学名誉教授。

●主な著書

「トコトンやさしいプラズマの本」、「トコトンやさしい太陽の本」、「トコトンやさしい太陽エネルギー発電の本」、「トコトンやさしい宇宙線と素粒子の本」、「トコトンやさしい電気の本　第2版」、「トコトンやさしい磁力の本」、「トコトンやさしい相対性理論の本」、「トコトンやさしい量子コンピュータの本」、「トコトンやさしい環境発電の本」（以上、日刊工業新聞社）、「エネルギーと環境の科学」、「楽しみながら学ぶ物理入門」（以上、共立出版）、「カーボンニュートラル　図で考えるSDGs時代の脱炭素化」（技報堂出版）など。